U0455370

中国食疗产业发展报告

(2024)

CHINESE DIET THERAPY INDUSTRY DEVELOPMENT REPORT

(2024)

主　审 / 张伯礼

主　编 / 林瑞超

社会科学文献出版社
SOCIAL SCIENCES ACADEMIC PRESS (CHINA)

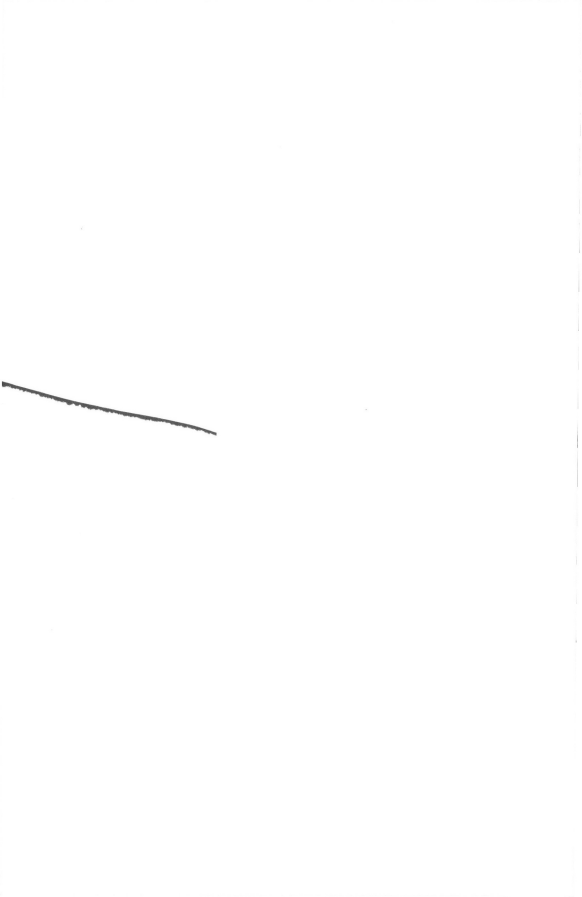

《中国食疗产业发展报告（2024）》
编　委　会

主　　审　张伯礼

主　　编　林瑞超

副 主 编　（以姓氏拼音为序）

郭玉海　李宏亮　李　明　李向日　李　勇
刘景玲　娄新曼　朴建华　苏　颖　王桂森
王金辉　王小晶　王一江　张贵锋　朱大洲

编　　委　（以姓氏拼音为序）

白秋仙　陈玉松　程雪妮　崔旭盛　董学会
付　晓　郭岩彬　韩　婷　何　飞　黄　勇
黄振武　霍军生　贾　俊　贾　哲　姜雨忻
康跻耀　寇丽萍　李　德　李　晖　梁宗锁
林青华　刘海滨　刘梦楠　刘　睿　陆文超
马　斌　任　潇　茹立显　田志刚　王延涛
王昱初　许宏亮　徐怀德　徐巧林　徐新房
杨　璐　杨太新　张　磊　张新慧　赵新江
钟雪松　周自云

主要编撰者简介

张伯礼 "人民英雄"国家荣誉称号获得者，中国工程院院士，国医大师，天津中医药大学名誉校长，中国中医科学院名誉院长，中国工程院医药卫生学部主任，组分中药国家重点实验室主任。兼任国家"重大新药创制"专项技术副总师、国家重点学科中医内科学科带头人、教育部医学教育专家委员会副主任委员、第十一届药典委员会副主任、世界中医药学会联合会副主席、世界华人中医医师协会会长、《环球中医药》杂志总编辑等。

长期从事中医药现代化研究，完成了中医药防治血管性痴呆系统研究，创立了脑脊液药理学方法，建立了中医药循证评价技术体系；创建了以组分配伍研制现代中药的模式和技术平台，开拓了名优中成药二次开发领域，促进了中药产业技术升级；组织制定世界中医学本科教育标准并编撰国际通用中医药本科教材。获得包括国家科技进步一等奖在内的国家奖7项，省部级科技进步一等奖10项，国家教学成果一等奖2项。发表论文400余篇，SCI收录80余篇，培养毕业硕士、博士及博士后200余名，指导博士论文获全国百篇优博3篇、提名2篇。享受国务院政府特殊津贴，曾获何梁何利基金奖、吴阶平医学奖、光华工程奖、教育部教学大师奖等。被国务院、中组部等授予全国优秀共产党员、全国杰出专业技术人才、全国先进工作者、全国优秀科技工作者、国家级有突出贡献中青年专家等荣誉称号，获颁国家科技计划组织管理突出贡献奖、天津市科技重大成就奖等。

林瑞超 法国药学博士，教授，博士生导师。现任中药品质评价北京市重点实验室主任，国家药典委员会执行委员，世界卫生组织传统医学顾问，法国国家药学科学院外籍院士，兼任《药物分析杂志》《中成药》《中草药》等编委，上海中医药大学、澳门科技大学等院校博士生导师，中国药学会中药和天然药物专业委员会副主任委员，世界中医药联合会中药专业委员会会长，中国中医药信息学会食疗分会会长，中国中药协会科技交流与合作专业委员会主任委员等。历任法国第戎大学副教授、北京市政府顾问、中国药品生物制品检定所中药室主任、中药民族药标准研究与检测中心主任、中国食品药品检定研究院中药检定首席专家、中药民族药检定所所长、北京中医药大学中药学院院长。

主要从事中药民族药品质评价，中药民族药活性成分、质量标准及其标准物质研究和中药材规范化种植等多学科的研究。承担国家科技攻关支撑项目或国际合作项目，教育部、原人事部、国家中医药管理局及省部级科研专项共 20 余项，研究成果获国家科技进步二等奖 1 项、省部级成果奖 11 项。在 *Journal of Natural Products*、《中草药》等杂志上发表论文 500 多篇（其中 SCI 150 多篇）；主编《中国药材标准名录》《中药化学对照品应用手册》《矿物药检测技术与质量控制》《实用中药药品检验检测技术指南》等论著。

序

在当前建设"健康中国"的大背景下，我国将更加重视健康管理，同时将完成"三个转变"：由单纯医疗服务向医疗与公共卫生的综合服务转变，由单纯慢性疾病防控模式向防病防疫并重模式转变，由单纯医学指标管理向多维健康影响因素管理转变。我国卫生健康工作的重点也将更加重视提高人民营养水平、普及居民膳食知识、加强全民健康管理、增强国民身体素质等方面。

食疗领域作为提升健康状况全球战略的一个组成部分，全力协助完成国民生命全周期、健康全过程的营养健康，为不断满足人民群众营养健康需求，提高全民健康水平作出了重要贡献。同时，食疗产业作为大健康产业的组成部分，也将彰显独特的价值和作用，促进社会经济效益的同步提升。

为迎接中国食疗行业的机遇与挑战，中国中医药信息学会食疗分会在原有工作的基础上组织力量编撰了第三本食疗产业发展报告，即《中国食疗产业发展报告（2024）》一书。书中通过回顾我国食疗产业年度事件、分析我国食疗产业的现状，细致分析了食疗产业格局的变化，借以梳理中国食疗行业面对重大突发公共卫生事件的发展规律，为食疗行业从业者提供全面、深入的产业发展走势，为食疗产业的重大决策提供有力的科学支撑。

同时，书中通过对中国食疗产业竞争格局和产业销售格局进行分析，洞悉中国食疗产业发展趋势，掌握消费群体、销售渠道、产品发展、市场竞争的趋势变化，诠释了未来我国食疗行业的机遇与挑战。在统一的标准化方法下，编者全面收集对某一问题的相关研究，分别对相关内容进行严格评价和分析，必要时进行定量合成的统计学处理并得出综合结论，力争为读者呈现真实的、全面的行业现状与分析。

本书有关食疗产业的综合论述，内容丰富，分类实用，资料翔实，论述清晰，对食疗产业及其从业者都具有重要的参考价值。

书将付梓，谨呈此序，以资敬意。

中国工程院院士　国医大师
中国中医科学院　名誉院长　张伯礼
天津中医药大学　名誉校长
2024 年 3 月于天津静海团泊湖畔

目 录 ↖

Ⅰ 总报告

Ⅱ 行业报告

Ⅲ　专题报告

总 报 告

General Report

中国食疗产业机遇与挑战研究[*]

林瑞超 李宏亮 苏 颖 何 飞[**]

摘 要： 食疗又称食治，是在传统医学和现代营养学理论指导下利用
食物的特性来调节机体功能，使其获得健康或愈疾防病的一
种方法。本研究着眼于中国市场食疗产业发展全貌，前瞻
性、适时性地从产业状况、竞争格局、销售格局、发展趋势
等多维度对中国食疗产业进行深度研究。产业状况方面，回
顾了2023年中国食疗产业年度热点事件，从生产主体、产品
备案、需求市场、市场规模等维度对中国食疗产业发展现状
进行深入分析；竞争格局方面，从区域层面、细分市场层面、

* 本研究行业数据由深圳前瞻资讯股份有限公司提供。

** 林瑞超，法国药学博士，教授，博士生导师，北京中医药大学中药学院原院长，现任中药
品质评价北京市重点实验室主任，国家药典委员会执行委员，兼任中国中医药信息学会食
疗分会会长，主要从事中药民族药品质评价、活性成分、质量标准及其标准物质研究和中
药材规范化种植等多学科的研究；李宏亮，《环球中医药》杂志社社长，兼任中国中医药信
息学会食疗分会副会长兼秘书长；苏颖，博士，研究员，现任北京健客双创产业信息技术
研究院副院长，国家软科学计划（2011GXQ4K029）项目负责人，兼任中国中医药信息学
会食疗分会副会长；何飞，国家卫健委健康管理师，中国中医药信息学会食疗分会副会长
兼常务副秘书长，主要研究方向为慢病健康管理、传统食养和现代膳食营养保健品营销服
务等。

企业层面、产品层面等多个维度解析了中国食疗产业竞争状况；销售格局方面，从传统渠道、电商渠道两个层面分析了中国食疗产品销售状况；发展趋势方面，围绕产业消费群体变化趋势、销售渠道变化趋势、产品发展趋势、市场竞争态势、功能开发趋势等维度对产业未来发展方向做出预判。

关键词：　食疗　药食同源　传统滋补品　营养保健品

一　中国食疗产业状况分析

食疗又称食治，是在传统医学和现代营养学理论指导下利用食物的特性来调节机体功能，使其获得健康或愈疾防病的一种方法。食疗以准确搭配及精心制作而发挥其天然功效，日积月累协助人体激发自我痊愈的能力，从而获得由内而外的自然健康。

本研究将食疗产品分为传统滋补养生品和现代营养保健品两大类型。传统滋补养生品主要为药食同源类产品，包括但不限于人参、阿胶、蜂蜜、鹿茸等成分，形式包括但不限于药膳餐饮、固体药膏等。

GB16740—97《保健（功能）食品通用标准》第3.1条对保健食品进行了定义："保健（功能）食品是食品的一个种类，具有一般食品的共性，能调节人体的机能，适用于特定人群食用，但不以治疗疾病为目的。"依据 Euromonitor 分类，现代营养保健品涵盖维生素和膳食补充剂、体重管理产品、运动营养产品。

（一）中国食疗产业年度大事件回顾与热点聚焦

1. 中国食疗产业年度大事件回顾

（1）政策大事件回顾

我国食疗产业在 2022~2023 年出台多项重要政策，包括有关行业的用语规范、创新研发、标准规范和市场规范等，其中规范类文件占比较高，反映了国家相关部门对食疗产业的规范性要求不断提升，行业的发展环境进一步完善（见表1）。

表1 2022～2023年中国食疗产业重点政策汇总

时间	文件	发布单位	内容	政策类型
2023.8.15	《允许保健食品声称的保健功能目录 非营养素补充剂（2023年版）》	国家中医药管理局	新版目录将原有"辅助降血压"调整为"有助于维持血压健康水平"，将原有"增加骨密度"调整为"有助于改善骨密度"，将"减肥"调整为"有助于控制体内脂肪"	用语规范
2023.8.13	《保健食品新功能及产品技术评价实施细则（试行）》	国家市场监管总局	对以往保健食品功能声称评价管理模式进行了创新，正式放开保健食品新功能的申报管理，推动保健食品新功能的创新研发	创新研发
2023.7.27	《药食同源类食品质量要求》	中国国际经济技术合作促进会	该标准规定了药食同源类食品［包括饮料类（含固体饮料、果蔬汁饮料等）、糖果类（含压片糖果）、代用茶、方便食品等］的术语和定义、分类、要求、试验方法、检验规则、标志、包装等的规范要求，适用于药食同源类食品的生产和检验	标准规范
2023.6.2	《保健食品原料目录营养素补充剂（2023年版）》《允许保健食品声称的保健功能目录 营养素补充剂（2023年版）》《保健食品原料目录 大豆分离蛋白》《保健食品原料目录 乳清蛋白》	国家市场监管总局	《保健食品原料 目录营养素补充剂（2023年版）》新增了二十二碳六烯酸（DHA）、"酪蛋白磷酸肽+钙"、氯化高铁血红素，更新了部分原料及化合物的标准依据；《允许保健食品声称的保健功能目录 营养素补充剂（2023年版）》增加了补充n-3多不饱和脂肪酸的保健功能及其释义；《保健食品原料目录 大豆分离蛋白》《保健食品原料目录 乳清蛋白》规定了原料名称、每日用量、适宜人群、不适宜人群、对应功效以及原料技术要求等内容	用语规范

续表

时间	文件	发布单位	内容	政策类型
2023.5.29	《药品、医疗器械、保健食品、特殊医学用途配方食品广告审查管理办法（征求意见稿）》	国家市场监管总局	未经审查不得发布药品、医疗器械、保健食品和特殊医学用途配方食品广告。药品、医疗器械、保健食品和特殊医学用途配方食品广告应当真实、合法，不得含有虚假或者引人误解的内容。广告主应当对药品、医疗器械、保健食品和特殊医学用途配方食品广告内容的真实性和合法性负责等	用语规范和市场规范
2022.3.21	《关于加强保健食品标志管理的公告（征求意见稿）》	国家市场监管总局	保健食品标志整体比例 12：10（高：宽 6：5），帽形图案整体高度：7.1 比例尺，宽度：10 比例尺，中间球形直径：3.7 比例尺，"保健食品"字样高度及宽度：2.4 比例尺。印刷标准色 CMYK 色值：C100 M40 Y0 K15，屏幕标准色 RGB 色值：R0 G106 B176。字体为黑体	市场规范
2022.1.12	《关于发布允许保健食品声称的保健功能目录 非营养素补充剂（2022 年版）及配套文件的公告（征求意见稿）》	国家市场监管总局	保留"增强免疫力"等 24 种保健功能，并对表述进行相应调整规范。在原先征求意见的基础上，食品审评中心组织相关技术研究机构和专家，依据《目录管理办法》对前期征求意见的现有 27 种保健功能中"拟保留"和"进一步研究论证"的 24 种保健功能进行了研究论证、规范等	用语规范

资料来源：前瞻产业研究院整理。

在国家发布的有关政策中，《允许保健食品声称的保健功能目录 非营养素补充剂》有重大调整。国家市场监管总局遵照"科学合理、有效衔接、平稳过渡、规范调整"的原则，分别于 2019 年 3 月、2020 年 11 月、2022 年 1 月三次面向社会公开征求意见，对该目录及配套文件进行修改完善。

主要的调整体现在以下两个方面：一是保健功能名目调整，将原来的 27 种保健功能调整为 24 种，删除了"改善生长发育""促进泌乳""改善皮肤油分"3种共识程度不高、健康需求不明晰的保健功能；二是评价方式调整，将功能评价方法由强制方法调整为推荐方法，落实企业研发评价主体责任，充分发挥社会资源科研优势（见表2）。

表2　新旧保健功能声称对应关系

序号	现保健功能声称	原保健功能声称
1	有助于增强免疫力	免疫调节、增强免疫力
2	有助于抗氧化	延缓衰老、抗氧化
3	辅助改善记忆	改善记忆、辅助改善记忆
4	缓解视觉疲劳	改善视力、缓解视觉疲劳
5	清咽润喉	清咽润喉、清咽
6	有助于改善睡眠	改善睡眠
7	缓解体力疲劳	抗疲劳、缓解体力疲劳
8	耐缺氧	耐缺氧、提高缺氧耐受力
9	有助于控制体内脂肪	减肥
10	有助于改善骨密度	改善骨质疏松、增加骨密度
11	改善缺铁性贫血	改善营养性贫血、改善缺铁性贫血
12	有助于改善痤疮	美容（祛痤疮）、祛痤疮
13	有助于改善黄褐斑	美容（祛黄褐斑）、祛黄褐斑
14	有助于改善皮肤水分状况	美容（改善皮肤水分/油分）、改善皮肤水分
15	有助于调节肠道菌群	改善胃肠功能（调节肠道菌群）、调节肠道菌群
16	有助于消化	改善胃肠功能（促进消化）、促进消化
17	有助于润肠通便	改善胃肠功能（润肠通便）、通便
18	辅助保护胃黏膜	改善胃肠功能（对胃黏膜损伤有辅助保护作用）、对胃黏膜损伤有辅助保护功能
19	有助于维持血脂（胆固醇/甘油三酯）健康水平	调节血脂（降低总胆固醇、降低甘油三酯）、辅助降血脂
20	有助于维持血糖健康水平	调节血糖、辅助降血糖
21	有助于维持血压健康水平	调节血压、辅助降血压
22	对化学性肝损伤有辅助保护作用	对化学性肝损伤有保护作用、对化学性肝损伤有辅助保护功能
23	对电离辐射危害有辅助保护作用	抗辐射、对辐射危害有辅助保护作用

续表

序号	现保健功能声称	原保健功能声称
24	有助于排铅	促进排铅

资料来源：前瞻产业研究院整理。

（2）投融资大事件回顾

从企业层面来看，现代营养保健品与传统滋补养生品企业均有覆盖，其中现代营养保健品企业相关投融资事件较多。在我国食疗产业的融资事件中，值得关注的是森美（SEIMEI）企业。森美由中美日团队携手打造，在全球萃集并提供尖端的健康产品和服务，以先进的生物科技和人工智能技术探索生命健康的未来。在 2022 年连续两次融资，金额均超过 200 万美元，其产品为 ONE Pro 立体全营养补充粉、NMN 细胞营养补充剂和 PB ONE 益生菌三款产品。2022 年以来中国食疗产业融资事件如表 3 所示。

表 3　2022 年以来中国食疗产业融资事件汇总

时间	公司	轮次	金额	投资方	类型	公司业务
2023.8.23	莲觉藏	战略投资	未透露	秭方资本	现代营养保健品	药食两用产品保健食品研发
2023.5.4	百养方	天使轮	1500 万元人民币	青豆创投	传统滋补养生品	传统养生食疗文化品牌，公司产品含括经方汤包、养生茶包、破壁机豆浆包、滋补膏方、食疗丸、阿胶糕、即食仙炖等一系列安全品质的养生产品
2023.2.9	中科蓝智	A+轮	数千万元人民币	尚势资本、海棠基金、天津洋开	现代营养保健品	甘油葡糖苷产品研发
2022.12.15	官栈	B 轮	未透露	光源资本、弘章资本、广州金控等	传统滋补养生品	专注于中式超级食材的科学验证与研发，打造即食花胶、鲜炖花胶、金汤花胶鸡、花胶轻食碗、鲜炖海参等新一代滋补产品

时间	公司	轮次	金额	投资方	类型	公司业务
2022.11.21	金诃藏药	Pre-IPO	数千万元人民币	和达资本	现代营养保健品	综合性药品生产企业，主要生产经营藏药、藏成药等多种青藏高原特色生物资源产品
2022.11.18	森美（SEIMEI）	Pre-A 轮	400 万美元	蓝色光标、ETP 道康致和、嘉程资本等	现代营养保健品	营养抗衰生物科技品牌，ONE Pro 立体全营养补充粉、NMN 细胞营养补充剂和 PB ONE 益生菌等
2022.8.31	森美（SEIMEI）	天使轮	255 万美元	嘉程资本、普曼资本、吴明辉等	现代营养保健品	
2022.1.27	椿风	股权融资	未披露	星纳赫资本	传统滋补养生品	专注于为年轻人提供健康的养身茶饮，产品布局分为纯草本茶饮、结合养生理念的奶茶线和鲜果茶线三块

资料来源：IT 桔子企业官网，前瞻产业研究院整理。

从投融资轮次看，中国食疗行业投融资事件轮次主要集中在早期投资阶段，主要原因是近些年来养生市场兴起，部分新品牌进入市场，如官栈、椿风等新滋补品牌。而大量新品牌进入，使行业资本市场开始活跃起来。

从投资方来看，中国食疗行业投资方主要为风投资本及私募基金，产业链环节相关企业较少。当前，食疗行业资本投资主要看中食疗养生后续发展潜力，如青豆创投方面表示，本次选择投资百养方，除了出于对百养方紧紧抓住养生食疗的风口的肯定，也是出于对食疗养生这个超万亿市场的长远表现持乐观预期。

（3）研发创新大事件回顾

汤臣倍健首发"辅助血小板聚集"类保健食品。

2023 年 8 月 29 日，汤臣倍健首个递交了"有助于维持正常的血小板聚集功能，有益于血流健康"这一保健食品新功能的申报，成为行业内第一个递交新功能申报及产品注册申请的企业。

汤臣倍健早在 2015 年就已瞄准"维持正常的血小板聚集功能"这一新功能，使用被誉为"天然阿司匹林"水溶性番茄浓缩物的 Fruitflow（轻络素），开展维持正常血小板聚集新功能的研发工作。整个研发持续近八年时间，投入数千万元资金。

此次汤臣倍健申报的新络素片，以 Fruitflow（轻络素）针对中国人群血流健康影响的临床验证及相关机制研究，填补了国内该功能评价体系的空白，研究成果相继发表在《功能食品杂志》（*Journal of Functional Foods*）、《营养学前沿》（*Frontiers in Nutrition*）等国际权威杂志。

尚科生物食品级 NMN 原料获膳食补充剂认证后被取消。

2022 年 5 月 17 日，尚科生物医药（上海）有限公司的 NMN 原料获得了首个美国 FDA 的新膳食成分（NDI）批准，可以用于膳食补充剂中。NMN 原料多用于化妆品中，在膳食补充剂中的应用处于空白状态。

在推出尚科生物食品级 NMN 之前，其已经积累了 8 年的酶开发、生物催化技术开发和产业化的经验，并有超过 6 年的 NMN 合成和使用的经验，这些经验加速并确保了尚科生物自 2016 年立项开发全酶法制备食品级 NMN 的成功和产业化落地。

但在 2022 年 10 月，美国 FDA 立场突变，指出 NMN 不能作为膳食补充剂进行销售，因为它已被作为新药研究，触发了美国针对新药的保护机制。

2023 年 1 月 28 日，中国国家卫生健康委员会政务服务平台发布 NMN（β-烟酰胺单核苷酸）食品添加剂新品种受理情况公告。NMN 在国内正式可作为食品原料生产。

2. 中国食疗产业年度热点聚焦

（1）药膳预制菜

2023 年，中国药膳预制菜市场快速发展，多个地区、多家企业加速药膳预制菜产业布局，"药膳预制菜"成为 2023 年食疗产业重要关键词之一。2023 年药膳预制菜相关热点事件如表 4 所示。

表4　2023年药膳预制菜相关热点事件

时间	热点事件
2023.1	安国市与中国农业大学食品科学与营养工程学院合作，成立安国市药膳预制菜产业联盟，积极引导扶持龙头企业发展药膳预制菜、保健食品等
2023.3	《亳州市长三角绿色农产品生产加工供应基地建设三年实施规划（2023～2025年）》明确提出，大力打造"药食同源、亳州养生"预制菜品牌
2023.4	养殖品牌温氏食品与昆明中药厂携手推向市场的参苓鸡药膳预制菜系列，包括参苓白切鸡、参苓盐焗鸡和参苓鸡汤等预制菜产品，主打健脾养胃的功效
2023.7	磐安的"盘安药膳"预制药膳上市新闻发布会在上海举行，现场展示磐安黄精肉、玉竹老鸭、贵妃醉鸡、岐黄狮子头、茯苓馒头5道预制药膳

资料来源：前瞻产业研究院整理。

　　从地区产业发展看，近年来，全国部分地区依托自身资源优势，逐步推动当地药膳预制菜市场发展，如广东、山东、安徽亳州、浙江磐安、河北安国等（见表5）。

表5　中国药膳预制菜行业重点地区发展状况

地区	发展基础	政策推动	技术支撑	企业布局
安徽亳州	中药产业发达，药食同源文化浓郁	《亳州市长三角绿色农产品生产加工供应基地建设三年实施规划（2023～2025年）》明确提出，大力打造"药食同源、亳州养生"预制菜品牌。此外，亳州还制定发布了药膳参杞牛肉、药膳麻椒鸡、药膳芍花鸡3项团体标准	强化药膳的科技研发与功能评价体系	安徽谯郡府食品有限责任公司
浙江磐安	磐安优质的自然资源和道地药材	在磐安县委县政府的支持下，药膳已成为磐安区域经济重点产业。当地出台了一系列扶持政策，大力推动药膳产业发展	以浙江省求是药膳科学研究院及其院士专家工作站为依托，将中药和食材进行科学配比，开发多款药膳产品	浙江盘安药膳科技集团、浙江震元股份有限公司
广东	煲汤文化盛行、药材种植基地	《关于加快推进广东预制菜产业高质量发展十条措施》提出推进预制菜新形态新品类、功能性预制菜（药膳）、原料筛选与培育等系统性研究	广东江门深化院地合作、院企合作，丰富产学研合作模式，支持科研院所、企业围绕优势农业产业研发五邑侨乡特色预制菜品	广州酒家、广东雪印集团、广东环球水产、温氏食品

续表

地区	发展基础	政策推动	技术支撑	企业布局
河北安国	中国四大药都之一	安国市在药膳预制菜方面规划了"六个一"节点，目前已开展了包括推出城市礼包以及筹备编写《精品安国药膳图谱》等多项工作	成立药膳预制菜产业联盟；成立中国农业大学—安国市教授工作站，组织专家学者为安国开展药膳预制菜、"药食同源"食品研发等方面的技术服务	安徽谯郡府食品有限责任公司
山东	预制菜产业较为发达	推动特色药膳预制菜产业基地建设	成立青岛市预制菜产业协会，致力于药膳预制菜品的研发和合作	山东惠发食品有限公司

资料来源：《中国食品报》《亳州晚报》《北京商报》以及地方政府网站，前瞻产业研究院整理。

从企业布局层面看，药膳预制菜行业仍处于早期发展阶段，企业正逐步开展相关业务布局。2023年，多家企业推出药膳预制菜产品。当前，市场上的药膳预制菜产品主要有两种处理方式：一是在原来的菜品中直接添加中药材进行烹制，通过调整药材和食材的配比来保证口感和功效；二是添加中药材提取成分进行烹制，如人参原液、黄精原液等（见表6）。

表6　中国药膳预制菜行业重点企业发展状况

企业名称	布局时间	药膳预制菜产品	药材处理
安徽谯郡府食品有限责任公司	2014年	参杞牛肘、归参鸽子汤、杏仁鹌鹑汤、百草药膳鸡、山药鲫鱼汤等	加入枸杞、人参等药食同源类药材
浙江盘安药膳科技集团	2015年	磐安黄精肉、玉竹老鸭、贵妃醉鸡、岐黄狮子头与茯苓馒头等	将中药和食材进行科学配比，开发药膳产品
广东环球水产	2022年	橘红烤鱼	加入中药"橘红"
惠发食品、上海中药创新成果转化中心	2022年	联合推出"五季体质养生"系列药膳预制菜，包括五季乌鸡汤、少麦砂姜焗鸡、花参南乳肉、理中芸豆蹄花、参苓老鹅煲等多款预制菜产品	普遍采用人参原液、黄精原液等成分，并结合中药包烹饪成菜
广东雪印集团雪巢品牌	2023年	大盆瑶鸡药膳产品	采用养生药膳食材，高汤长时间浸泡
广州酒家	2023年	人参老鸭汤、人参益智仁乌鸡汤等	主要由肉汤加入多种药材烹制

企业名称	布局时间	药膳预制菜产品	药材处理
温氏食品、昆明中药厂	2023年	联合推出参苓鸡系列药膳预制菜，包括参苓白切鸡、参苓盐焗鸡和参苓鸡汤等预制菜产品	昆中药主要提供参苓食品级配方料包
浙江震元股份有限公司	2023年	百合玉竹排骨汤料、覆盆子枸杞鹅料、丁香猴头鸭煲料、白果乌鸡汤料、人参芡实鸡汤料、百合玉竹养生酒等	主要由肉汤加入多种药材烹制而成

资料来源：《中国食品报》《亳州晚报》《北京商报》以及地方政府网站和企业官网，前瞻产业研究院整理。

综合来看，当前，我国药膳预制菜行业正处于早期发展阶段，各地区、各企业相关产业和业务发展仍在不断探索之中。中医药膳在我国拥有悠久的历史和深厚的文化底蕴，药膳预制菜产业发展是大势所趋。

（2）辅酶Q10

2023年初，"辅酶Q10可预防阳康心肌炎"说法风靡网络，辅酶Q10百度关键词热度搜索指数直线上升，显著高于鱼油、维生素、益生菌、钙片等相关保健品热销产品，辅酶Q10成为2023年现代营养保健品行业热点之一。相关资料显示，2023年1月在京东平台300元以内辅酶Q10制剂热销榜中，销售页面均标注有"预防心肌炎的作用"，多款产品处于断货状态。

辅酶Q10的畅销在一定程度上也加速了相关企业业务布局，2023年9月19日，金达威全资子公司金达威药业年产620吨辅酶Q10改扩建项目取得环评批复。当前，国内生产辅酶Q10的相关企业主要有金达威（金达威药业）、新和成、华润双鹤（神舟生物）、浙江医药、科伦药业（川宁生物）等。其中，金达威是国内最大的辅酶Q10生产商；科伦药业（川宁生物）主要生产酶Q10菌丝体，即辅酶Q10原料（见表7）。

表7　中国辅酶Q10行业重点企业发展状况

企业名称	产品/业务布局	产能建设
金达威（金达威药业）	金乐心® 辅酶Q10维生素E软胶囊、金乐心® 辅酶Q10软胶囊、健乐心® 辅酶Q10软胶囊	620吨/年
新和成	辅酶Q10	300吨/年

企业名称	产品/业务布局	产能建设
华润双鹤（神舟生物）	辅酶 Q10	300 吨/年
浙江医药	辅酶 Q10	约 100 吨/年
科伦药业（川宁生物）	生产辅酶 Q10 菌丝体，即辅酶 Q10 原料	设计产能超 100 吨（折纯）/年

资料来源：企业公告，前瞻产业研究院整理。

（3）养生茶饮

2023 年，"养生茶饮风"在国内兴起。从 2022 年 9 月开始，养生茶百度资讯指数开始上升，2023 年 1 月、2023 年 5 月、2023 年 8 月相关资讯指数均达到峰值。在小红书、抖音等社交平台上，关于中药奶茶、中式养生茶饮等相关视频及帖子数量明显增多。"养生茶饮"也成为 2023 年度食疗饮品行业的年度热点之一。

"养生茶饮风"的兴起主要受三重因素驱动。首先是国潮文化的兴起。国潮文化是传统文化和时代潮流杂糅的产物，经过近年来的发展，国潮已经进入了 3.0 时代。中医药学是中国古代科学的瑰宝，部分中华老字号企业通过跨界联名的方式打造国潮属性，如同仁堂推出知嘛健康壹号店，将传统中医药精华和现代健康养生结合，推出草本咖啡系列，分别将传统中药材枸杞、罗汉果、陈皮、肉桂与咖啡相结合。其次是养生观念的普遍化及养生群体的年轻化。如今养生观念深入人心，养生群体规模持续扩大，为养生茶饮创造了坚实的消费基础。且养生群体呈现年轻化趋势，与中老年群体相比，年轻一代更易接受新事物，是养生茶饮消费的主力军。最后是消费者对于食品安全和品质的追求。当前，诸多奶茶店接连曝出食品安全问题，养生茶饮凭借中医配方，背靠中医堂、中医馆等，可以提供专业的药材，产品品质更易获得消费者信赖。此外，当前，奶茶、咖啡等饮品均价已上升至较高水平，而养生茶饮价格处在相对低位，具有一定的性价比优势，如 2023 年下半年走红的中药店的酸梅汤等。

养生茶饮行业仍处于初步发展阶段。中国茶文化有着悠久历史，但是早期并未赋予茶饮行业养生属性。与奶茶、咖啡等行业不同，养生茶直至近些年才逐步走进消费者视野。现阶段，中国养生茶饮行业尚未真正地产业化、规模化发展。未来，随着年轻一代养生群体规模的扩大，养生茶饮行业将进一步发展，企业将加速布局，市场格局将不断优化。

（二）中国食疗产业发展现状分析

1. 生产主体分析

（1）整体主体分析

我国食疗产业受国家政策、市场重大事件影响较大。新冠疫情前，国内食疗产业由于国家市场监管总局对具备保健功能的食品规范加强，以及社媒类平台的科普性增强，消费者对于食疗产品的认知更为理性，市场处于疲软期，对应生产企业数量也不断缩减，2019年我国食疗生产企业数量较2018年下降20.0%。新冠疫情后，国内食疗市场消费信心提振，企业也抓住机遇积极布局，生产企业在2020年达到923家，同比增长高达91.9%，近乎翻倍。2021～2022年，我国食疗产业的生产企业规模趋于稳定，保持在900家以上（见图1）。

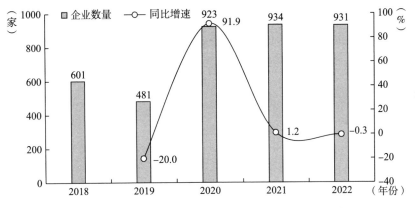

图1　2018～2022年中国食疗产业企业数量规模及增长情况

注：依据同仁堂（传统滋补养生品类）及汤臣倍健（现代营养保健品类）等龙头企业的经营范围和行业归类，选取检索关键词"保健食品"，筛选范围为"企业名、经营范围、企业简介、品牌/产品、专利、商标"，选取"保健食品制造业、中药饮片加工业和中成药生产业"行业类型。统计时间截至2023年9月21日。

资料来源：企查猫，前瞻产业研究院整理。

（2）规上主体分析

规上企业为行业内的领军者，整体资金实力、研发实力以及市场营销能力均较强。2018～2019 年，我国规模以上的保健食品制造企业数量下降 5.0%，2019 年为 417 家，走势与行业整体主体规模保持一致，反映食疗产业的市场下行对于头部企业的影响较大。2020 年以来，国内规模以上的保健食品制造企业保持逐年递增趋势，2021 年达到 483 家，同比增长 10.0%。依据市场发展以及相关企业的经营情况初步测算，2022 年我国规模以上保健食品制造企业数量为 507 家（见图 2）。

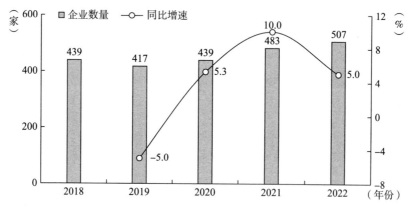

图 2　2018～2022 年中国规上保健食品制造企业数量规模及增长情况

资料来源：《中国工业统计年鉴》，前瞻产业研究院整理。

2. 产品备案分析

（1）备案整体情况

我国食疗产业中，保健食品的上市营销均须按照《保健食品注册与备案管理办法》执行，在国家市场监督管理总局进行备案，即"蓝帽子"认证。截至 2022 年 12 月 31 日，国家市场监督管理总局食品审评中心全年共发布 48 次保健食品批件待领取信息，总计 1445 个保健食品批件。同时，根据特殊食品信息查询平台中公开的产品信息，这 1445 个保健食品批件中有 421 个为保健食品新产品，占批件总数的 29.13%。其中，2021 年新产品批件 80 个，占总数的 5.5%；2022 年新产品批件 341 个，占总数的 23.6%。此外，还包括 1024 个其他批件（延续注册、变更注册、技术转让注册等）。

（2）备案主体情况

我国食疗产业是大而杂的产业，"大"是指国内食疗产业市场空间大，消费群体规模庞大，"杂"则是指国内保健食品的参与主体数量众多，市场推出产品层出不穷，同时规范性有待提升。以保健食品为例，国内保健食品的备案企业较为分散，2022年，获得新产品批件数量最高的为仙乐健康，批件获得量为8个；万生堂医药、康博尔生物、营养屋生物、海之圣生物保健食品新产品批件均为5个，南京中科、康达生物、步源堂生物、万宝甲由保健食品新产品批件均为4个，澳特舒尔为1个。

（3）备案产品情况

第一，主流剂型仍以药品类形态为主，胶囊类产品为主要剂型。

依据《保健食品备案产品剂型及技术要求》（2021年版），我国保健食品备案产品剂型（或食品形态）主要有片剂、硬胶囊、软胶囊等药品形态，也有糖果、酒类、饮料、茶类等食品形态。我国保健食品的主流剂型仍以药品类形态为主。一方面，该类形态的制作工艺由于较为成熟，在密封性、保质期方面也具有优势；另一方面，对于保健食品，消费群体的认知仍停留在"药品"类的阶段，对于茶剂、饮料类型的保健食品认知仍有不足，对应形态的产品供给也相对较少。2022年，在421个获批保健食品新产品中，胶囊类产品为主要剂型，整体获批数量为223个，其中，硬胶囊以115个批件数量位列第一，软胶囊新产品获批数量为108个；片剂的获批新产品数量为81个，口服液、颗粒剂、粉剂、茶剂、酒类、饮料、膏剂、丸剂、软糖分别为30个、27个、20个、14个、7个、6个、5个、3个、1个。

第二，单一保健功能产品为主流产品，增强免疫力成为"百搭"功能。

2022年在421个新产品批件中，有397个产品申报了1种保健功能，占比94.30%；有23个产品申报了2种保健功能，占比5.46%。值得注意的是，2022年仅有1款补充维生素/矿物质类型产品，申报主体为江西博诚药业有限公司，保健功能为补充钙、镁、维生素D、维生素K。单一保健功能产品为市场主流产品，主要系消费者对于保健功能的选择较为个性化，单一保健功能产品更利于产品搭配和更换。另外，生产端也能规避药性冲突等问题。

2022年，在397种申报1种保健功能的获批新产品中，增强免疫力为主要申报功能，相关新产品数量达到208个，增强免疫力保健功能类产品的供给近年来增速较快，主要系疫情过后，对于提升免疫力以及健康的需求明显增加；辅助降血脂功能次之，相关新产品数量为 64 个；另外，申报单种保健功能的新产品中，抗氧化、缓解体力疲劳、改善睡眠、辅助改善记忆、通便等功能产品数量也较多，均达 10 个及以上，分别为 29 个、28 个、19 个、11 个、10 个。

2022 年，在申报两种保健功能的获批新产品中，增强免疫力成为"百搭"功能，作为基础的保健功能，与其他保健功能的搭配主张"1+1>2"的功效。具体来看，增强免疫力和缓解体力疲劳成为多种保健功能新产品的首位搭配，获批新产品数量为 12 个；其他功能与增强免疫的搭配产品数量均在个位数。

（4）备案区域分析

我国保健食品需求以一线城市为主，从 421 个新产品批件的区域分布来看，2022 年，北京市成为获批新产品数量最多的省份，达到 82 个，比第二位的广东省多 32 个。北京市拥有中国中药、同仁堂、双鹭药业、国药集团等大型头部医药和保健品厂商，对应产品的布局也更完善。从区域分布整体来看，我国保健食品新产品批件主要集中在东部沿海地区省份（见图 3）。

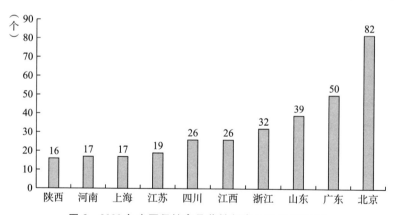

图 3　2022 年中国保健食品获批新产品区域 TOP10

资料来源：国家市场监督管理总局，前瞻产业研究院整理。

3. 需求市场分析

（1）需求特征分析

近年来，随着全球经济下行，国内宏观环境也受到负面影响，社会就业形势逐渐严峻，不论是企业家还是工薪阶层，生存压力都逐渐加大。依据

Ipsos 数据，2021 年、2022 年，肠胃问题、睡眠问题和免疫力问题成为困扰我国消费群体的三大主要因素，这与久坐、考核压力、市场竞争压力等消费者常态密不可分（见图 4）。

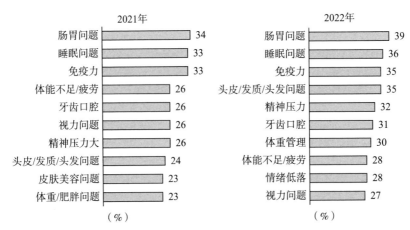

图 4　2021 年、2022 年中国消费者健康困扰因素 TOP10

资料来源：Ipsos，前瞻产业研究院整理。

（2）用户画像分析

食疗产业的发展，与社会层面的健康意识与饮食习惯息息相关。自古以来，得益于中医的发展，我国国民对于养生的重视程度和认知程度均处于较高水平。随着年龄的增长，中老年群体的健康养生需求进一步提升，成为食疗产业的消费主力军。从数据来看，以传统滋补养生产品为例，2021 年 9 月至 2022 年 8 月，我国药食同源保健品/滋补营养品的用户年龄段主要集中在 45 岁及以上人群，占比 74%，主要系中老年群体的身体机能随着年龄的增长逐渐下降，对于食疗产品的体能调节功能重视程度日益加深。性别以女性消费者为主，占比 54.2%，但整体较为均衡。另外，由于食疗产品的消费能力因地区收入水平差异而有所区分，消费区域主要以一线城市为主，占比 46.3%（见图 5）。整体来看，我国食疗产业的消费者以一线城市消费能力强的群体以及中老年群体为主。

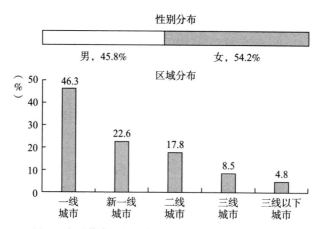

图5 中国药食同源保健品/滋补营养品消费者分析

注：用户画像来源于微博、抖音、小红书、微信近一个滚动年（2021.9~2022.8）提及药食同源产品的社交平台数据，药食同源产品为添加《按照传统既是食品又是中药材的物质目录》中"既是食品又是药品的中药名单"成分的保健食品/传统滋补营养品。

资料来源：腾讯 mktindex，前瞻产业研究院整理。

4. 市场规模分析

受疫情影响，居民健康意识增强，现代营养保健品、药食同源产品走入大众视野。居民对养生保健产品需求的快速增长，带动食疗市场规模显著上升，2022年我国食疗行业市场规模达3279亿元（见图6）。

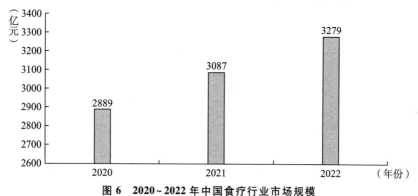

图6 2020~2022年中国食疗行业市场规模

注：《中国食疗产业发展报告（2024）》中对2022年食疗行业市场规模统计口径进行了调整，现涵盖现代营养保健品、药食同源产品两大市场，其中，现代营养保健品包括维生素和膳食补充剂、体重管理和健康、运动营养三大板块。同时，对往期历史数据做同口径调整，特此说明。

资料来源：Euromonitor，前瞻产业研究院整理。

二　中国食疗产业竞争格局分析

（一）中国食疗产业竞争格局分析——区域层面

1. 全球食疗产业发展路线对比

全球各国对食疗产品的需求旺盛，且结合本国地理优势、文化特征、科技交流逐步形成了具有当地特点的食疗方式和饮食习惯。根植于中医文化，中国传统食疗起源较早，而日本、韩国等周边地区受中华文化辐射影响，起步也相对较早。自20世纪80年代开始，健康问题逐渐引起重视，开始尝试将中医药文化结合到营养保健品；欧美地区、大洋洲地区受当地饮食习惯影响，最初更注重膳食纤维、维生素等营养保健品的发展，随着中国食疗文化逐步推广渗透，近年来开始探索药膳食疗、传统滋补品的发展；非洲地区食疗产业发展相对缓慢，但拥有丰富的生物多样性资源，具有发展食疗产业深厚的物质基础（见图7）。

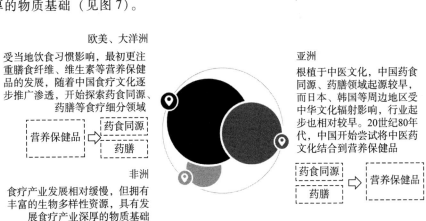

图7　全球食疗产业发展路线

资料来源：前瞻产业研究院整理。

在亚洲地区，中国食疗起源较早，在古代就已形成药膳、药酒等多种食疗形式，但是行业产业化发展进程缓慢，直至 20 世纪 80 年代开始，中国才开始尝试将中医药文化结合到营养保健品上，开始采用各种新兴技术将药用植物具有食疗价值的特殊部位开发成为一批传统滋补品、营养保健和药膳产品等。日本食疗行业是在中医药学和中医养生食疗的基础上发展起来的，通过深入研究药物或食物有效成分、功能因子和工艺优化，结合市场需求发展了一大批具有新剂型、多功能、强效力的食疗产品，尤其在肠胃功能、免疫能力等方面的研发一直处于世界前列。

以西班牙为代表的欧洲地区，受地中海饮食习惯影响，主要以水果、豆类、全谷类、乳制品和极少量红肉作为日常饮食来源，以橄榄油和坚果中的抗氧化物质、维生素、植物蛋白等活性物质作为饮食补充，预防心血管疾病、肿瘤、关节炎等疾病。

以加拿大为代表的美洲国家，对谷物和食品加工技术以及乳制品、农场种植要求较高，食品维生素和矿物质等营养物质添加监管较严，生产高叶黄素小麦、大麦葡聚糖等多种食疗食品，除较为传统的膳食补充剂产品外，还善于从海产品、植物、动物等途径提取生物活性物质，并将功能性食品作为每日营养补充的一部分。

以澳大利亚为代表的大洋洲国家，大量欧洲移民涌入使该地区饮食文化富有多样性。澳大利亚在食疗产品生产上有着独一无二的食品理念，即保证原产地纯净无污染和有机原材料，食用有机食品这项举措有助于预防细胞变异、调节机体免疫力以促进健康。

以南非为代表的非洲国家，地处热带、气候复杂，受天然资源和各国发展的限制，非洲整体食疗产业处于较落后的状态。

2. 国内外食疗产品竞争分析

（1）国内外传统滋补养生品竞争分析

中国具备悠久的"药食同源"历史，是全球传统滋补养生品市场领导者，在传统滋补养生品市场具有显著优势，并引领周边国家及地区传统滋补养生品市场发展；日韩是全球传统滋补养生品市场跟随者，日韩等地区传统滋补养生行业受到中医药学和中医养生食疗文化的较大影响，起源相对较早，主要品牌有正官庄等；近年来，随着中医文化全球影响力的扩大，越来越多的国家开始认同"药食同源"理念并开始发展滋补养生市场，如2022年9月，美国召开营养会议并发布相应国家营养战略，"食品及药品"（药食同源）的概念在美国政府层面再次被推上了主流。

（2）国内外现代营养保健品竞争分析

中国是现代营养保健品第二大消费国。虽然中国现代营养保健品行业起步较晚，但是受人口基数、老龄人口、养生观念等多重因素影响，现代营养保健市场需求巨大，近年现代营养品消费全球占比均达20%以上，仅次于美国（见图8）。

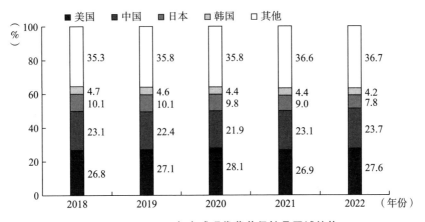

图8　2018~2022年全球现代营养保健品区域结构

注：图中为维生素和膳食补充剂市场数据。

资料来源：Euromonitor，前瞻产业研究院整理。

中国现代营养保健品品牌竞争力相对较强。全球范围内，现代营养保健品品牌数量众多，市场分散。在国际化浪潮推动下，中国汤臣倍健、无限极、健安喜、完美（中国）、朗迪等营养保健品品牌逐步进军国际市场（见表8）。在TOP20品牌中，中国品牌数量达5家，仅次于美国（10家），品牌竞争力相对较强。

表 8　2018~2022 年全球现代营养保健品企业市场占有率

单位：%

名称	2018 年	2019 年	2020 年	2021 年	2022 年
纽崔莱	3.7	3.5	3.6	3.5	3.7
汤臣倍健	1.7	2.0	2.2	2.3	2.2
康宝莱	1.6	1.7	1.7	1.7	1.7
正官庄	1.6	1.6	1.6	1.5	1.4
善存	—	—	—	—	1.4
莱萃美	1.2	1.2	1.2	1.3	1.3
斯维诗	0.9	0.8	0.8	0.9	1.0
自然之宝	—	—	—	1.0	1.0
无限极	2.0	1.5	1.1	1.0	0.9
5-Hour Energy	1.1	1.0	0.8	0.8	0.9
钙尔奇	—	—	—	—	0.7
白兰氏	0.7	0.7	0.6	0.6	0.6
Nature's Way	0.7	0.7	0.7	0.6	0.6
健安喜	—	—	0.5	0.5	0.5
完美（中国）	1.1	0.7	0.6	0.6	0.5
力保健	0.8	0.7	0.6	0.6	0.5
朗迪	—	—	—	—	0.5
Vital Proteins	—	—	0.2	0.3	0.4
Sesamin	0.5	0.5	0.5	0.5	0.4
Now	0.3	0.3	0.4	0.4	0.4
其他	82.1	83.1	82.9	81.9	79.4

注：1. 黑体部分为国内企业；
2. 表中为维生素和膳食补充剂市场数据。
资料来源：Euromonitor，前瞻产业研究院整理。

（二）中国食疗产业竞争格局分析——细分层面

1. 传统滋补养生品竞争分析

中国传统滋补养生品市场品牌集中度低，市场格局相对分散。近年来，随着消费者养生意识的变化，传统滋补养生品市场发展增速快，越来越多企

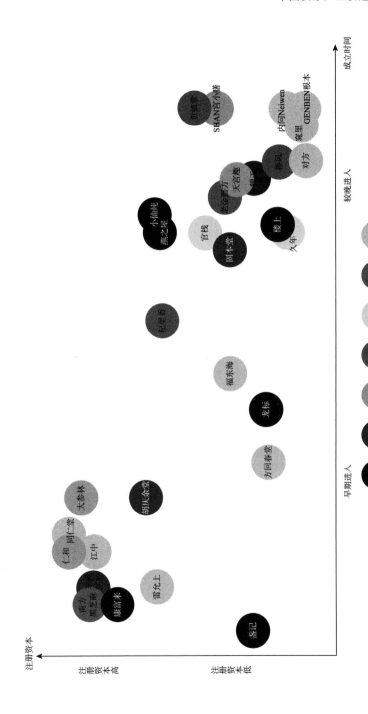

图 9 中国传统滋补养生品品牌竞争格局

注：1. 主要依据品牌公司成立时间及注册资本进行划分；
2. 部分品牌具有多种滋补养生品，此处依据主要产品进行分类，部分品牌主要产品特征并不明显，则归入"其他类"。

资料来源：企查猫，前瞻产业研究院整理。

业进入传统滋补养生品市场。依据进入时间，可将传统滋补养生品市场竞争者分为两类：一类为传统老字号品牌，如同仁堂、东阿阿胶等；一类为新滋补品牌，如内问 Neiwen、窕里、GENBEN 根本、SHAN 宫小膳、对方等（见图 9）。

从两类竞争者发展特征来看，传统滋补品牌口感、形态、成分具有一定的局限性，但是品牌优势突出，作为传统老字号，品牌信任度较高，在中老年群体中拥有稳定市场，企业规模体量明显高于新滋补品牌，受消费者信赖，代表品牌主要有同仁堂、东阿阿胶等；新滋补品牌致力于通过新技术使滋补产品兼具口感和健康，弥补了传统滋补品牌在口感上的不足，更贴合当代年轻人的消费需求，在社媒营销加持下，容易迅速打开年轻群体消费市场，但是品牌效应相对较低，对于中老年消费者吸引力较小，企业规模体量较小，客户群体波动风险较大，代表品牌有内问 Neiwen、窕里、GENBEN 根本、SHAN 宫小膳、对方等。具体来看，2023 年中国传统滋补养生品重点品牌业务布局如表 9 所示。

表 9　2023 年中国传统滋补养生品重点品牌业务布局

企业名称	品牌	成立时间	地区	主要产品
香港盏记集团	盏记	1964	香港	品种多达五六十种，包括**燕窝**、冬虫夏草、海味、鲍鱼、海参、鱼翅、冬菇、菌类、花旗参、高丽参及保健品
南方黑芝麻集团股份有限公司	南方黑芝麻	1993	广西	**黑芝麻**
广东康富来药业有限公司	康富来	1993	广东	**燕窝**、保健食品、冬虫夏草、鱼肝油、人参、蛋白粉等
东阿阿胶股份有限公司	东阿阿胶	1994	山东	**阿胶**、复方阿胶浆、"桃花姬"阿胶糕、"东阿阿胶牌"阿胶粉、龟鹿二仙口服液、海龙胶口服液以及其他战略储备产品共 40 余种
雷允上药业有限公司	雷允上	1994	江苏	西洋参片、灵芝孢子粉、枸杞等
仁和药业股份有限公司	仁和	1996	江西	参鹿补片、六味地黄丸、复方滋补力膏

续表

企业名称	品牌	成立时间	地区	主要产品
江中药业股份有限公司	初元、参灵草	1996	江西	**猴头菇**、初元系列产品、参灵草系列产品、胃肠健康系列产品及其他特色品种
北京同仁堂股份有限公司	同仁堂	1997	北京	补益类产品，包括五子衍宗丸、六味地黄丸、复方阿胶浆、麒麟丸等；传统滋补品，如燕窝、冬虫夏草、人参等以及蜂产品
大参林医药集团股份有限公司	东紫云轩、东腾阿胶	1999	广东	参茸滋补药材、阿胶系列产品
杭州胡庆余堂药业有限公司	胡庆余堂	1999	浙江	**阿胶**
杭州方回春堂国药馆有限公司	方回春堂	2001	浙江	回春膏方、汉方茶饮
新加坡食品（厦门）有限公司	龙标	2004	福建	**燕窝**
广东逢春制药有限公司	福东海	2006	广东	五宝茶、人参茶、菊花茶、保健品、枸杞、黑芝麻
宁夏杞里香枸杞有限责任公司	杞里香	2009	宁夏	中式滋补产品、**枸杞**类产品、参茸贵细、原料干货等
济南固本堂生物技术有限公司	固本堂	2013	山东	**阿胶**
厦门燕之屋生物工程股份有限公司	燕之屋	2014	福建	**燕窝**
广东循证滋补生命科技有限公司	官栈	2014	广东	**花胶**（即食花胶、鲜炖花胶、金汤花胶鸡、花胶轻食碗）、鲜炖海参等
楼上燕窝庄有限公司	楼上	2014	香港	产品多元化，包括**燕窝**、冬虫夏草、日本海参干鲍、海味、滋补品等
大连久年生物有限公司	久年	2014	辽宁	**花胶**
北京小仙炖生物科技有限公司	小仙炖	2015	北京	鲜炖**燕窝**
浙江仁之初健康产业有限公司	老金磨方	2016	浙江	**黑芝麻**丸（粉）、薏米粉、红豆粉等

续表

企业名称	品牌	成立时间	地区	主要产品
深圳市灵羲科技有限公司	天宫趣	2017	广东	**人参**：人参冻干粉、人参熬夜水
山东鹤王阿胶股份有限公司	鹤王	2017	山东	**阿胶**、阿胶糕
上海丰果品牌管理有限公司	椿风	2018	上海	**枸杞**：枸杞冻干粉等
杭州对方健康科技有限公司	对方	2018	浙江	酸枣仁当归睡眠膏、红参阿胶气血膏等复方深加工产品
深圳柏溢品牌管理有限公司	窕里	2020	广东	仙女棒系列的小傲娇核桃枸杞阿胶糕与清调补系列的好解梅、姜姜好、小参机固体饮料
杭州一维营养食品有限公司	贡植堂	2021	浙江	**枸杞**即饮原浆产品
上海膳小亦为生物科技	SHAN 宫小膳	2021	上海	**人参**：以冻干技术为主的原切参巧（巧克力人参）和低温酶解发酵技术为主的冷酵人参饮
内问（上海）健康科技	内问 Neiwen	2021	上海	人参不老莓蜜膏、麦卢卡红糖姜蜜、阿胶红参蜜膏
上海极植健康科技有限公司	GENBEN 根本	2021	上海	莓果精粹、藏红花姜茶等

注：1. 依据成立时间排序；

2. 查询时间为 2023 年 9 月；

3. 黑体部分为品牌主要产品。

资料来源：企查猫、企业官网、前瞻产业研究院整理。

2. 现代营养保健品竞争分析

国内现代营养保健品市场竞争者主要分为国内品牌与国外品牌。中国现代营养保健品行业起步相对较晚，国内营养保健品品牌相对于国外品牌在人群细分、营养细分上存在一定差距。在多年的发展过程中，国外知名保健品品牌逐步渗透我国现代营养保健品市场并占据较高的市场份额，如纽崔莱、斯维诗、钙尔奇、葆婴、迪巧、善存等（见表10）。

表10 2018~2022年中国市场现代营养保健品企业竞争态势

单位：%

名称	2018年	2019年	2020年	2021年	2022年
汤臣倍健	7.4	8.9	9.9	10.0	9.5
纽崔莱	6.4	5.8	6.1	6.1	7.0
无限极	8.9	6.8	5.0	4.1	3.9
斯维诗	2.1	2.3	2.8	3.2	3.6
完美（中国）	4.8	3.3	2.7	2.5	2.3
钙尔奇	—	—	—	—	2.0
朗迪	—	—	—	—	1.9
东阿阿胶	3.0	1.0	1.3	1.5	1.5
葆婴	2.3	1.8	1.7	1.7	1.5
合生元	1.2	1.5	1.6	1.1	1.2
燕之屋	0.7	0.8	1.1	1.2	1.2
国珍	2.3	1.9	1.4	1.4	1.2
迪巧	0.8	0.8	0.7	0.8	0.9
善存	—	—	—	—	0.9
Dyne	0.5	0.6	0.6	0.7	0.9
福胶	0.7	0.8	0.8	0.8	0.8
自然之宝	—	—	—	0.8	0.8
Life-space	0.1	0.2	0.3	0.4	0.7
澳诺	—	—	0.5	0.6	0.7
正官庄	0.4	0.6	0.7	0.6	0.7
其他	58.4	62.9	62.8	62.5	56.8

注：1. 黑体部分为国内品牌；

2. 表中为维生素和膳食补充剂市场数据。

资料来源：Euromonitor，前瞻产业研究院整理。

从企业布局来看，现代营养保健品重点企业产品类型较为多样化，针对人群及品牌定位有所不同，部分企业除布局保健品市场外，还布局滋补养生品市场，如东阿阿胶等。2023年中国现代营养保健品主要企业业务布局如表11所示。

表 11　2023 年中国现代营养保健品重点企业业务布局

企业名称	品牌	产品类型	主要产品	布局战略
汤臣倍健	汤臣倍健	膳食营养补充剂	B 族维生素片、维生素 C 泡腾片、健力多® 氨糖软骨素钙片、越橘叶黄素酯 β-胡萝卜素软胶囊、汤臣倍健® 蛋白粉等	全品类、全人群覆盖的产品线布局
无限极（中国）有限公司	无限极	中草药健康产品	涵盖口服液、维康素片、金昭胶囊、怡瑞胶囊、臻源胶囊等	建立全链条产业化管理模式，提供高品质的中草药健康产品
完美（中国）有限公司	完美	保健品	完美吉福参参人参滴丸、完美牌低聚糖沙棘茶、完美牌健扬胶囊、完美牌芦荟王浆矿物粉、完美牌芦荟王浆矿物片、完美牌丹参阿胶珍珠胶囊、完美餐牌肽藻营养粉等	大健康科技产业，打造集研发、采购、制造、物流、销售、服务于一体的智慧生态平台
上海方朗企业管理有限责任公司	朗迪	钙制剂	朗迪® 碳酸钙 D3 片、朗迪® 碳酸钙 D3 颗粒、精朗迪® 碳酸钙 D3 颗粒、小儿朗迪® 碳酸钙 D3 颗粒、朗迪® 碳酸钙 D3 颗粒（Ⅱ）（孕妇钙）	适合儿童、孕妇、中老年人等，专门针对国人体质进行研发
东阿阿胶股份有限公司	东阿阿胶	保健食品	龟鹿二仙口服液、海龙胶口服液	阿胶及系列中成药、保健食品和食品的研发、生产和销售
健合国际控股有限公司	合生元	合生元益生菌	益生菌、微囊乳钙咀嚼片等	婴幼儿营养与护理、成人自然健康营养与护理、宠物营养与护理三大业务板块，创造差异化的优质产品
新时代健康产业（集团）有限公司	国珍	保健食品和营养食品	国珍牌松花粉、国珍牌破壁松花粉、国珍牌松花钙奶粉、国珍牌松花伴侣片、国珍牌松花参宝片、国珍牌松花木寡糖颗粒、国珍牌番茄红素软胶囊等	新时代健康产业集团的保健食品和营养食品品牌，该品牌定位为"中华养生，荟萃精华"
山东华特达因健康股份有限公司	Dyne	营养/保健食品	伊可新乳铁蛋白调制乳粉、伊可新藻油 DHA 凝胶糖果、伊可新铁颗粒、伊可新锌颗粒等	儿童营养食品
华润集团有限公司	澳诺	锌钙同补产品	"金辛金丐特"葡萄糖酸钙锌口服溶液	用于婴幼儿、孕妇、老年人等补充钙和锌

资料来源：企业官网，前瞻产业研究院整理。

（三）中国食疗产业竞争格局分析——企业层面

中国食疗产业市场格局相对分散，相关企业数量众多。综合传统滋补养生品企业及现代营养保健品企业发展情况分析，2022年中国食疗产业销售额TOP20企业如图10所示。

（四）中国食疗产业竞争格局分析——产品层面

从品牌布局看，营养保健中增强免疫、维生素等品类品牌数量最多，传统滋补中养生茶饮、药食同源品牌数量最多（见图11）。

从销售情况看，婴幼儿健康、维生素/矿物质、骨骼健康、特医配方食品为中国食疗产品销售主力，市场占比较高；益生菌、养肝清肺、明目益智、药食同源是高增长品类；传统滋补品不敌营养保健品，在销售占比及销售增速方面都处于相对较低的水平（见图12）。

三 中国食疗产业销售格局分析

（一）中国食疗产品销售渠道概述

我国食疗产品销售渠道主要分为线上和线下两大类型。线上为各大电商平台和社媒类平台等，线下为药店、商超、中医院等。现代营养保健品市场的线上消费占比相对传统滋补养生品更高。2022年，线上渠道销售占比已经高达49.7%，主要由于现代营养保健品多为维生素及膳食补充剂，功效特点明显，产品标准化程度较高；而传统滋补养生品的功效搭配较为精准，且药膳一类产品的针对性更强，需要定制个性化方案。因此，从两者在线上的普及性来看，标准化产品更易于线上渗透。

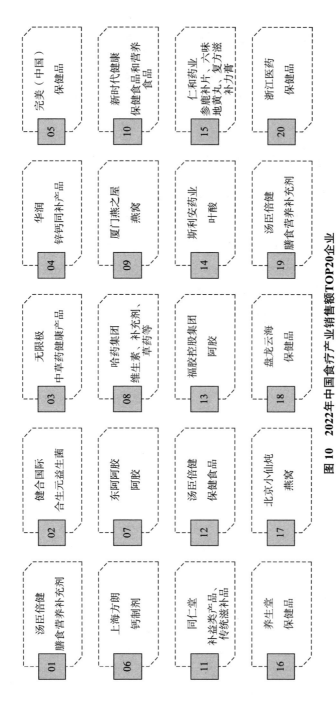

图10 2022年中国食疗产业销售额TOP20企业

01	汤臣倍健 膳食营养补充剂
02	健合国际 合生元益生菌
03	无限极 中草药健康产品
04	华润 锌钙同补产品
05	完美（中国） 保健品
06	上海方朗 钙制剂
07	东阿阿胶 阿胶
08	哈药集团 维生素、补充剂、草药等
09	厦门燕之屋 燕窝
10	新时代健康 保健食品和营养食品
11	同仁堂 补益类产品、传统滋补品
12	汤臣倍健 保健食品
13	福胶药股集团 阿胶
14	斯利安药业 叶酸
15	仁和药业 参鹿补片、六味地黄丸、复方滋补力膏
16	养生堂 保健品
17	北京小仙炖 燕窝
18	盘龙云海 保健品
19	汤臣倍健 膳食营养补充剂
20	浙江医药 保健品

注：截至2023年9月，尚无权威机构公布食疗产业各企业销售额数据，此处依据Euromonitor公布的2022年维生素和膳食补充剂市场规模、企业竞争格局测算各企业现代营养保健品销售额，并结合传统滋补品主要企业食疗业务营业收入情况进行综合排名。
资料来源：Euromonitor公司公报，前瞻产业研究院整理。

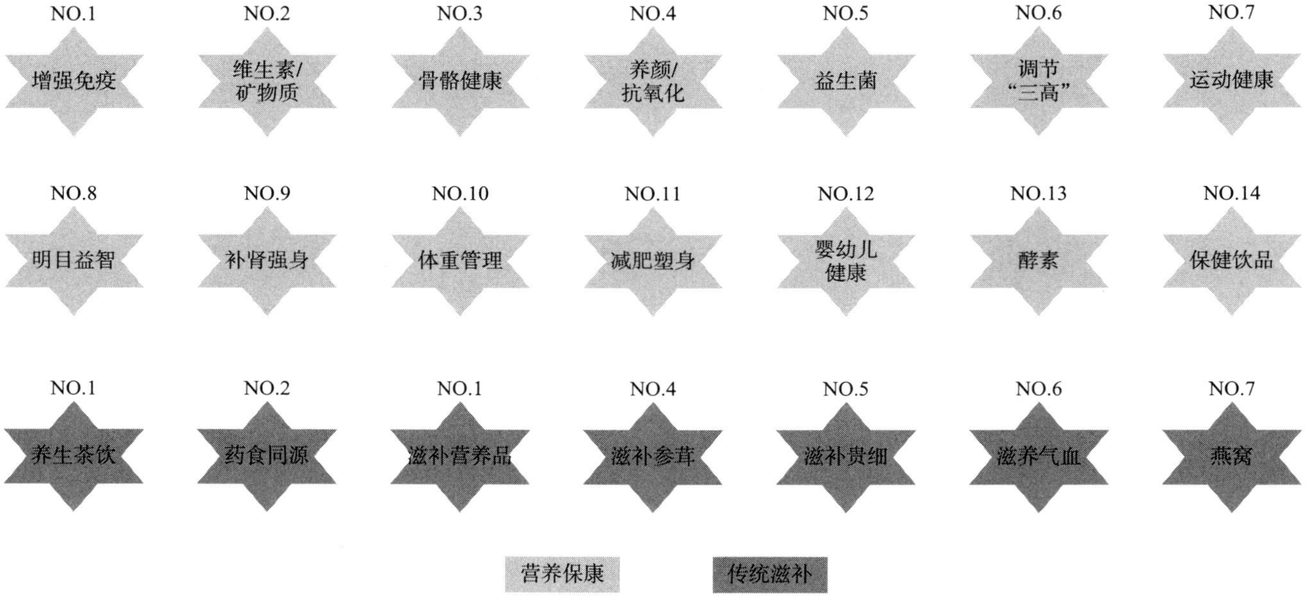

营养保健

| NO.1 增强免疫 | NO.2 维生素/矿物质 | NO.3 骨骼健康 | NO.4 养颜/抗氧化 | NO.5 益生菌 | NO.6 调节"三高" | NO.7 运动健康 |
| NO.8 明目益智 | NO.9 补肾强身 | NO.10 体重管理 | NO.11 减肥塑身 | NO.12 婴幼儿健康 | NO.13 酵素 | NO.14 保健饮品 |

传统滋补

| NO.1 养生茶饮 | NO.2 药食同源 | NO.1 滋补营养品 | NO.4 滋补参茸 | NO.5 滋补阿胶 | NO.6 滋养气血 | NO.7 燕窝 |

图 11 中国食疗产业品类数量排名

资料来源：京东健康《2022营养健康趋势白皮书》，前瞻产业研究院整理。

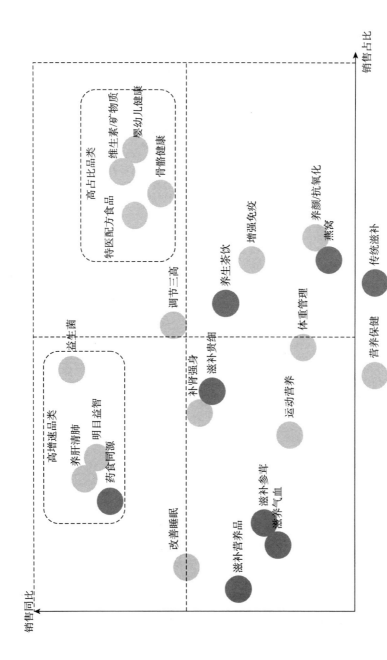

图 12　中国食疗产业品类销售情况

资料来源：京东健康《2022营养健康趋势白皮书》，前瞻产业研究院整理。

2019~2021年，我国食疗产品的线上渠道销售占比逐年递增，2021年达到28%。初步测算，2022年我国食疗产品线上渠道销售占比达到30%。线上渠道的普及化，得益于电子商务平台产品的多元化、规范化，也依托于疫情期间消费者消费习惯的转变（见图13）。

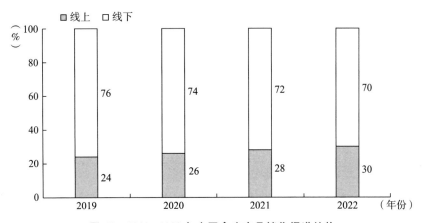

图13　2019~2022年中国食疗产品销售渠道结构

资料来源：京东健康、前瞻产业研究院整理。

（二）中国食疗产品销售格局分析——传统渠道

1. 药店

（1）药店数量

药店是食疗产品线下销售的主要渠道。药品的经营，包括批发和零售，我国所实施的制度为许可制。根据《药品管理法》的规定，除药品上市许可持有人从事药品批发活动无须取得经营资质外，药品的经营均须取得药品经营许可证。由于药店同时经营处方类、非处方类药物及保健食品等，需取得药品经营许可证。

2018~2022年，我国药品经营许可证持证企业数量规模逐年递增，2022年持证企业达到62.99万家，同比增长3.3%（见图14）。

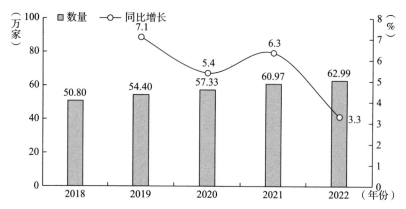

图 14　2018～2022 年中国药品经营许可证持证企业数量

资料来源：国家药监局，前瞻产业研究院整理。

　　具体从类型来看，零售连锁药店得益于品牌知名度高、认可度和信任度高，以及加盟/直营模式较为成熟等优势，成为我国持证企业数量最丰富的类型，2022 年数量为 36.67 万家，占总持证企业的 56.95%。其中，连锁门店数量就达到 36.00 万家。另外，零售单体药店数量规模也较大，2022 年为26.33 万家，占总数的 40.89%（见图 15）。

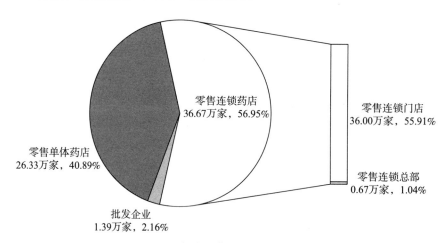

图 15　2022 年中国药品经营企业类型分布

资料来源：国家药监局，前瞻产业研究院整理。

（2）食疗产品销售现状

药店产品的销售旺季多数在年底，主要原因为，一方面，年底降温，各类呼吸道疾病逐渐暴发，对应用药用保健品需求增长；另一方面，年底"双十一""双十二"等促销活动吸引力较大，一定程度上刺激了消费。IQVIA相关统计数据显示，2022滚动年（2021Q2～2022Q1）我国药店销售产品销售额达到2021亿元，非处方药（OTC）销售份额占到整体零售药店市场的42%，为848.82亿元；处方药销售额达970.08亿元，占比48%；其他产品销售额达202.1亿元，占比10%。

从具体产品和生产企业来看，2022滚动年，惠氏制药有限公司有两款产品为热销产品，分别为钙尔奇系列（第1）和善存系列（第8），两款产品均为现代营养保健品。另外，汤臣倍健亦有两款产品上榜，分别为汤臣倍健健力多氨糖软骨素钙片（第3）和汤臣倍健蛋白质粉（第9）。传统滋补养生品以阿胶（第2）、益安宁丸（第5）等产品上榜数量较多（见表12）。

表12　2022年中国药店非处方药+保健品销售TOP20

排名	产品	厂商	排名	产品	厂商
1	钙尔奇系列	惠氏制药有限公司	9	汤臣倍健蛋白质粉	汤臣倍健股份有限公司
2	阿胶	东阿阿胶股份有限公司	10	连花清瘟片	石家庄以岭药业股份有限公司
3	汤臣倍健健力多氨糖软骨素钙片	汤臣倍健股份有限公司	11	蓝芩口服液	扬子江药业集团有限公司
4	锌钙特	澳诺（中国）制药有限公司	12	舒筋健腰丸	广州白云山陈李济药厂有限公司
5	益安宁丸	同益堂药业有限公司	13	日日高	国药控股星鲨制药（厦门）有限公司
6	朗迪	北京振东康远制药有限公司	14	蜜炼川贝枇杷膏	京都念慈菴总厂有限公司
7	维生素D滴剂	青岛双鲸药业有限公司	15	健胃消食片	江中药业股份有限公司
8	善存系列	惠氏制药有限公司	16	藿香正气口服液	太极集团重庆涪陵制药厂有限公司

排名	产品	厂商	排名	产品	厂商
17	伊可新	山东达因海洋生物制药股份有限公司	19	999感冒灵颗粒	华润三九医药股份有限公司
18	铁皮枫斗颗粒	浙江天皇药业有限公司	20	阿胶	山东福牌阿胶股份有限公司

资料来源：IQVIA，前瞻产业研究院整理。

2. 商超

商超渠道为线下食疗产品销售渠道之一，但占比较小。商超的食疗产品大多位于保健食品货柜，也有部分产品如江中猴菇饼干等，位于零食货柜。商超的陈货量是否丰富一定程度上影响着食疗产品销售额的多寡。中国连锁经营协会数据显示，2019~2021年，我国超市百强门店数量呈先上升后下降趋势，分别为2.60万家、3.10万家、2.85万家。

商超渠道在整个保健产品销售渠道中份额占比较小，且销售的食疗产品主要以OTC类产品为主。近年来，受到线上渠道的挤压，以及产品类型多样化程度不高等因素影响，线下商超的食疗产品销售规模有一定程度下滑，2019年占比1.8%，2022年下降至1.5%，下降0.3个百分点。

（三）中国食疗产品销售格局分析——电商渠道

1. 京东

（1）食疗产品销售规模

京东平台是食疗产品销售优势平台之一，鲸参谋数据显示，2022"双十一"期间，京东平台传统滋补养生品的销售额在3.19亿元以上，其中养生茶饮的销售额为1.52亿元，相较于2021年"双十一"同比下降27%；燕窝销售额达1.21亿元，同比下降130%；滋补营养品销售额达0.45亿元，同比下降385%。

京东平台现代营养保健品的销售额在8.22亿元以上，其中婴幼儿营养销售额为2.81亿元，同比下降174%；骨骼健康产品销售额为2.28亿元，同比下降102%；美颜/抗氧化产品、增强免疫产品、补肾强身产品销售额分别为 1.38 亿元、1.31 亿元、0.44 亿元，较上年均有所下降。

虽然 2022 年"双十一"期间的食疗产品销售额较 2021 年"双十一"期间的销售额明显下降，但市场整体仍保持较高水平。

（2）食疗产品细分市场

以现代营养保健品为例，京东平台的维生素/矿物质类型产品销售额较高，占总销售额的 22%；骨骼健康类产品的销售额占比 14%，增强免疫类产品的销售额占比 9%（见图 16）。

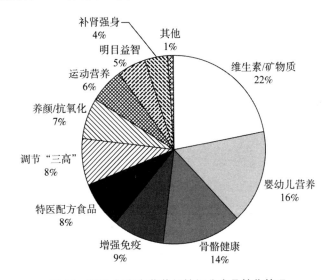

图 16　2022 年京东营养保健细分产品销售情况

注：统计时间为 2022 年 1~5 月。

资料来源：鲸参谋，前瞻产业研究院整理。

具体从细分类目来看，免疫增强类产品销量最高的为蛋白粉，占该类型总销量的 59%，其次为氨基酸。美颜/抗氧化类产品以胶原蛋白产品销量为优，占该类型总销量的 49%，其次为葡萄籽提取物，另外，NMN 热门产品位列第 4。调节"三高"类产品以鱼油销量较高，其次为辅酶 Q10。谷歌健康类产品以钙类产品为主，其次为氨糖/软骨素。

（3）食疗产品竞争情况

京东平台的入驻商家类型多样、数量庞大，但整体从销售来看，平台销售规模主要集中在知名品牌企业。具体来看，Swisse、汤臣倍健的产品矩阵完善，在四大类型产品方面均有布局，且销售排名均在前五。从集中度来看，四大类型的 CR_{10} 均超过 40%，最高达到 62.6%。头部品牌的集中度较高，挤压了中小企业的生存空间，剩余市场的竞争激烈。

2. 天猫/淘宝

（1）食疗产品销售情况

2021~2023 滚动年，天猫和淘宝平台的药食同源类产品的销售额均呈同比增长趋势。2022 滚动年，天猫和淘宝平台药食同源类销售额为 226.6 亿元，同比增长 20.7%。2023 滚动年，由于疫情放开，2022 年底消费下滑，整体同比增速为 1.9%（见图 17）。

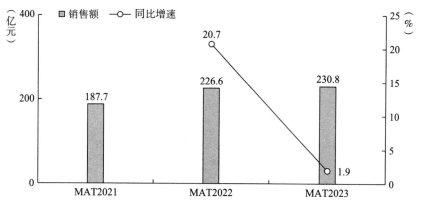

图 17　2021~2023 年天猫和淘宝药食同源市场销售规模

注：数据为滚动年，即 MAT2021 年数据为 2020 年 3 月至 2021 年 2 月。
资料来源：mktindex，前瞻产业研究院整理。

（2）食疗产品细分市场

天猫和淘宝的药食同源市场成分类型多元化，人参是销售额最高的成分。2023 滚动年，人参作为药食同源主要成分，其销售额达到 52.4 亿元，占总销售额的 22.7%。枸杞、蜂蜜、阿胶、黑芝麻、灵芝和西洋参的销售额均超过 10 亿元（见表 13）。

表 13 2023 年天猫和淘宝药食同源市场添加成分销售情况

单位：亿元，%

序号	成分名称	MAT2023 销售额	销售额占比	序号	成分名称	MAT2023 销售额	销售额占比
1	人参	52.4	22.7	17	桑叶	4.2	1.8
2	枸杞	22.0	9.5	18	橘红	4.2	1.8
3	蜂蜜	19.5	8.5	19	葛根	4.2	1.8
4	阿胶	17.9	7.8	20	山药	3.9	1.7
5	黑芝麻	15.2	6.6	21	桑葚	3.8	1.6
6	灵芝	12.7	5.5	22	黄芪	3.5	1.5
7	西洋参	10.7	4.6	23	沙棘	3.3	1.4
8	菊花	9.1	3.9	24	芡实	3.2	1.4
9	枣	8.4	3.6	25	姜黄	2.9	1.3
10	决明子	7.5	3.3	26	当归	2.9	1.3
11	茯苓	7.1	3.1	27	麦芽	2.9	1.3
12	蒲公英	5.9	2.6	28	山楂	2.8	1.2
13	黄精	5.8	2.5	29	罗汉果	2.8	1.2
14	青果	5.7	2.5	30	桂圆	2.6	1.1
15	铁皮石斛	5.3	2.3	31	百合	26	1.1
16	金银花	5	2.2	32	党参	2.5	1.1

注：数据为滚动年，即 MAT2023 年数据为 2022 年 3 月至 2023 年 2 月。

资料来源：mktindex，前瞻产业研究院整理。

（3）食疗产品竞争情况

从品牌竞争来看，药食同源产品以同仁堂、老金磨方等老牌生产企业为主。2022 滚动年，同仁堂的药食同源产品销售额为 11.19 亿元，品牌市占率为 4.78%（见表 14）。

表 14 2022 年天猫和淘宝药食同源市场 TOP10 品牌对比

排名	品牌名称	销售额（亿元）	销量（万件）	均价（元/件）	品牌市占率（%）	市场份额变化
1	同仁堂	11.19	1370.9	81.6	4.78%	↑
2	老金磨方	5.58	858.2	65.0	2.38%	↓

续表

排名	品牌名称	销售额（亿元）	销量（万件）	均价（元/件）	品牌市占率（%）	市场份额变化
3	正官庄	3.6	116.9	308.0	1.54%	↓
4	固本堂	3.39	291.8	116.2	1.45%	↑
5	东阿阿胶	2.64	60.3	437.8	1.13%	↑
6	仁和	2.11	172.8	122.1	0.90%	↑
7	杞里香	2.03	358.9	56.6	0.87%	↓
8	comvita/康维他	1.56	37.4	417.1	0.79%	↓
9	SunClara/克啦啦	1.56	153.9	101.4	0.67%	↑
10	姥姥现蒸	1.44	226.8	63.5	0.62%	↓

注：统计时间为2021年9月至2022年8月。

资料来源：mktindex，前瞻产业研究院整理。

3. 抖音、快手

（1）食疗产品销售现状

抖音、快手作为社媒类电商平台，具有较强的客户黏性。以药食同源产品为例，2020～2022年，抖快平台药食同源销售额增速较快。尤其是2022年，市场销售额达到25.37亿元，同比增长288.5%（见图18）。

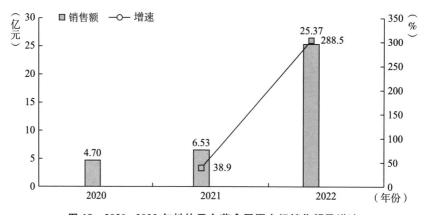

图18　2020～2022年抖快平台药食同源市场销售额及增速

资料来源：果集数据，前瞻产业研究院整理。

从传统滋补养生品来看，抖音平台在2022年第一季度相关品牌数量就超过 5200 个，带货视频数超 22 万个，带货直播数突破了 103.2 万个，动销商品数也突破了 7.9 万个。各关键数据的同比增速均超过 100%。整体来看，社媒类电商平台由于兼具互动、科普、消费等多类型功能，搭建成熟的直播红包、优惠券等优惠机制，配套完善的物流和退换货体系，成为食疗产业电商渠道的潜力渠道之一。

（2）食疗产品细分市场

从细分产品来看，抖音平台传统滋补养生品以药食同源食品、燕窝滋补品为优势产品，第二梯队以食疗滋补营养、阿胶膏方、参茸贵细等产品为主。膳食营养品以蛋白粉/氨基酸/胶原蛋白、菌/菇/酵素为优势产品，维生素/矿物质/钙铁锌硒等位于第二梯队（见图 19）。

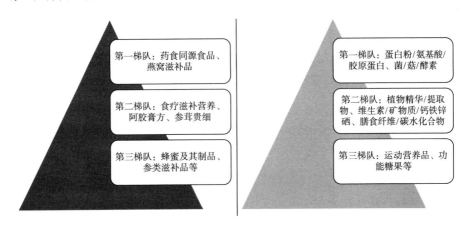

图 19　2022 年抖音平台滋补膳食行业细分产品梯队

注：左侧为滋补品，右侧为膳食营养品。
资料来源：蝉妈妈，前瞻产业研究院整理。

（3）食疗产品竞争情况

以传统滋补养生品为例，2022 年，抖快平台药食同源市场销售额品牌 TOP10 中，有 6 家为新兴品牌，4 家为传统品牌。老金磨方为上榜注册年份最久远的传统品牌，葆天和为上榜注册年份最短的新兴品牌。漠里为销售额第一的药食同源品牌，销售额为 1.82 亿元，销量为 256.09 万件，品类占比 6.90%。抖快平台药食同源产品的品牌 CR_{10} 超过 20%，且以新兴品牌为主，平台的竞争较为激烈（见表 15）。

表15　2022年抖快平台药食同源市场品牌销售TOP10

序号	品牌	类型 （注册年份）	销售额 （亿元）	销量 （件）	平均单价 （元）	品类占比 （%）
1	漠里	新兴2018	1.82	2560928	71.07	6.90
2	因贝森	新兴2021	1.35	819143	164.81	5.12
3	仁和	传统2001	0.59	860392	68.67	2.24
4	老金磨方	传统1912	0.37	527716	70.78	1.42
5	芝秀草	新兴2017	0.32	344460	93.28	1.22
6	河西女子	传统2012	0.31	185728	165.73	1.17
7	佩优棘	新兴2021	0.31	182179	167.80	1.16
8	葆天和	新兴2022	0.29	628389	45.82	1.09
9	戈壁记忆	新兴2021	0.28	224026	126.32	1.07
10	好想你	传统1992	0.24	1082701	21.73	<1.00

资料来源：果集数据，前瞻产业研究院整理。

4. 其他电商平台

国内电商平台数量较多，主流电商平台有淘宝、京东等，社媒类有抖音等。拼多多作为低价平台，在食疗产品销售方面，也有一定的市场份额。

拼多多平台的商品价格相较于其他电商平台处于较低水平，这主要是因为拼多多希望快速占领市场，享受第一波红利。拼多多平台已经入驻多家药房，如人民大药房、安泰大药房、天元大药房等。Early Data数据显示，2021年1~7月，主流电商平台（除拼多多）销售额占比最高的价格带在201~500元，占比36.1%，价格区间高于拼多多销售额占比最高的价格区间0~100元。销量情况主流电商平台和拼多多平台保持一致，占比最高的价格区间均为0~100元。整体来看，拼多多平台保健品的销售额和销量绝大部分来自100元及以下的低价产品，但近年来，拼多多也在逐渐吸引更多中高端消费者和大品牌（见表16）。

表 16　拼多多平台与主流电商平台保健品价格带销售情况对比

单位：元，%

价格带	拼多多		主流电商平台	
	销售额占比	销量占比	销售额占比	销量占比
0～100	88.1	97.4	15.3	45.6
101～200	9.9	2.4	28.5	31.5
201～500	1.8	0.2	36.1	19.5
501～1000	0.1	0.0	11.0	2.7
1000 以上	0.1	0.0	9.2	0.7

注：鉴于数据可得性，数据时间为 2021 年 1～7 月。

资料来源：Early Data，前瞻产业研究院整理。

从细分产品来看，以保健品为例，2021 年 1～7 月，拼多多平台销售份额较高的成分为益生菌，市场份额占比 16.7%，且同比增速快，达到 457.2%。另外，增速较快的成分为鱼油，同比增长 107.6%（见表 17）。

表 17　拼多多平台保健品成分销售 TOP10

单位：%

成分	销售市场份额	增速
益生菌	16.7	457.2
钙	14.2	17.4
蛋白粉	7.6	19.7
铁	6.9	48.8
鱼油	6.8	107.6
运动蛋白粉	4.1	23.3
复合维生素	3.9	42.8
氨基葡萄糖	3.5	30.6
家庭蛋白粉	3.5	15.6
胶原蛋白	3.2	23.4

注：鉴于数据可得性，数据时间为 2021 年 1～7 月。

资料来源：Early Data，前瞻产业研究院整理。

从品牌竞争来看，2021 年 1～7 月拼多多保健品厂商销售额市场份额

TOP10 榜单中，国产品牌占主导。汤臣倍健（By-Health）与合生元（Bios-time）在拼多多和全平台（拼多多除外）榜单中均名列前茅，但从单品价格来看，两大品牌在拼多多的定价远低于天猫和京东平台，汤臣倍健在拼多多、天猫、京东三大平台均价分别为 61 元、154 元、193 元，合生元在三大平台均价分别为 69 元、180 元、213 元。

四　中国食疗产业发展趋势洞悉

（一）群体变化趋势

过去，我国食疗产品消费需求主要以老年人为主，根据消费者用户画像分析，药食同源保健品/滋补营养品的用户 45 岁及以上人群占比 74%，24 岁以下人群占比 19%。但是，未来食疗产业消费群体将逐渐呈现年轻化趋势。

年轻群体食疗产品需求快速上升。由于工作压力或者不健康的饮食作息习惯，部分年轻人拥有亚健康问题，出现了睡眠质量不佳、脱发、肥胖、视力听力下降等症状，对于健康养生的需求快速扩大。因此，未来我国食疗产业群体年龄阶层将不断扩大，消费群体将从"银发一族"逐渐向"年轻一代"扩散，中青年人群将成为消费食疗产品的生力军。

中老年群体食疗产品需求稳定增长。虽然近年来年轻群体食疗产品需求上升，但是随着中国社会的老龄化趋势不断加快，老龄人口规模仍持续增长，加之老年人的养生、保健意识不断增强，仍将有效带动食疗产品消费需求的稳步增长，为食疗市场提供稳定的需求支撑（见图 20）。

（二）渠道变化趋势

线上渠道占比或将持续提升，食疗产品线上渠道更加多元化。近年来，随着移动互联网的普及，食疗产品销售渠道向线上拓展成为必然趋势，食疗产品相关企业开始向线上渠道布局。线上消费观念逐步渗透中老年群体市场以及三四线城市市场，线上渠道将迸发巨大的生机活力。未来，食疗产品线上渠道占比或将持续提升。此外，随着社交电商、生鲜电商等平台的发展，

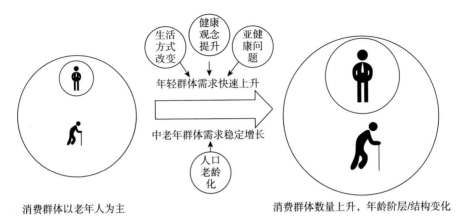

图20 中国食疗产业消费群体变化趋势

资料来源：前瞻产业研究院整理。

食疗产品线上渠道将更加多元化，为食疗品牌提供更多的销售平台和推广渠道选择，而具备多渠道资源的食疗品牌将在市场上占据更大优势（见图21）。

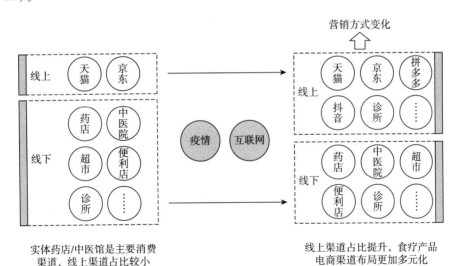

图21 中国食疗产业销售渠道变化趋势

资料来源：前瞻产业研究院整理。

电商平台快速发展，促进食疗品牌营销模式升级。传统滋补养生品及现代营养保健品过去主要通过投放电视广告等进行宣传推广，如江中食疗、脑白金等。当前，随着社交媒体的发展，抖音、快手、小红书、微博等均成为食疗品牌进行宣传推广的主要渠道，直播带货成为重要销售模式。未来，食疗品牌营销模式将加速升级，加速新型社交品牌宣传渠道构建，抢占先发优势。

（三）产品发展趋势

功效更具针对性。功效是消费者选购食疗产品的核心关注因素，但是不同性别、不同年龄层、不同职业的消费者对于食疗产品的功效需求有所不同。未来，品牌在食疗产品功效开发上将更具针对性，即针对不同消费群开发专项定制化食疗产品，如职场加班族的助眠产品、运动爱好者的营养补剂、银发养生族的专业保健品等。

口感将逐步提升。现代营养保健品品种繁多，但主要为胶囊、片剂、冲剂等；而传统滋补养生品成分主要为中药产品，部分产品口感较苦。综合来看，当前食疗产品在口感上有待提升，随着食疗产品消费群体的年轻化，除功效外，消费者将更注重口感上的体验，产品口味竞争或将成为主要发展方向。

食用方式即时化。由于传统食疗尤其是传统滋补产品的操作方式较为复杂，与实际生活的快节奏不相适应，加上广大消费者的中医药知识较为缺乏，实际操作应用的能力较低，直接影响了药膳食疗的作用。在快节奏的生活下，更多的年轻群体倾向于购买即时化的食补产品，从而满足高效率、营养饮食的需求，如小仙炖的即时燕窝等。

产品形象零食化。无论是传统滋补养生品还是现代营养保健品，都与"药品""功效"等强势挂钩。未来，随着消费群体的年轻化，食疗产品形象将与"药品"等形象逐步解绑，打造"轻养生"等观念，通过零食化渗透大众市场，降低用户的心理负担。近年来，部分产品的爆红，也印证了食疗产品零食化的发展趋势，如老金磨方推出多款新中式健康零食产品、汤臣倍健推出叶樱桃维 C 软糖等（见图 22）。

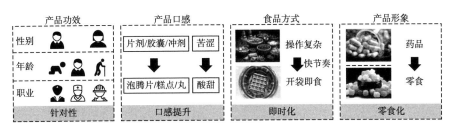

图22 中国食疗产业产品发展趋势

资料来源：前瞻产业研究院整理。

（四）市场竞争趋势

中国食疗产品种类众多，品牌数量众多，市场分散，未来行业市场竞争将持续升级，进入白热化阶段。无论是传统滋补养生品市场的新老品牌，还是现代营养品的国内外品牌，都将从过去的"以功效为单一卖点"转变为"以功效为核心，围绕口感、包装、营销、渠道、营养、人群、剂型等展开全方位竞争"，借此抢占食疗产品市场（见图23）。

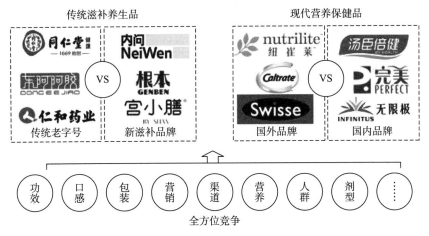

图23 中国食疗产业市场竞争趋势

资料来源：前瞻产业研究院整理。

传统滋补养生品市场，新、老品牌竞争加剧。我国传统滋补养生品起源较早，但产业化发展进程相对缓慢，当前仍处在发展阶段。近年来，随着消费群体年龄阶层的扩大，大量新兴滋补品牌抓住机遇进入市场，与传统滋补品牌割据混战。

国内外企业加速抢占现代营养保健品市场。我国现代营养保健品市场虽然起步较晚，但是由于利润水平高，市场快速膨胀。市场的过快发展也导致保健品行业乱象丛生，夸大宣传、批准文号弄虚作假等现象时有发生。近年来，国家加强保健品市场监管，行业逐步进入规范化阶段。中国是营养保健食品的主要消费国之一，国际品牌、国外产品纷纷进入国内市场并占据极高的市场份额，随着监管趋严，国内外品牌竞争将逐步加剧，以抢占现有市场，头部企业的竞争优势会更加明显。

（五）功能开发趋势

保健食品新功能及产品研发加速。保健食品的新功能突破一直是行业高度关注的议题。2023 年 8 月，国家市场监管总局发布《保健食品新功能及产品技术评价实施细则（试行）》，推动保健食品新功能及产品研发，更好满足人民群众健康需求。该细则实施不久，汤臣倍健便递交了"有助于维持正常的血小板聚集功能，有益于血流健康"这一保健食品新功能的申报，成为行业内第一个递交新功能申报及产品注册申请的企业。

未来，企业或将加强保健食品新功能的研发，研发实力较强的企业可能会在保健品新功能领域取得先发优势，率先开发出保健品新功能的企业将形成独特卖点，从而在市场上占据领先地位。同时，部分有意愿进入保健食品行业的中小企业可通过新功能产品的研发进入市场，避开竞争热点。

参考文献

1. 李京虎、张逸璇、高飞：《"药食同源"类食品产业发展现状及对策研究》，《中国食物与营养》2023 年第 9 期。
2. 王旭东：《"药食同源"的思想源流、概念内涵与当代发展》，《南京中医药大学学报》2023 年第 9 期。

3. 肖建才、刘建功、赵子鹤等：《传统健康食疗产业发展现状与展望》，《食品与机械》2022 年第 6 期。

4. 徐绅、孙金哲、李帅：《我国中小城市食疗产业发展的现状与问题研究》，《中外企业家》2018 年第 15 期。

5. 朱成姝、阮梅花、熊燕等：《2022 年营养健康领域发展态势》，《生命科学》2023 年第 1 期。

6. 程建明、薛峰、张云羽等：《药食同源产品研发现状、技术关键与对策》，《南京中医药大学学报》2023 年第 9 期。

7. 贾慧杰：《我国药食同源的发展与应用概况分析》，《现代食品》2022 年第 4 期。

8. 何定明、李锐、刘沛东：《"千年药都"发力药膳预制菜新赛道》，《农民日报》2023 年 3 月 28 日。

9. 梁盼：《药膳+预制菜，市场前景几何》，《中国食品》2023 年第 13 期。

10. 姚倩：《瞄准万亿市场安国进击药膳预制菜》，《北京商报》2023 年 8 月 7 日。

11. 刘旺：《养生风"吹"向新茶饮热潮背后需冷思考》，《中国经营报》2023 年 10 月 28 日。

12. 林紫晓：《为走红的中药茶饮"把脉"》，《经济日报》2023 年 9 月 26 日。

行业报告

Industry Reports

富硒功能农业发展报告

徐巧林　黄振武　朴建华　郭岩彬*

摘　要：　长期以来，我国非常注重农产品的产量和食品安全，而对其中的微量营养素含量重视不足，因此，我国居民普遍存在硒、锌、维生素 A 等微量营养元素缺乏的"隐性饥饿"问题。功能农业就是在解决"隐性饥饿"、实现营养均衡、维护人体健康的需求下应运而生的，是中国现代农业转型升级和创新发展的重要战略方向。富硒农业作为功能农业的典型代表，集绿色农业、功能农业、健康产业于一体，是一二三产业融合发展的新范式，自 2017 年以来，党和国家领导人十分关心，多次做出"一定要把富硒这个品牌打好"等重要指示。近年来，我国富硒产品市场逐渐兴起，富硒技术不断提

* 徐巧林，博士，中国农业大学资源与环境学院生态科学与工程系，研究方向为微生物硒代谢分子机制、富硒农业；黄振武，博士，中国疾病预防控制中心营养与健康所研究员，研究方向为营养与食品卫生学、分子营养学、营养素的代谢调控与人类需要量研究；朴建华，博士，研究员，中国疾病预防控制中心微量元素营养室主任，中国营养学会理事兼微量元素专业委员会主任委员，主要研究方向为人体必需微量元素的生物学功能及其与人体健康关系的调查；郭岩彬，博士，中国农业大学资源与环境学院生态科学与工程系教授，研究方向为微生物生理生态、富硒农业、有机农业。

高，富硒农业已初步形成规模化、品牌化、产业化和标准化。

关键词： 硒缺乏　富硒农业　产业化　人体健康

硒元素（Selenium，Se）是瑞典科学家贝采利乌斯（Berzelius）1817 年在硫酸尾矿中发现的，并将其命名为硒（即月亮的意思）。在元素周期表中，硒位于第四周期 VI A 族，是一种介于金属与非金属之间的过渡元素，化学性质与同一主族的硫和碲相似。在自然界中，硒主要有 Se（－Ⅱ）、Se（0）、Se（Ⅳ）和 Se（Ⅵ）四种常见的价态，分别以硒化物、单质硒、亚硒酸盐及硒酸盐的形态存在。其中，硒化物主要存在于透气性差的强酸性土壤中，可以结合金属形成金属硒化物，也可以结合有机物形成有机硒化物；单质硒主要是土壤微生物还原亚硒酸盐或硒酸盐的产物，大多存在于厌氧环境中，在自然环境中的溶解度低，一般认为是不可利用的，毒性较低；硒酸盐和亚硒酸盐主要存在于好氧环境，是土壤中硒的主要存在形态，两者均具有高度的水溶性和生物累积性，毒性较强。[①]

硒在被发现之后的很长一段时间里，一直被认为是一种剧毒品，还被怀疑具有致癌、致畸等毒性。直到 1957 年，美籍德国生物化学家施瓦茨（Schwarz）和弗尔茨（Foltz）发现硒是 Factor 3 的主要构成部分，可以防治由维生素 E 缺乏而导致的肝坏死，人类才认识到硒的有益生物学功能；1973 年，Rotrock 发现和证明硒是动物和人体谷胱甘肽过氧化物酶（GSH-Px）的组成成分，随着研究的深入，了解到谷胱甘肽过氧化物酶参与重要的生物化学反应，发挥着重要的功能；同年，杨光圻教授等在黑龙江省克山县和四川省凉山彝族自治州等低硒地区开展的以硒防治克山病的工作获得成效；Günzler 等也获得了谷胱甘肽过氧化物酶蛋白晶体结构，发现硒是其组成部分；也是在 1973 年，WHO 和国际营养组织宣布硒是人和动物必需的微量营

---

① Nancharaiah Y. V. , Lens P. N. L. , "Ecology and Biotechnology of Selenium-respiring Bacteria," *Microbiology and Molecular Biology Reviews*, 2015, 79（1）：61-80.

养元素。至此，虽然人类发现硒已有 200 余年，但认识硒对人体和动物的有益作用仅 60 余年，而明确硒是人和动物必需的微量元素仅 50 年。

硒作为人体必需的微量元素，素有"生命的火种"、"心脏的守护神"和"抗癌之王"的美誉。但人体内没有长期贮藏硒的器官，因此人体所需的硒需要适时适量不断地从饮食中摄取。硒在生物体发挥有益功能和引发硒中毒之间的浓度范围狭窄，成年人每天硒的最低摄入量为 $40\mu g$，低于 $40\mu g$ 就会导致硒缺乏，但高于 $400\mu g$ 就会有中毒的风险。[1] 中国营养学会在《中国居民膳食营养素参考摄入量（2013 年版）》中推荐成年人每日膳食硒的推荐摄入量为 $60\mu g$。当人体缺硒时会导致重要脏器功能紊乱、未老先衰、精神不振、免疫能力下降等症状，严重缺硒还会引发克山病、大骨节病、关节炎、心肌病、某些癌症等疾病，威胁人体健康。同时，过量摄入硒会对人体和动物产生毒害作用，人体硒中毒主要症状表现为毛发脱落、指甲褪色及神经系统衰弱等，动物硒中毒主要体现在碱毒症和蹒跚症。因此，适当的摄入硒对预防某些疾病、维持身体健康具有重要意义。

长期以来，我国非常注重农产品产量和食品安全，而对其中的微量营养素含量重视不足，因此，我国居民普遍存在硒、锌、维生素 A 等微量营养素缺乏的"隐性饥饿"问题。国家卫健委《中国居民营养与慢性病状况报告（2020 年）》数据显示，我国居民硒的人均日摄入量仅为 $41.6\mu g$，仍低于中国营养学会推荐的日摄入量 $60\sim400\mu g$。农产品是我国居民热量和微量营养素摄入的主要来源，但我国 72% 的地区、22 个省份约 7 亿人都处于缺硒或低硒地带，包括黑龙江、吉林、辽宁、北京、山东、内蒙古、甘肃、四川、云南、西藏等省份。[2] 土壤缺硒区不仅是我国主要人口分布区，也是我国农业的主产区。同时，结合国土资源部中国地质调查局《中国耕地地球化学调研报告（2015 年）》数据和《绿色食品产地环境质量》（NJ/T 391—2013）中重金属评价标准，发现我国有 5244 万亩绿色富硒耕地，约占我国耕地总面

---

[1] Rayman M., "Selenium Intake, Status, and Health: A Complex Relationship," *Hormones*, 2020, 19 (1): 9-14.

[2] 谭见安、李日邦、朱文郁：《我国医学地理研究的主要进展和展望》，《地理学报》1990 年第 2 期。

积的 2.59%，主要分布在闽粤琼区、西南区、湘鄂皖赣区、苏浙沪区、晋豫区及西北区。[①] 因此，从我国居民营养膳食结构和富硒资源的储备现状来看，补硒是一种必然趋势，而补硒的途径主要是食补富硒食物以及药补含硒药品和保健品。相比药补，食补主要是通过发展富硒农业，开发富硒农产品提高食物链中"硒"的含量水平，现代医学证明，食补是目前人类补硒最经济安全的途径。而且，随着人们生活水平的不断提高，人们营养保健意识的日益增强，不仅想"吃得安全"，还想"吃得健康"，富硒农产品正好迎合了人们的这种消费需求，越来越受到消费者的青睐，大力发展富硒农业前景广阔。

近 30 年来，国内外开展了大量关于硒与地方病、癌症、心血管疾病、抗病毒、调节人体免疫等多个方面的研究，但总体上国内外富硒农业的发展要相对滞后于人们对硒生物学功能的认识。我国富硒农业起始于 20 世纪 80 年代中期，整体规模不大，发展较好的地区多为土壤天然富硒区，近 10 年来富硒农业已经进入高速发展阶段。因此，让国民全面了解硒营养与人体健康的相关知识，系统总结我国富硒农业产业发展现状，剖析行业发展面临的机遇与挑战，并提出具体的对策和建议，已成为促进富硒农业产业持续健康发展的迫切需求。

一　硒与人体健康

医学研究发现，人体 40 多种疾病都与硒有关，如癌症、心脑血管疾病、肝病、白内障、胰脏疾病、糖尿病、生殖系统疾病等。在生物体内，硒原子通过替代生物大分子中的硫原子或氧原子形成硒氨基酸、硒蛋白、硒多糖以及硒核酸，这些有机硒化物通过不同代谢途径发挥着重要的生物学功能。

（一）抗氧化作用

硒是谷胱甘肽过氧化物酶的活性中心，在体内特异地催化还原型谷胱甘

---

① 戴光忠：《我国富硒农业地质环境调查进展分析》，《安徽农业科学》2013 年第 30 期。

肽（GSH）与过氧化物的氧化还原反应，是重要的自由基清除剂。当机体内存在大量不饱和脂肪酸时，一旦受到强氧化力化合物的攻击就会发生过氧化反应产生过氧化物。硒的抗氧化作用则主要是通过谷胱甘肽过氧化物酶促反应清除脂质过氧化物和自由基，分解脂质过氧化物，从而防止过多的过氧化物损害机体代谢和危及机体生存。研究发现，克山病患者体内硒代谢相关基因 GPx-1 的亮氨酸等位基因表达量降低 30%，这可能是导致其血硒浓度和 GPx-1 活性均显著低于正常人群的重要原因。[①] 另外，由于硒的高抗氧化作用，适量补硒还能起到防止器官的老化与病变、延缓衰老等作用，对维持机体健康有积极影响。

（二）增强机体免疫力

免疫细胞是人体免疫系统的重要组成部分，包括 T 细胞、B 细胞、巨噬细胞等，硒可以促进这些免疫细胞的生成和增殖，增强免疫细胞对病原体的识别和攻击能力。研究发现，老年志愿者每天补充 400μg 硒酵母 6 个月后，总 T 细胞的数量比安慰剂组显著增加 27%，并且自然杀伤细胞的活性和 T 细胞亚群的表达也明显提高。硒还能使淋巴细胞 IL-1 和 IL-2 的分泌能力显著增强，刺激免疫球蛋白的形成，提高机体合成 IgG、IgM 等抗体的能力。此外，硒还可以降低病毒、细菌的感染概率。[②] 因此，硒可以通过增强机体自身的免疫功能，帮助人体抵御病毒和细菌的入侵，从而达到抵抗疾病的作用。

（三）防癌作用

癌症被称为"人类健康的第一杀手"，早在 20 世纪 70 年代，研究就发现癌症可能与机体缺硒有关，且在以后多种动物模型试验中也证实硒能抑制肿瘤的生长，显著降低乳腺癌、皮肤癌、结肠癌和肝癌等多种癌症的发生率。研究发现，高硒食物可显著提高癌症小鼠体内白细胞介素 2、干扰素-γ

---

① Lei C., Niu X. L., Wei J., et al., "Interaction of Glutathione Peroxidase-1 and Selenium in Endemic Dilated Cardiomyopathy," *Clinica Chimica Acta*, 2009, 399 (1-2): 102-108.

② Hoffmann P. R., "Mechanisms by Which Selenium Influences Immune Responses," *Archivum Immunologiae et Therapiae Experimentalis*, 2007, 55 (5): 289-297.

以及相应的受体蛋白的表达量，同时 T 细胞和 CD4$^+$T 细胞反应大幅增强，打破 Th1-Th2 数量平衡，促使 T 细胞形成更多强免疫活性的 Th1 细胞，分泌更多的白介素 IL-1、IL-2，肿瘤坏死因子 TNF-α、TNF-β 和干扰素-γ，增强机体对侵染病菌和癌细胞的自我清除能力。[1] 此外，硒还是癌细胞基因表达的调节因子，能够诱导癌细胞程序性死亡，改变癌细胞的恶性表型特征，从而对机体细胞起到保护作用。

（四）防治心脑血管疾病

大量研究证明，硒与心血管疾病等其他慢性疾病的发生、发展有着密切关联。人体血硒水平的降低，会导致体内清除自由基的功能减退，造成有害物质沉积增多、血压升高、血管壁变厚、血管弹性降低、血流速度变慢，进而送氧功能下降，从而诱发心脑血管等疾病。克山病就是由缺硒引起的一种心肌病，与普通人相比，克山病患者的血硒含量、发硒含量显著较低。临床证实，利用富硒食品对心血管疾病患者进行营养干预，能降低血液的黏稠度、血脂和胆固醇的含量以及甘油三酯和低密度脂蛋白的水平，减少血栓形成，保护心肌，并防止并发症产生，起到显著的治疗效果。[2]

（五）防治糖尿病

糖尿病是一种由多因素导致的慢性高血糖为特征的代谢性疾病，是医学界的一大难题，因其众多的并发症，给人类健康带来了巨大的危害。糖尿病患者因胰岛细胞受损或其功能没有完全发挥而导致胰岛素分泌不足，硒是构成谷胱甘肽过氧化物酶的活性成分，它能防止胰岛 β 细胞氧化破坏，使胰岛 β 细胞恢复、保持正常分泌与释放胰岛素的功能，改善糖尿病患者症状。最

---

[1] Hoffmann F. K. W., Hashimoto A. C., Shafer L. A., et al., "Dietary Selenium Modulates Activation and Differentiation of CD4+T Cells in Mice Through a Mechanism Involving Cellular Free Thiols," *The Journal of Nutrition*, 2010, 140 (6): 1155-1161.

[2] Derbeneva S. A., Bogdanov A. R., Pogozheva A. V., et al., "Effect of Diet Enriched with Selenium on the Psychoemotional and Adaptive Capacity of Patients with Cardiovascular Diseases and Obesity," *Voprosy Pitaniia*, 2012, 81 (4): 35-41.

近的研究发现，硒能增强组织细胞吸收血糖的能力，促进血糖在细胞中转化为糖原，还能够促进身体对于糖分的利用，促进肝糖原的合成，减少肝糖原的异生，不仅可以达到降低血糖的目的，还可以保证细胞的能量代谢。[1] 另外，糖尿病病人的高血糖也会引发体内自由基的大量产生，从而损伤人体内各种生物膜导致多系统损伤，出现多种并发症，后果极为严重，而硒的高抗氧化作用可以阻止这种攻击损害，维持各种体细胞的正常功能。

（六）防治地方性疾病

在我国，关于硒缺乏引起的地方性疾病的最早记录可以追溯到 20 世纪初的《克山县志》，这种病最初在黑龙江省克山县发病，20 世纪 30 年代发现我国东北等地区有较大范围发病，随后在其他地区如西南地区也发现了这种病，1937 年被正式命名为"克山病"。但很长一段时间内克山病的病因并不清楚，直到 20 世纪 70 年代才证实缺硒是导致克山病发生的最主要因素。"克山病"多发生在生长发育的儿童期，主要引起心律失常、心动过速或过缓及心脏扩大，最后导致心功能衰竭、心源性休克。大骨节病主要病变是骨端的软骨细胞变性坏死，肌肉萎缩，影响骨骼生长发育，发病也以青少年为多。从新中国成立初期到 20 世纪 80 年代，我国科研工作者在克山病等地方性疾病防治上开展了大量研究，发现补硒能防止骨髓端病变，促进修复，且在蛋白质合成中促进二硫键对抗金属元素解毒，从而对这两种地方性疾病都有很好的预防和治疗作用。[2]

另外，硒在保护视力、强健脑功能、调节甲状腺激素分泌、提升精子活力以及重金属解毒等方面都能起到一定的作用。

二　富硒农业最新发展

富硒农业是指以农产品为载体，利用农作物或畜禽进行硒的生物转化，

---

[1]　Saito Y., "Selenoprotein P as a Significant Regulator of Pancreatic β Cell Function," *Journal of Biochemistry*, 2020, 167: 119-24.

[2]　谭见安：《环境生命元素与克山病》，中国医药科技出版社，1996。

使产品中的硒含量达到富硒农产品相关标准的农业生产方式。一般来说，按照富硒农产品中硒的来源区分，富硒农业可分为天然富硒农业与外源生物强化富硒农业；按照富硒农业所属的农业范畴区分，富硒农业可分为富硒种植业、富硒养殖业和富硒农产品加工业。富硒农业生产的农产品为富硒农产品，是目前人体补充硒最安全、最经济、最有效的来源之一。

（一）我国硒资源分布情况

硒资源是富硒农业发展的核心因素。富硒农业的发展对硒元素具有极强的依赖性，不论是在国外还是在国内，富硒农业均先是在土壤富硒区发展，其次才能慢慢延伸到缺硒地区。因此，摸清家底，探明我国土壤硒资源分布情况，对我国富硒资源的开发利用和富硒农业的发展布局至关重要。

硒在地球内部的丰度为 13mg/kg，但在地壳中仅为 0.05～0.09mg/kg；土壤中硒含量一般在 0.01～2mg/kg，但在一些富硒土壤中硒的含量可以达到 1200mg/kg；在未污染的淡水中，总硒含量一般低于 10μg/L，总体上地下水硒含量略高于地表水；沉积岩（尤其是页岩）中的硒含量高于岩浆岩及砂岩，但岩石中的硒含量也很少超过 0.1mg/kg。据估算，全世界硒的基础储量为 13.4 万吨，已探明储量仅为 7.1 万吨。在已探明储量中，美洲最多，占总储量的 52.7%，亚洲、非洲各占 15.4%，欧洲占 12.2%，大洋洲占 4.4%。另外，硒资源的分布不均匀，呈明显的地带性，高硒地区也存在低硒土壤。全球有 42 个国家和地区缺硒，中国、巴西、芬兰和新西兰等国家属于典型的缺硒国家，而日本、美国、加拿大等国家的硒资源比较充足。

我国处于地球北半球低硒带，表层土壤硒含量为 0.006～9.13mg/kg，平均为 0.290mg/kg，在地图上，我国存在一条从东北三省起斜穿至云贵高原、占我国国土面积72%的一条低硒地带。其中缺硒区（0.02～0.05mg/kg）占 43%，严重缺硒地区（<0.02mg/kg）占 29%，有近 2/3 的人群普遍缺硒或处于缺硒边缘。自 20 世纪 60 年代在湖北省恩施土家族苗族自治州的鱼塘坝地区发现硒矿床以来，近年来，通过全国多目标区域地球化学调查发现，湖北、陕西、安徽、贵州、湖南、浙江、江西、四川、重庆、广西、广东、海

南、福建、江苏等24个省份均存在天然的富硒土壤。[①] 目前，全国保有硒资源储量为15600吨，其中基础储量330吨，资源量15270吨，是世界主要的硒资源国之一。据国土资源部《中国耕地地球化学调研报告（2015）》统计，除台湾地区和西藏自治区外，我国发现绿色富硒耕地（土壤硒含量0.4~3.0mg/kg）面积有5244万亩，其中排名前10的省区为广西（755万亩）、广东（713万亩）、山西（567万亩）、河南（403万亩）、河北（355万亩）、湖北（350万亩）、浙江（347万亩）、江西（325万亩）、湖南（256万亩）和安徽（213万亩）。这些地区富硒土壤面积广，土壤硒含量高，生态环境适宜，有发展富硒农业的巨大优势。

（二）富硒农业关键技术策略

富硒农业的健康发展对生物技术具有较强的依赖性。总体而言，作物硒生物强化技术主要包括传统育种、基因工程和农艺措施。传统育种耗费时间较长且劳动强度大，农户接受程度低；利用基因工程培育新品种虽然具有良好的前景，但目前主粮作物的转基因品种尚未得到合法应用；而作物的农艺生物强化则是一种非常有前途的方法，可以在不影响产量的情况下提高作物可食用部分微量营养素的浓度，并被认为是减轻世界范围内"隐性饥饿"最便宜的策略之一。

1. 富硒区富硒农业主要技术

由于硒元素的地质分布呈现斑点状不连续分布，并且土壤中的硒容易被固定，植物吸收效率低，使得农产品中的硒含量不稳定，难以进行大规模开发，需要对富硒区土壤中植物对有效态硒吸收的提高、农产品硒含量稳定、富硒土壤重金属伴生与钝化等问题进行深入研究和技术支撑。

（1）活化土壤中的有效硒

土壤中的硒按照价态可分为有机硒、元素硒、亚硒酸盐及硒酸盐，按结合形态可分为可溶态和弱吸附态、可交换态、碳酸盐结合态、铁锰氧化物结合态、有机物结合态以及残渣态等。不同价态以及不同结合态的硒，在土壤

---

① 戴光忠：《我国富硒农业地质环境调查进展分析》，《安徽农业科学》2013年第30期。

中具有不同的迁移、转化能力，对植物的有效性也不同。在土壤硒的多种形态中，植物能够吸收利用的硒形态称为有效态硒。土壤中有效态硒是决定植物中硒水平的关键因素，而并非全硒含量。因此，硒的有效性问题也成为近年来研究的热点。

在土壤环境中，有效态硒常被铁、铝的氧化物或者铁的氢氧化物吸附，而不利于植物吸收，因此需要通过生物或化学手段进行活化。植物根系分泌物可以对富硒土壤中的硒进行活化，提高植物对硒的吸收利用率，且富硒能力越强的植物，根系分泌物对硒的活化能力也越强；在土壤中添加碱性物质（如生石灰和燃煤炉渣）能提升南方酸性土壤的 pH，从而有利于土壤中硒元素的活化；而秸秆生物质炭、钙镁磷肥和蚯蚓液态肥可以将土壤中的硒由有机结合态转化为可溶态，从而增加土壤有效硒含量；此外，一些耐硒菌也能将有机结合态硒转换为可溶态或可交换态硒，从而提高土壤中硒的生物有效性。[①]

（2）控制富硒农产品硒含量

富硒区硒的生物强化策略往往会受到多重因素，如土壤硒含量、作物种类和品种、种植制度和耕作方式、环境和风化条件等的影响，即便是同一地块种植不同作物时，硒含量也会有很大差异。因此，在富硒生物强化之前，一定要先了解作物对硒的富集特点，以便通过栽培管理来控制并稳定作物中硒的含量。

研究发现，不同作物对硒的吸收利用能力存在较大差异，因此植物硒的含量差别也很大，根据不同植物积累硒的能力大小，可将植物划分为聚硒植物和非聚硒植物。恩施碎米荠就是典型的聚硒植物，与美国的双钩黄芪和沙漠王羽并称世界三大硒超积累植物。但是，大部分植物属于非聚硒植物，含硒量在 30mg/kg 以下。一般来讲，作物聚硒能力的大小顺序是十字花科>豆科>禾本科，就目前已知的作物而言，聚硒能力的大小顺序是恩施碎米荠>黄

---

① 谢珊妮、宗良纲、张琪惠等：《3 种改良剂对强酸性高硒茶园土壤硒有效性调控效果与机理》，《茶叶科学》2017 年第 3 期；龙云川、陈轩、周少奇：《高产铁载体根际菌的筛选鉴定及硒活化特性评价》，《生物技术进展》2017 年第 5 期。

芪>油菜籽>大豆>小麦>蚕豆，玉米、甘薯和蚕豆的硒含量均<0.05mg/kg。[①]因此，在开发作物硒含量稳定技术时，不仅要进行大量的科学田间实验，明确不同土壤背景下、不同作物对硒的吸收和转化规律，还需要综合考虑气候、土壤和作物等因素建立综合的农业管理体系，更加合理、安全地提高作物的硒营养价值。

（3）土壤中重金属伴生与钝化

富硒区土壤硒含量高的同时，汞、铜、镉、铅、铬等重金属含量也高，这类重金属含量一旦超过土壤安全标准，不仅影响硒的有效性，还可能对农产品的安全造成影响，进而威胁人体健康。重金属污染土壤修复技术大致可以分为物理修复、化学修复、生物修复以及联合修复等。[②]

一方面，富硒区可以利用硒与重金属在作物生长过程中的相互作用，即通过硒与铅、镉和汞等重金属元素的拮抗效应，阻挡重金属向地上部运输，或改变重金属的存在状态，降低其生物活性，使其钝化，脱离食物链，减小其毒性；另一方面，硒具有一定的抗氧化性，可以清除植物体内多余的活性氧自由基，同时可以促进谷胱甘肽过氧化物酶合成，提高植物抗氧化能力，缓解重金属胁迫；硒还可以增加植物细胞内叶绿素含量，对缓解重金属毒害有一定帮助。[③] 此外，建议富硒地区特别是重金属伴生地区要密切关注重金属的潜在危害性，除了定期测量土壤重金属含量外，也要杜绝使用不合格农药和化肥等农资用品，杜绝污水灌溉农田等人为因素导致的重金属积累。

2. 缺硒区富硒农业主要技术

缺硒区由于硒资源匮乏，主要采用富硒生物强化技术，如在植物生长过程中使用硒营养剂对植物叶、茎等表面进行喷洒，或对土壤使用含硒肥料，通过提升土壤中硒含量来改善植物生长过程中的缺硒状态。近年来，低硒或贫硒地区的富硒农产品开发进程也发展较快，合理安全地利用外源硒对动植

---

① 程兆东、王喜东：《硒的自然分布及植物对硒的吸收转运转化机制研究进展》，《中国农业信息》2017 年第 11 期。

② 孙协平、谢永红、胡佳羽等：《富硒土壤重金属污染研究进展》，《湖南农业科学》2015 年第 10 期。

③ 曾宇斌：《硒在土壤中拮抗重金属的研究进展》，《广州化工》2017 年第 8 期。

物进行硒营养强化被证明是一种安全、价低、高效和方便的富硒手段。因此，针对土壤缺硒区，要着重开发安全稳定的富硒肥料以及硒的生物转化技术。

（1）新型富硒肥料的开发

目前，市场上应用的富硒肥料类型主要可分为无机硒肥、有机硒肥和纳米硒肥三类。无机硒肥是矿质肥料，成分单纯，一般以无机肥料为载体，将硒酸钠、亚硒酸钠、硒矿粉等加入其中而制成，被称为"速效性肥料"，但其施用量难以把控，并且作物对其的敏感性也很高，稍过量就会导致作物生长受到抑制，从而出现减产和品质下降等现象，进而影响农产品安全、人体健康和生态环境。虽然能持久解决缺硒问题，但因其经济效益差、利用率低（一般只有百分之几）、易污染环境，在生产应用方面有一定的局限性；有机硒肥是指利用富硒养殖业或者种植业的废弃物堆肥而形成的肥料，但不包括在堆肥中添加亚硒酸钠或硒酸盐。有机硒肥的种类较多，如氨基酸硒肥和腐殖酸硒肥等，可以提供丰富的有机质和改善土壤的理化性质，在培养富硒作物方面利用率高、效果显著，但是生产成本过高，难以普及；纳米硒（SeNPs）作为一种新型硒肥，因其安全、稳定、高效的特性在作物硒生物强化方面具有广泛的应用前景。

目前关于植物对纳米硒的吸收转运机制研究较少，有研究指出植物细胞壁的选择性吸收是纳米硒被植物根系吸收最主要的限制因素，[1] 也有研究认为纳米硒可以通过植物根系的物理或化学方式被吸收，[2] 但这些研究都没有对植物如何吸收转运纳米硒提供具有说服力的解释。最新的研究发现，纳米硒可以被小麦幼苗吸收，并且该吸收过程与能量无关，水通道蛋白抑制剂分别对小麦根系化学合成纳米硒（CheSeNPs）和生物合成纳米硒（BioSeNPs）吸收产生了92.5%和93.4%的抑制作用，这在一定程度上证明了水通道蛋白

---

[1] Zhang J. S., Wang X. F., Xu T. W., "Elemental Selenium at Nano Size (Nano-Se) as a Potential Chemopreventive Agent with Reduced Risk of Selenium Toxicity: Comparison with Se-Methylselenocysteine in Mice," *Toxicological Sciences*, 2008, 101 (1): 22-31.

[2] Farzad A., Samira B., Nurhidayatullaili M. J., et al., "Effects of Engineered Nanomaterials on Plants Growth: An Overview," *The Scientific World Journal*, 2014, 2014: 1-28.

与纳米硒的吸收有关，研究还发现纳米硒的粒径和合成方法也影响着小麦对其吸收的效率。[①]

（2）作物对硒的吸收和转化规律

土壤中的硒通常以硒酸盐、亚硒酸盐或有机态形式被植物根系吸收。植物根系对硒酸盐的吸收可通过硫酸盐转运体进行，两者具有竞争抑制作用；但植物对亚硒酸盐的吸收研究较少，机制还不明确。此外，植物将硒从根部向地上部转移与运输的能力也主要取决于硒的形态。硒酸盐很容易通过木质部从根部转移到地上部，在输送过程中不会发生形态转化，需要在叶绿体中通过酶的催化作用还原为亚硒酸盐，再进一步还原为其他形态的硒，最后再分配到植物的其他组织中；而亚硒酸盐被植物根系吸收后，能够很快地在根系中通过硫的代谢途径转化为其他形态的硒，主要累积在根部，只有极少一部分被转移到地上部。

硒在植物体内能以多种化合物的形式存在，主要是硒酸盐、L-硒代蛋氨酸、L-硒代胱氨酸、含硒蛋白、L-硒-甲基硒代半胱氨酸和 γ-谷氨酰基-硒-甲基硒代半胱氨酸。不同形态硒的生物利用率和生物功能不同，有机硒的生物有效性要高于无机硒。[②] L-硒代蛋氨酸是一种生物利用率高的含硒化合物，被认为是最佳硒补充剂，而 L-硒-甲基硒代半胱氨酸被认为是植物中存在的具有抗肿瘤效应的含硒化合物。同时，不同作物种类对硒的吸收、积累和转运能力不同。研究发现，十字花科、百合科和豆科作物对硒的耐受程度比菊科和禾本科作物强；不同蔬菜对硒的吸收能力依次为大蒜>马铃薯>萝卜>甜菜。[③] 因此，在缺硒地区，根据作物种类选择合理富硒品种对缺硒地区高效补硒具有重要意义。

① Hu T., Li H. F., Li J. X., et al., "Absorption and Bio-transformation of Selenium Nanoparticles by Wheat Seedlings (Triticum Aestivum L.)," *Frontiers in Plant Science*, 2018, 9: 597.

② Pilon-Smits E. A. H, Quinn C. F., "Selenium Metabolism in Plants," *Plant Cell Monographs*, 2010, 17: 225-241.

③ 程兆东、王喜东：《硒的自然分布及植物对硒的吸收转运转化机制研究进展》，《中国农业信息》2017 年第 11 期。

三　富硒农业发展现状

农业丰则基础牢，农村稳则社会安，农民富则国家强。目前，我国许多省份已将开发富硒农产品作为实施农业强省战略的一项重要工作，富硒农业作为功能农业最早开展的方向，正成为发展潜力大、市场前景广、经济效益好的朝阳产业。

（一）我国富硒农业初步形成规模化、品牌化、产业化和标准化

进入 21 世纪以来，全国许多富硒农业发展地区通过大力开发富硒特色耕地，将"富硒"作为一张特色名片，形成了一些特色农产品产业链，取得了一定的经济效益和社会效益，富硒农业已初步形成规模化、品牌化、产业化和标准化。

1. 硒产业规模日益壮大

当前，我国对富硒农产品和富硒产业化发展的研究主要以富硒地区为主，包括陕西省紫阳县、江西省丰城市、湖北省恩施州三地。其中，恩施富硒资源聚集，享有"世界硒都"美誉，早在 1989 年，恩施就与国内外相关企业、科研单位合作进行硒资源的开发利用，是富硒产品开发较早的地方。恩施州富硒产业多年保持高速发展，已经形成了包含硒农副产品加工业、硒食品制造业、硒饮料及功能食品业在内的三大涉硒产业。综合产值从 2016 年的 382 亿元增加到 2022 年的 820 亿元，年均增长 13.6%；全州富硒产品精深加工企业产值突破 200 亿元，较"十三五"初期翻一番；涉硒加工企业突破了 700 家，其中规模以上企业达 147 家，较"十三五"初期增长 27%，创历史新高。我国富硒农业产业的发展除了在湖北、陕西、江西等省（区、市）发展较成熟外，近年来许多省份也开始制定富硒农业发展政策，如重庆江津、湖南桃源、安徽石台、山东淄川、黑龙江海伦、福建连城等富硒地区以及山东博山、山西晋中、黑龙江方正和绥滨等缺硒地区，均涌现了种类丰富的富硒农产品和加工业产品。

2. 硒品牌效应日渐凸显

近年来，我国富硒农业产业正在由资源优势加快转化为品牌优势、竞争优势。十余个典型富硒区已基本建立起各自的区域品牌，如湖北恩施"世界硒都"、陕西安康"中国硒谷"、江西丰城"中国生态硒谷"、重庆江津"中国寿乡·富硒江津"、青海平安"高原硒都"、湖南桃源"中国桃源硒谷"、湖南新田"中国天然富硒农产品之乡"、福建诏安"中国海峡硒都"、福建连城"客家硒都"、福建寿宁"中国硒锌绿谷"、福建大田"中国高山硒谷"、贵州开阳"中国富硒农产品之乡"、广东梅州"世界客都·长寿硒谷"、广西贵港"中国硒港"、黑龙江海伦"黑土硒都"和山东淄川"北方硒都"等。同时，诸多富硒农产品知名品牌也相继建立起来，如富硒茶知名品牌有湖北恩施的"恩施玉露""富硒白茶""峡谷贡芽""高山富硒茶""恩施硒茶""恩施毛尖""硒都毛峰"、陕西安康的"和平翠峰""紫阳毛尖""紫阳富硒茶"、贵州开阳的"蓝芝玉叶""南贡河富硒绿茶"和贵州凤岗的"桐乡福锌硒茶"、安徽皖南的"天方硒茶"、海南椰仙的"火山岩绿茶"等。其他种类的富硒农产品，如湖北恩施的富硒蔬菜，陕西安康的富硒魔芋，青海平安的富硒紫皮大蒜、富硒青稞面，湖南桃源的富硒大米、富硒茶油和富硒柑橘，贵州丹寨的丹寨硒锌米等。

3. 硒产业支撑体系逐步完善

富硒农业属于特色功能农业，涵盖种植、养殖、农业休闲、旅游度假、健康养生等产业，是一二三产业融合发展的产业。近年来，为做大做深做精富硒农业产业，各省（区、市）都在积极推进富硒功能农业高质量发展，围绕农业、旅游、大健康三大主线，前端联结富硒农业的研发、育种、生产等环节，后端延展加工、储运、销售、品牌、体验、消费、服务等环节，形成一条集生产、仓储、加工、物流、销售于一体的农业全产业链，培育特色农业文化体验和生态康养产业，创建以富硒 IP 农业为核心的泛健康产业集群。其中，江西把富硒功能农业作为推进乡村振兴和农业供给侧结构性改革的抓手，加快推动"富硒+生态+大健康"产业发展，已经形成良好的发展态势。未来，江西将按照《江西省富硒功能农业发展规划（2023~2025 年）》，围绕"富硒+生态+大健康",发展"硒+X"产业,打好"组合拳",延长产业链、提升价值链、健全供应链,真正实现乡村产业兴旺、农业高质高效和农民富裕富足。

4. 硒产品标准认证逐渐规范

自 20 世纪 90 年代以来,我国富硒农产品的开发也初步走向了标准化的道路。1989 年,中国农业科学院制定了我国缺硒区土壤含量分级标准;进入 21 世纪,富硒区地方富硒农产品标准相继出台,使富硒区人们对富硒农产品有了一定的了解,但在全国范围内富硒农产品在公众面前还是一个相对陌生的概念;直到 2002 年农业行业标准 NY/T 600—2002《富硒茶》及 2008 年国家标准 GB/T 22499—2008《富硒稻谷》的发布,富硒茶和富硒大米开始在我国大力发展。资料显示,我国目前有国家标准 10 项、行业标准 6 项、地方标准 58 项及若干企业标准。我国生产硒产品的企业有 300 多家,已有硒产品开发专利 300 多项,其中 15 项获得国际授权。此外,各地的富硒农产品生产也均制定了相应的富硒农产品生产技术操作规程,富硒饲料、硒矿粉、硒复合肥料以及富硒营养剂的生产和施用不断标准化,使富硒农产品生产的增硒方式更加规范和安全。

(二)富硒农业生产关键技术已有储备

2013 年,农业农村部设立了中国第一个富硒农业营养强化国家级项目,国家公益性行业专项"优质高效富硒农产品关键技术研究与示范",项目由中国农业大学主持,来自全国各地的 9 所科研院校、50 多个企业分别作为项目参加单位和协作单位共同参与项目的实施。2013~2018 年,经过 5 年的项目实施,项目构建了土壤硒资源和环境影响评价体系,阐明了土壤硒资源与作物吸收利用关系,明确了黑龙江省、江西丰城、山东博山、内蒙古武川土壤硒资源水平和分级指标;建立了较为系统的富硒农产品生成技术体系、地方标准—团体标准—企业标准技术规范和标准体系,明确了 30 余种作物富硒特征和调控途径,开放了腐殖酸硒肥、纳米硒肥、富硒生物有机肥等新型专用肥;形成了以硒保持为核心的主要富硒农产品加工技术,明确了硒元素在富硒农产品加工中的迁移和损失规律，开发了谷物、果汁、蛋白粉、葡萄酒等产品的富硒加工工艺和系列产品。项目建立了我国富硒农产品生产技术—产品标准—产业联盟的技术推广与示范模式，2015年成立了中国富硒农业产业技术创新平台，创新平台覆盖全国26个省区市，项目成果也在江西、山东等13个省24个市县开展技术示范与推广，总示范面积达86.3万亩，增加社会经济效益5.5亿元，带动了富硒农业产业标准化与规范化发展，促进了我国农业向功能性农业的转型升级。[①]

四　富硒农业发展的机遇与挑战

（一）抓住机遇，富硒功能农业是农业发展的"必然选择"

2008年《中国至2050年农业科技发展路线图》中将"功能产业"列入中国农业的发展方向，富硒农业属于功能农业范畴。2016年，中共中央、国务院印发的《"健康中国2030"规划纲要》中将"健康中国"上升为国家战略，并将健康产业作为国家支柱型战略产业；2017年，国务院办公厅印发了《国民营养计划（2017~2030年）》，指出"以改革创新驱动营养型农业""加大力度推进营养型优质食用农产品生产"等。同年，中央一号文件明确指出"加强现代生物和营养强化技术研究，挖掘开发具有保健功能的食品"。2019年，国务院出台的《关于促进乡村产业振兴的指导意见》中明确提出"推进农业与文化、旅游、教育、康养等产业融合，发展创意农业、功能农业"。2020年，农业农村部发布的《全国乡村产业发展规划（2020~2025年）》，也将功能农业作为重要的建设内容，鼓励开发包括富硒产品在内的营养健康系列化产品。因此，在乡村振兴战略、"健康中国"建设背景下，"大农业、大生态、大健康"成为发展时尚，富硒功能农业正在成为支撑我国地方农业供给侧结构性改革的重要科技力量和乡村振兴战略背景下"质量兴农"的新抓手。2022年全国富硒农业产值超过2600亿元，伴随着富硒农

---

① 中国富硒农业产业技术创新联盟编著《中国富硒农业发展蓝皮书（2018）》，中国农业大学出版社，2019。

产品营养健康价值不断得到消费者的认同，富硒农产品将更加普及，富硒农业新"蓝海"正在形成。

（二）应对挑战，富硒功能农业发展的有效对策与着力点

我国富硒农业产业经过数十年的发展，已基本形成了从农业生产到后期深加工的产业体系。但是起步晚，我国发展富硒农业还存在着一些问题和不足，主要表现在技术开发、标准制定、政策扶持、品牌培育、产品认证、市场开发等方面。

1. 技术问题，以科技创新引领产业发展

到目前为止，虽然在富硒农产品开发关键技术领域我国已经取得突破性进展，形成了一批具有自主知识产权的成果，处于领先水平，但生产硒含量稳定的富硒农产品仍然是一大技术难点；在强化富硒农产品生产过程中使用外源硒源时，缺乏高效安全的硒肥，对人体健康和环境安全造成较大的隐患；富硒农产品生产与加工工艺粗放，粗加工产品居多，精加工、深加工产品少，品种单一。

针对以上问题，首先，加大富硒强化生物技术的科技创新力度，收集产业信息，密切关注国内外硒领域发展的新动向，深入开展硒功能的研究及硒对动植物作用机理的基础和应用研究。其次，需要突破富硒技术的难点，针对天然富硒区，要着重突破农产品硒含量的稳定控制技术及重金属含量的有效控制技术，针对土壤缺硒区，要着重开发安全、稳定的硒营养强化剂及硒的人工转化技术。再次，在硒的分析检测方面，要着重解决硒的提取效率低下和各种不同的硒形态之间容易相互转化的问题。最后，利用高新生物技术（如纳米技术、现代生物基因技术）对富硒农产品进行精深加工。此外，还需要富硒行业的企业和科研机构开展宽领域、深层次的密切合作与交流，积极推动富硒产业的科技创新进程，高校、科研院所要和企业建立联盟关系，共同培养一批知农、爱农、懂技术、善经营的、更加符合功能农业时代需要的复合型人才。

2. 标准及认证问题，强化认证管理和标准化建设

目前，国内制定了不少富硒农产品相关标准，以地方标准为主，国家标

准和行业标准较少，而且各富硒标准之间存在冲突，各个地方的标准又不相容，已有的富硒标准往往只注重农产品中的硒含量，而忽略了其他（如重金属含量和农药残留等）质量安全因素；国内富硒农产品的生产只注重产品检测结果，而不注重产品生产过程，还未形成一套完整的生产管理规程及安全管理体系，未对富硒农业的生产环境做明确要求，对富硒生产原料没有进行严格把控，生产管理过程的要求还是空白；缺乏检测硒形态资质的检测机构，硒形态检测甚至还没有国家标准、农业行业标准及地方标准；同时也未形成一套完整的富硒农产品认证体系，消费者难以认可。

针对以上问题，一是要设立准入门槛，由政府职能部门对富硒产品实行规范认证管理，实行产地准出和市场准入制度，由生产企业申报富硒农产品商标使用权，实施品牌战略。二是要实行标准化管理，尽快制定富硒农业国家和行业的标准，把质量标准渗透到生产、加工、销售等环节，减少假冒、伪劣硒产品对市场的冲击。三是要加强富硒农产品检测机构建设，建立专业的富硒农业省级检测中心，完善质量检测检验体制，每一批次的硒产品销售前得到质量检测，让消费者放心。四是要建立富硒产品质量可追溯体系，制定生产技术规范，实行从生产到销售的全程可追溯系统，做到富硒产品生产有记录、信息能查询、流向可跟踪、质量有保障。

3. 政策与组织保障，积极完善产业发展政策

中国于 2008 年将富硒列入农业发展方向，2019 年将功能农业写入《国务院关于促进乡村产业振兴的指导意见》，但是缺乏具体政策和实施方案，其主要体现在以下两个方面，一是缺乏强有力的政府引导。政府的政策引领是富硒农业发展的基础，但目前许多省区市的富硒农业发展主要靠企业推动。二是政府扶持力度不够。富硒农业的真正落实需要政府在各方面（如资金扶持及基础配套设施建设等）的扶持，否则难以维持一家企业的可持续发展。由于各地方相关职能部门对发展富硒产业还没有达成共识，没有形成合力，难以推进一二三产业融合，部门条块分割严重，难以对地方富硒产业的发展起到科学引领作用，培育龙头企业难度较大。

针对以上问题，首先，需要政府引领，制定富硒产业发展的纲领性文

件，加大引导力度，明确发展方向、发展思想，从政策上支持、引导富硒功能农业发展，明确指挥部、相关部门各自的职能职责，在产业发展引导上充分发挥政府职能，为功能农业发展提供必要条件和坚实基础。其次，各地方尤其是富硒区应该制定各项优惠政策，编制富硒农业专项规划或将富硒纳入特色农业和现代农业发展规划，鼓励大中小企业投入绿色健康的富硒产业中来，在政策上予以鼓励和倾斜，在资金上给予一定的补贴。最后，应大力推进国家现代农业产业园建设、国家现代农业示范区建设、国家农业综合开发、国家科技成果重点推广、农业科技成果转化、国家重点新产品、惠农计划、特色农业开发等国家政策和举措。

4. 品牌及市场问题，加强品牌建设及营销策划

随着经济发展与人民生活水平的提高，消费者在认知和购买产品时对品牌的关注度越来越高，品牌已经成为贸易中非常重要的竞争力。目前，富硒农产品品牌发展主要存在以下问题。一是大多数富硒农产品生产者和经营者品牌意识薄弱，对富硒资源的特色性、排他性、不可替代性、经济性和良好市场前景缺乏认识。二是很多区域品牌定位还不明晰，对品牌属性的认识不到位。所谓品牌，要有它存在的可能性，要使不同品牌的农产品相互区别开来，要有某种特质和自己的特色，不能模糊不清。三是富硒产品市场认可度不高，市场需求相对较低，主要还是因为我国大多数消费者对硒的了解不足，对富硒产品价值的认可度也不高。

针对以上问题，首先，要充分利用地域本身的资源优势、地域特点、文化特色等，推动提升地域富硒品牌的社会知名度和地域品牌辨识度，打造专属本区域的富硒名片。其次，培植和做强企业主体，增强企业的市场竞争力，成为某一行业的排头兵或引领者，打造一批上规模、上档次、有影响力的富硒龙头企业集群，放大企业"富硒光环"。最后，支持企业自主创新深度开发，或联合科研机构做大做强，打造一批特色鲜明、科技含量高、叫得响的拳头产品；同时，加大营销力度，政府牵头帮助产销衔接，完善市场监管机制，加大打击假冒伪劣硒产品力度，做大行业蛋糕，降低生产营销成本，扩大生产规模，延长功能性农业产业链。

参考文献

1. Nancharaiah Y. V., Lens P. N. L., "Ecology and Biotechnology of Selenium-respiring Bacteria," *Microbiology and Molecular Biology Reviews*, 2015, 79 (1): 61-80.

2. Rayman M., "Selenium Intake, Status, and Health: A Complex Relationship," *Hormones*, 2020, 19 (1): 9-14.

3. 谭见安、李日邦、朱文郁：《我国医学地理研究的主要进展和展望》，《地理学报》1990年第 2 期。

4. 戴光忠：《我国富硒农业地质环境调查进展分析》，《安徽农业科学》2013 年第 30 期。

5. Lei C., Niu X. L., Wei J., et al., "Interaction of Glutathione Peroxidase-1 and Selenium in Endemic Dilated Cardiomyopathy," *Clinica Chimica Acta*, 2009, 399 (1-2): 102-108.

6. Hoffmann P. R., "Mechanisms by Which Selenium Influences Immune Responses," *Archivum Immunologiae et Therapiae Experimentalis*, 2007, 55 (5): 289-297.

7. Hoffmann F. K. W., Hashimoto A. C., Shafer L. A., et al., "Dietary Selenium Modulates Activation and Differentiation of CD4$^+$T Cells in Mice Through a Mechanism Involving Cellular Free Thiols," *The Journal of Nutrition*, 2010, 140 (6): 1155-1161.

8. Derbeneva S. A., Bogdanov A. R., Pogozheva A. V., et al., "Effect of Diet Enriched with Selenium on the Psychoemotional and Adaptive Capacity of Patients with Cardiovascular Diseases and Obesity," *Voprosy Pitaniia*, 2012, 81 (4): 35-41.

9. Saito Y., "Selenoprotein P as a Significant Regulator of Pancreatic β Cell Function," *Journal of Biochemistry*, 2020, 167: 119-24.

10. 谭见安：《环境生命元素与克山病》，中国医药科技出版社，1996。

11. 谢珊妮、宗良纲、张琪惠等：《3 种改良剂对强酸性高硒茶园土壤硒有效性调控效果与机理》，《茶叶科学》2017 年第 3 期。

12. 龙云川、陈轩、周少奇：《高产铁载体根际菌的筛选鉴定及硒活化特性评价》，《生物技术进展》2017 年第 5 期。

13. 程兆东、王喜东：《硒的自然分布及植物对硒的吸收转运转化机制研究进展》，《中国农业信息》2017 年第 11 期。

14. 孙协平、谢永红、胡佳羽等：《富硒土壤重金属污染研究进展》，《湖南农业科学》2015年第 10 期。

15. 曾宇斌：《硒在土壤中拮抗重金属的研究进展》，《广州化工》2017 年第 8 期。

16. Zhang J. S., Wang X. F., Xu T. W., "Elemental Selenium at Nano Size (Nano-Se) as a Potential Chemopreventive Agent with Reduced Risk of Selenium Toxicity: Comparison with Se-Methylselenocysteine in Mice," *Toxicological Sciences*, 2008, 101 (1): 22-31.

17. Farzad A. , Samira B. , Nurhidayatullaili M. J. , et al. , "Effects of Engineered Nanomaterials on Plants Growth: An Overview," *The Scientific World Journal*, 2014, 2014: 1-28.

18. Hu T. , Li H. F. , Li J. X. , et al. , "Absorption and Bio-transformation of Selenium Nanoparticles by Wheat Seedlings (*Triticum Aestivum* L.)," *Frontiers in Plant Science*, 2018, 9: 597.

19. Pilon-Smits E. A. H, Quinn C. F. , "Selenium Metabolism in Plants," *Plant Cell Monographs*, 2010, 17: 225-241.

20. 中国富硒农业产业技术创新联盟编著《中国富硒农业发展蓝皮书（2018）》，中国农业大学出版社，2019。

酵母核苷酸行业发展报告

刘　睿　陈玉松　李　勇*

摘　要：　人口老龄化和老龄人口的健康问题是我国目前面临的重大国情和严峻挑战，探索科学有效、经济可行的老龄健康促进与疾病防控新策略是当下和未来全球健康治理的重中之重。核苷酸作为生命本源物质，是实现有效延缓衰老、延长寿命的良好候选物。北京大学李勇教授课题组研究发现酵母核苷酸干预可有效延长实验动物生存时间，降低死亡率，减少老年病发生率，并有效延长实验动物的健康生存寿命，为其作为延缓衰老、延长寿命的新型食疗干预物的应用提供了更为扎实的数据与科学证据。健康长寿是全人类永恒的主题，酵母核苷酸在食疗领域的应用对促进我国老年健康发展，进一步推动健康中国战略和构建人类命运共同体具有重要意义。

关键词：　酵母核苷酸　衰老　食疗

世界人口学报告显示，全人类正在经历前所未有的迅速老龄化进程，所有国家都将面临人口老化所带来的经济、社会、政治等多种问题的挑战。据世界卫生组织（World Health Organization，WHO）报道，在 2000 年至 2050 年期间，全球 60 岁及以上人口的比例将增加近一倍，从 12% 升至 22%。[①] 并预测到 2050 年，65 岁及以上的人口将是 5 岁及以下儿童的 2 倍以上，同时

---

* 刘睿，博士，北京大学公共卫生学院营养与食品卫生学系，主要研究方向为营养与疾病、老龄营养；陈玉松，研究员，珍奥双迪健康产业集团创始人；李勇，博士，教授，北京大学公共卫生学院营养与食品卫生学系，主要研究方向为营养与疾病、老龄营养。

① World Health Organization（2015），*World report on ageing and health*，World Health Organization，https://apps.who.int/iris/handle/10665/186463.

超过 15~24 岁的青少年，而且 80% 的老年人将生活在低收入和中等收入国家。[1] 中国人口老龄化进程要明显快于很多中低收入和高收入国家，到 2040 年，60 岁及以上人口的比例将从 2010 年的 12.4% 上升至 28%；到 2050 年，中国 80 岁及以上老年人口数字将高达 9040 万人，成为老龄化最严重的国家之一。[2] 衰老与老年病发生发展的因果联系紧密，是老年病（age-related diseases）发生发展的重要因素。老年病的患病率与人口老龄化密切相关。人口老龄化和慢性疾病快速增长是我国目前面临的重大国情和严峻挑战。据《2012 年世卫组织全球疾病负担评估》报告，我国 45% 的伤残调整寿命年是由 60 岁及以上老年人的健康问题所致。[3] 到 2030 年，慢性非传染性疾病的患病率将至少增加 40%。大约 80% 的 60 岁及以上老年人将死于慢性非传染性疾病，"共病"率高，带残生存时间长。[4] 此外，传染性疾病的高发和危重也呈现显著的高龄偏好。在新冠肺炎（COVID-2019）疫情的暴发、蔓延与全球大流行中，老年人更易感染且有着较高的病死率。[5] 随着人口老龄化的不断加剧，老龄人口的健康问题已成为当前医学领域面临的主要问题之一。因此，探索科学有效、经济可行的老龄健康促进与疾病防控新策略，降低老年人患病风险及病死率、延长其健康生存时间，是当下和未来全球健康治理的重中之重。

营养是影响健康和衰老的最重要因素之一。然而传统的营养活性成分其

---

[1] World Health Organization (2021), *World health statistics 2021: monitoring health for the SDGs, sustainable development goals*, World Health Organization, https://www.who.int/publications/i/item/9789240027053.

[2] World Health Organization (2021), *World health statistics 2021: monitoring health for the SDGs, sustainable development goals*, World Health Organization, https://www.who.int/publications/i/item/9789240027053.

[3] World Health Organization (2015), *World report on ageing and health*, World Health Organization, https://apps.who.int/iris/handle/10665/186463.

[4] World Health Organization (2015), *World report on ageing and health*, World Health Organization, https://apps.who.int/iris/handle/10665/186463; World Health Organization (2021), *World health statistics 2021: monitoring health for the SDGs, sustainable development goals*, World Health Organization, https://www.who.int/publications/i/item/9789240027053.

[5] Lithander F. E., Neumann S., Tenison E., et al., "COVID-19 in Older People: A Rapid Clinical Review," *Age Ageing*, 2020, 49 (4): 501-515.

活性的单一性和效能瓶颈已经初步显现，迫切需要进行新型营养活性物质的筛选、开发与革新。核苷酸（Nucleotide，NTs）是机体重要的遗传、能量代谢、信号转导的物质基础。核苷酸可以来源于人体内源性合成以及通过生物酶解技术等外源性合成。核苷酸在特定的生理条件下是不可缺少的营养成分。在代谢旺盛的组织器官或者当机体受到应激、免疫挑战、肝损伤、饥饿以及快速生长的情况下，核苷酸能被组织吸收利用，节省机体从头合成或者补救合成的消耗，从而可以优化组织功能。此外，在体外通过酶解方式将核酸降解成为核苷酸后可以省略体内的分解过程，更加容易被人体消化吸收。近年来，酵母核苷酸的多种生物功效被相继报道，如延长大鼠生存时间、降低肿瘤发病率、抗炎、抗氧化和菌群调节等，在不同细胞、组织器官、菌群等多个水平均发挥重要的生物学效应。[1] 目前，酵母核苷酸以其极高的安全性和高效性特点成为营养研究的热点，并已被广泛用于婴儿配方乳粉/食品、保健食品/特殊医学用途配方食品中，显示了其在营养干预中的重要作用和广阔前景，是实现有效延缓衰老、延长寿命的良好候选物。

一　酵母核苷酸与衰老

核苷酸是生物体细胞决定生物特性和蛋白质结构与功能的物质，控制着生物体的生长、发育、繁殖和遗传，是体内多种营养物质的代谢调节因子，是各种营养因子的总协调者和指挥者。由于机体可以合成核苷酸，人们曾认为核苷酸不属于必需营养物质。但近几十年来，各项研究逐渐发现，核苷酸在特定生理条件下（如免疫应激、肝损伤、饥饿及快速生长时）能发挥重要作用，关于膳食来源的核苷酸调节机体机能的研究，涉及包括抗氧化、促进细胞增殖分化、抑制癌症细胞等多个方面。[2]

氧化应激引起的损伤积累是组织细胞功能障碍和许多疾病的病理生理基础，如糖尿病、动脉粥样硬化、神经退行性变、恶性肿瘤等。北京大学李勇

---

① 李勇、徐美虹：《核苷酸营养学》，北京大学医学出版社，2016。
② 李勇、徐美虹：《核苷酸营养学》，北京大学医学出版社，2016。

教授课题组研究发现，酵母核苷酸可显著增加 6 月龄、12 月龄和 24 月龄大鼠血清抗氧化酶 SOD 和 GSH-Px 活性，降低脂质过氧化产物丙二醛（malondialdehyde，MDA）含量；减少自然衰老大鼠肝细胞中线粒体的变性坏死，提高 SDH、ATP 酶活性，减少 LDH 生成，促进细胞能量代谢，并抑制自然衰老大鼠肝脏中脂质过氧化产物 MDA 的生成。[1] 可见，酵母核苷酸具有淬灭单线态氧、清除自由基和阻止脂质过氧化的发生，从而防止氧化应激对组织细胞损伤的作用，具备预防和控制氧化应激损伤相关疾病的潜力。

免疫系统是人体健康的门户，承担机体抵抗外来病菌（免疫防御）、清除突变或癌变细胞（免疫监视）和维持机体自稳状态（免疫自稳）等核心作用。免疫衰老是老年人疾病发生发展的诱发或促长因素，是研究探索延长老年人健康寿命和疾病防治的重要靶点。北京大学李勇教授课题组前期对酵母核苷酸的免疫调节功能进行系统性的研究，在分别给予各组小鼠无核苷酸、正常饲料及酵母核苷酸饲料喂养 4 周后，在无核苷酸组小鼠刀豆蛋白 A 诱导的淋巴细胞增殖能力以及迟发性变态反应中足跖肿胀度明显降低，酵母核苷酸组这两项功能均有所恢复，提示酵母核苷酸具有明显改善细胞免疫功能的效果；在血清中溶血素水平测定实验和抗体生成细胞实验中，与无核苷酸对照组比较，0.04g/kg·bw 组的溶血空斑数以及样品半数溶血值显著提高；与正常对照组比较，0.04g/kg·bw 组的半数溶血值显著提高，表明酵母核苷酸能提高小鼠的体液免疫功能，并缓解无核酸饲料喂养小鼠引起的体液免疫抑制作用；在小鼠腹腔巨噬细胞吞噬鸡红细胞实验（半体内法）和小鼠碳粒廓清实验中，与正常对照组比较，无核苷酸组巨噬细胞吞噬鸡红细胞能力有所降低，碳粒廓清能力显著降低，而 0.01、0.04 和 0.16g/kg·bw 酵母核苷酸组组的碳粒廓清能力表现出回升的趋势；对小鼠脾脏淋巴细胞群百分比进行测定发现，与正常对照组比较，无核苷酸对照组的小鼠脾脏 $CD4^+$/$CD8^+$ 的比值显著降低，$CD4^+CD25^+$ 细胞（T 调节细胞）百分比显著提高。与无核苷酸组相比，0.04g/kg·bw 组的 $CD4^+$T 细胞亚群百分比、$CD4^+$/$CD8^+$ 的比值以及 NK 细胞百分比均显著提高，$CD4^+CD25^+$ 细胞百分比显著降低；

① 李勇、徐美虹：《核苷酸营养学》，北京大学医学出版社，2016。

0.0025g/kg·bw 和 0.16g/kg·bw 组 CD4$^+$/CD8$^+$ 的比值及 0.16g/kg·bw 组 NK 细胞百分比也显著提高，提示酵母核苷酸可以通过增强 Th 细胞比例，减少 Tr 比例而实现增强免疫功能的作用。此外，核苷酸还可能通过增加淋巴细胞的百分比，特别是 CD4$^+$ 细胞亚群，产生增强细胞免疫功能的作用；对小鼠血清免疫球蛋白水平进行测定发现，与正常对照组和无核苷酸组比较，0.04g/kg·bw 组 IgG、IgM 水平显著提高，表明补充核苷酸可提高小鼠血清中免疫球蛋白水平，而体液免疫功能的改善正源于免疫球蛋白水平的提高。[1] 以上研究提示，酵母核苷酸是维持机体免疫功能的必要物质，可显著改善细胞免疫功能、体液免疫功能及单核—巨噬细胞吞噬功能，饲料核苷酸缺乏会导致小鼠多种免疫功能受损，在此基础上补充核苷酸对于维持正常的免疫功能具有重要意义。此外，在非正常生理状态下，酵母核苷酸能够显著改善生理状态改变带来的体液免疫功能降低。

肝脏作为人体的代谢中心，是最早最容易发生老化的器官之一。随着年龄的增长，肝脏会发生许多结构和功能的变化，包括肝脏的体积减小、肝血流灌注量减少、肝细胞排列紊乱、肝血窦明显扩张、脂肪变性、炎症细胞浸润、纤维化改变、紧密连接的通透性和通过细胞转移的能力减少等。老化肝脏物质代谢明显紊乱，白蛋白合成能力、对药物代谢能力以及 Kupffer 细胞吞噬能力明显降低。一方面，肝实质细胞的总数量逐渐减少，增殖修复能力降低、代偿性肝细胞变大等。衰老时肝细胞内线粒体数目减少，肿胀、变形、空洞等一系列退行性改变，肝细胞的能量代谢能力降低。另一方面，衰老的肝细胞可激活肝星状细胞等其他类型的细胞，进而导致肝纤维化的加剧。同时，肝细胞还有可能跨过衰老阶段发展为肝癌细胞。膳食来源的核苷酸能进入各种组织中并被吸收利用，将会节省机体从头或者补救合成的消耗从而可以优化组织功能。[2] 北京大学李勇教授课题组研究发现酵母核苷酸不但可以调节肝内核苷酸浓度，促进多种类型肝损伤的修复再生，促进肝脏胶

---

[1]　李勇、徐美虹：《核苷酸营养学》，北京大学医学出版社，2016。
[2]　李勇、徐美虹：《核苷酸营养学》，北京大学医学出版社，2016。

原蛋白的降解，减轻肝脏纤维化程度，还可以调节肝脏脂肪酸的代谢。[1] 此外，研究发现膳食添加核苷酸能够部分逆转酒精引起的大鼠肠道菌群紊乱，改善炎症反应；体外研究发现酵母核苷酸对干酪乳杆菌的生长，生物被膜、胞外聚合物的产生，粗提物的抗群体感应及抗生物被膜活性均有明显的促进作用。[2]

综上可知，核苷酸具有多种多样的生理活性，在特定的生理条件下是不可缺少的营养成分，如在代谢旺盛的组织器官或者当机体受到应激、免疫挑战、肝损伤、饥饿以及快速生长的情况下，核苷酸能被组织吸收利用，节省机体从头合成或者补救合成的消耗，从而可以优化组织功能。此外，在体外通过酶解方式将核酸降解成为核苷酸后可以省略体内的分解过程，更加容易被人体消化吸收。但目前对于酶解技术获得的酵母核苷酸在延缓衰老、延长寿命方面作用的研究较少，因此，北京大学李勇教授课题组重点针对酵母核苷酸对延缓衰老、延长寿命相关的研究与应用进行了探索研究。

二 酵母核苷酸延长寿命、延缓衰老作用的研究进展

研究发现，人类长寿/衰老进程由基因、表观遗传、环境和生活方式等共同决定。因此，深入思考不同水平的衰老机制及其相关联系，对实现健康衰老，确定老年病的防治目标与策略具有重要意义。北京大学李勇教授课题组以不同剂量酵母核苷酸为干预物，分别采用自然衰老的动物模型（SD 大鼠）和国际公认的快速衰老小鼠（SAMP8 小鼠）两种动物模型，开展长期的动物体内研究，通过重点观察酵母核苷酸对模型动物的生存时间、老化进程、肿瘤发生发展的影响，系统性地从动物、细胞器、基因分子、菌群等多个方面深入探究 NTs 的延缓衰老、延长寿命的作用及其可能机制，从而综合

---

① Ding T., Song G., Liu X. R., Xu M. H., Li Y., "Nucleotides as Optimal Candidates for Essential Nutrients in Living Organisms: A Review," *J Funct Foods*, 2021, 82: 104498.

② Cai X., Bao L., Wang N., Xu M., Mao R., Li Y., "Dietary Nucleotides Supplementation and Liver Injury in Alcohol-Treated Rats: A Metabolomics Investigation," *Molecules*, 2016, 21 (4): 435.

诠释酵母核苷酸调节衰老的重新编程的具体作用机制。

（一）酵母核苷酸终身干预对 SD 大鼠的影响研究

北京大学李勇教授课题组通过给予 SD 大鼠全生命周期酵母核苷酸干预，首次研究了酵母核苷酸对自然衰老的动物模型生存时间的影响。[①]

1. 核苷酸长期干预对 SD 大鼠自发非肿瘤性病变的影响

SD 大鼠在自然衰老过程中非肿瘤性病变多为与年龄增长相关的退行性病变，如纤维化、肺气肿、萎缩性改变和增生等。此外，炎症性改变也较为多见。在非肿瘤性病变中，脂肪肝最为高发。雄性大鼠对照组中发现 5 例（占 19.2%），0.01%、0.04%、0.16% 和 0.64% 核苷酸干预组中分别发现 3 例（占 11.5%）、4 例（占 15.4%）、4 例（占 15.4%）和 3 例（占 11.5%）。同时，也发现一些炎性病变，由于发生率较低，均未发现显著逐渐差异。对于其他的非肿瘤性病变也未发现显著的组间差异。

2. 核苷酸长期干预对 SD 大鼠自发肿瘤性病变的影响

在核苷酸干预下，雌雄大鼠自发肿瘤率均有一定程度的下降。与对照组相比，雄性核苷酸干预组的肿瘤发生率显著下降。良性及恶性肿瘤的发生率与对照组相比也体现出明显的下降趋势。在将两种性别进行合并分析的情况下，对照组恶性肿瘤的发生率分别为 0.01%、0.04%、0.16% 和 0.64% 核苷酸干预组的 10 倍、10 倍、2.5 倍、2 倍（$p = 0.01$）。在肿瘤的多发性方面，将每只荷瘤动物的肿瘤数进行比较，在雄性大鼠中发现核苷酸干预组的荷瘤动物的肿瘤数有低于对照组的趋势。

3. 核苷酸长期干预对大鼠生存时间的影响

经核苷酸的长期干预，雌雄大鼠的平均生存时间在一定程度上比对照组有所延长。当雌雄混合时，核苷酸干预组与对照组相比，均显示有统计学差异。生存分布显示核苷酸对于生存时间较长的亚群比生存时间较短的亚群有着更明显的延长作用。

雄性对照组动物最长生存时间为 871 天（约 29 月龄），而在相同的生存

---

① 李勇、徐美虹：《核苷酸营养学》，北京大学医学出版社，2016。

时间内 0.01%、0.04%、0.16% 和 0.64% 核苷酸雄性核苷酸干预组存活率分别为 23%、26%、12% 和 8%，最长生存时间分别比对照组延长了 131 天、40 天、82 天和 118 天（即 4.37 月、1.33 月、2.73 月和 3.93 月）。对于雌性大鼠，对照组最长生存时间为 845 天（28.2 月），而在相同生存时间下雌性核苷酸干预组均有 13.46% 动物存活。具体地讲，在 0.01%、0.04%、0.16% 和 0.64% 核苷酸干预组最长生存时间分别为 295 天、50 天、195 天和 40 天（9.83 月、1.67 月、6.50 月和 1.33 月）。

对于荷瘤动物而言，雄性动物平均生存时间为 746±16.3 天，雌性为 702±17.3 天。非荷瘤动物的生存时间要短于荷瘤动物，其中雄性为 694±17.5 天（$p = 0.029$），雌性为 627±16.5 天（$p = 0.003$）。

一般 SD 大鼠的平均生存时间为 623～735 天。生存分析结果表明核苷酸长期干预下大鼠平均生存时间有了不同程度的延长，提示核苷酸长期喂养对 SD 大鼠的平均生存时间产生了一定的影响，表明核苷酸具有一定的延缓衰老的作用。

4. 核苷酸长期干预对大鼠主要死因的影响

SD 大鼠主要死亡的原因可以大体分为肿瘤性与非肿瘤两类。

在各组的主要死因为肿瘤性病变所引起的，在雄性对照组与核苷酸各剂量干预组中分别占 61%、38%、30%、54% 和 62%，在雌性对照组与核苷酸干预组中分别占 69%、31%、20%、35% 和 46%。良性肿瘤死因占全部肿瘤死因的 81%，主要为垂体瘤、乳腺瘤和皮下腺瘤。雌雄对照大鼠中由垂体瘤作为死因的比例分别为 34.6% 和 65.4%。与对照组相比，核苷酸干预组中由垂体瘤所引起的死亡比例的下降与核苷酸的剂量的减少有一定的相关性。对于雌性大鼠，乳腺肿瘤是第二位引起死亡的原因。此外，一些皮肤及皮下肿瘤在雌雄 SD 大鼠中也是可能的死亡原因。与对照组相比，乳腺及皮肤肿瘤作为死因的比例在核苷酸干预组有一定程度的下降。

此外，恶性肿瘤及体液肿瘤（白血病和淋巴瘤）由于其转移性和对重要器官的侵袭性而具有致死性。与对照组相比，与恶性肿瘤和体液肿瘤有关的死因构成在核苷酸干预组中也呈下降趋势。

对于一些荷瘤动物，当其肿瘤的性质或其发展阶段为非致死性时，一些非肿瘤性病变也可能成为其主要的死因。因此，有非致死性肿瘤的荷瘤动物及非荷瘤动物，死因主要与非肿瘤性病变有关，如慢性肾病、肝硬化和肺气肿等。结果显示核苷酸干预组由非肿瘤性病变所引起的死因明显高于对照组。

研究中核苷酸干预组中由非肿瘤性病变作为死因的比例要高于对照组，可能与核苷酸干预组大鼠的平均寿命要长于对照组且肿瘤发生率有所下降有关。

因此，核苷酸对全部肿瘤发生率和恶性肿瘤率的抑制使核苷酸组肿瘤引起的死因比例下降，而核苷酸对 SD 老年大鼠生存时间的延长可能与核苷酸对自发肿瘤的抑制作用有一定的关系。

5. 核苷酸抗衰老模式

根据抗衰老剂对大鼠生存时间及自发肿瘤的影响，Emanuel 等人将抗衰老剂分为三类：抗衰老剂对群体中所有个体的生存均会产生影响，导致了生存曲线的平行右移，表现为平均生存时间及最大生存时间均有所延长；抗衰老剂可降低长寿群体的死亡率，而表现为最长生存时间的延长；抗衰老剂延长短寿群体的死亡率，而对最长生存时间不产生影响。[1]

本研究结果显示，核苷酸对 SD 大鼠的延缓衰老作用与第二种模式相近，即对最长生存时间及老年亚群的延寿作用较平均寿命的延长更为明显，且同时对自发肿瘤率也有一定的抑制作用。Anisimov 认为这种作用模式可能与延缓衰老的过程及与抑制和衰老相关病理改变有关。[2] 本研究中核苷酸对荷瘤与非荷瘤动物的生存时间均产生一定的延长作用，表明核苷酸对衰老相关的肿瘤与非肿瘤病变均可能产生了一定的抑制作用。

6. 核苷酸抗氧化、减少 DNA 损伤作用

衰老及许多疾病的发生、发展与脂质过氧化程度高度相关，脂质过氧化同时可造成 DNA 损伤，而 DNA 损伤可进而引起基因及其遗传功能的异常。

---

① Emanuel N., Obukhova L., "Types of Experimental Delay in Aging Patterns," *Experimental Gerontology*, 1978, 13 (1-2): 25-29.

② Anisimov V., "Life Span Extension and Cancer Risk: Myths and Reality," *Experimental Gerontology*, 2001, 36 (7): 1101-1136.

酵母核苷酸可以影响生物合成过程及调节已经表达，至少调节与核苷酸代谢相关的基因表达。北京大学李勇教授课题组通过给予 SD 大鼠全生命周期酵母核苷酸干预，对其 3 月、6 月、12 月、18 月和 24 月时分别对大鼠血清抗氧化酶 GSH-Px、SOD 的活性及 MDA 的水平进行检测，发现酵母核苷酸可显著提高老龄大鼠血清中 SOD、GSH-Px 活力，降低脂质过氧化产物 MDA 的含量。

（二）酵母核苷酸终身干预对 SAMP8 小鼠的影响研究

在上述核苷酸终身干预对自然衰老动物模型全生命周期影响研究的基础上，北京大学李勇教授课题组继续采用了国际公认的快速衰老小鼠动物模型（SAMP8 小鼠），对核苷酸延缓衰老、延长寿命的作用进行进一步的探讨研究。[①]

1. 核苷酸终身干预对小鼠生存时间的影响

研究结果显示核苷酸可有效延长小鼠生存时间，降低小鼠死亡率，其中以低剂量组（0.3g/kg·bw）干预效果最为明显，中剂量组（0.6g/kg·bw）次之。低剂量组平均生存时间（14.98m）相较纯化饲料喂养组、基础饲料喂养组及 NMN 组分别延长了 11.12%、5.42%、10.23%，中位生存时间（14.30m）相较以上三组分别延长了 12.6%、5.93%、5.38%，中剂量组中位生存时间（13.87m）相较纯化饲料喂养组、基础饲料喂养组及 NMN 组分别延长了 9.21%、2.74%、2.21%。对各组小鼠累积生存率进行分析发现，在 14 月龄时，低、中剂量组累积生存率分别为 52% 和 46%，高于其他各组。并在其后月龄时，低、中剂量组小鼠的累积生存率始终要高于其他各组，且低剂量组小鼠拥有最长生存时间（24.93m），中剂量组（23.83m）次之。查阅文献可知，SAMP8 小鼠中位生存时间为 12.1m（364 天），目前尚无有关 SAMP8 小鼠平均寿命和最长生存时间的报道。[②] 对 SAMP8 小鼠月龄与人寿命的对应关系进行推算发现，低剂量组中位生存时间对应到人的寿命相比文

---

① 李勇、徐美虹、陈玉松：《核苷酸营养学》（第 2 版），北京大学医学出版社，2023。
② 李勇、徐美虹、陈玉松：《核苷酸营养学》（第 2 版），北京大学医学出版社，2023。

献报道 SAMP8 小鼠中位生存时间推算得到的寿命延长了 16.52 岁，延长百分比达到 21.79%；中剂量组延长了 13.27 年，延长百分比达到 17.50%。继续采用本研究的纯化饲料喂养组中位生存时间进行推算发现，低剂量组中位生存时间对应到人的寿命相比纯化饲料喂养组、基础饲料喂养组及 NMN 组，分别延长了 10.94 年（14.65%）、5.47 年（6.73%）、5.01 年（6.13%），中剂量组与以上三组相比分别延长了 7.98 年（9.19%）、2.51 年（3.09%）、2.05 年（2.51%）。

2. 核苷酸终身干预对健康寿命的影响

为了更好地评价酵母核苷酸对 SAMP8 小鼠健康寿命的影响，分别在小鼠 8 月龄、10 月龄、12 月龄、14 月龄、16 月龄、18 月龄时对各组小鼠进行了老化度评分。纯化饲料喂养组首先有两只老鼠出现了老化表现，主要表现是全身性脱毛及严重的皮肤溃疡。在 8 月龄时，NMN 组评分较低，并与基础饲料喂养组和低剂量组比有显著性差异。随着月龄的增加，低剂量组评分低于纯化饲料喂养组、基础饲料喂养组及 NMN 组，在 12 月龄时明显低于纯化饲料喂养组和 NMN 组，14 月龄和 16 月龄时明显低于 NMN 组。在 18 月龄时，核苷酸干预组评分均低于纯化饲料喂养组、基础饲料喂养组及 NMN 组，可能由于只数较少的原因，未见明显统计学差异。提示随着寿命的增加，核苷酸干预组小鼠生存状态明显要优于纯化饲料喂养组和基础饲料喂养组，拥有更好的健康寿命，且效果要优于 NMN 组。

3. 核苷酸终身干预对小鼠生化指标的影响

ALT 和 AST 的活性的高低与肝损伤程度密切相关。本研究中，核苷酸低剂量组 ALT 水平明显低于基础饲料喂养组，AST 水平低于其他各组，提示在核苷酸干预对衰老相关肝功能变化具有一定的保护作用，这与前期研究结果一致。对肾功能相关指标进行检测发现，核苷酸终身干预对机体血尿酸水平无明显影响。在此基础上，研究发现 BUN、CR 及 Cys C 水平在核苷酸干预组均低于纯化饲料喂养组和基础饲料喂养组，提示核苷酸干预对衰老引起的肾功能变化具有一定的保护作用，可在一定程度上延缓衰老引起的肾功能衰退。血脂异常是诱发心脑血管疾病的重要危险因素。在本研究中，核苷酸组

TC、TG 及 LDL-C 水平相较纯化饲料喂养组和基础饲料喂养组均有不同程度的降低，HDL-C 水平在低剂量组则要明显高于其他各组，提示核苷酸干预对血脂有着较好的调节作用，可降低老年血脂异常的发病率，对心血管疾病的发生具有良好的预防作用。对各组小鼠的血糖水平进行检测发现，Glu 浓度在核苷酸干预组组均低于其他各组，表明核苷酸可在一定程度上维持血糖水平的稳定，有潜在的降低糖尿病发生的作用。

4. 核苷酸终身干预对机体氧化应激和炎症反应的影响

抗氧化是延缓衰老的重要途径之一，氧化应激引起的损伤积累是加重年龄相关损伤的重要原因。既往研究显示核苷酸可以通过增加抗氧化酶和物质的含量，以及清除自由基和脂质过氧化产物的积累，表现出卓越的抗氧化性能。本研究进一步证实核苷酸可通过增强机体抗氧化酶活力，减轻脂质过氧化产物含量来增强机体抗氧化能力，减轻氧化损伤，这可能是核苷酸延缓衰老、延长寿命的潜在机制之一。一项近 1000 人队列的血清免疫因素相关的研究发现，炎症衰老时钟与百岁老人的长寿有关。[1] 炎症因子 TNF-α、IL-6 和 IL-1β 是衰老相关分泌表型（SASP）的重要组成部分。在本研究中核苷酸干预可一定程度上降低促炎因子 IL-6 和 TNF-α 及 CRP 含量，提示核苷酸对 SASP 通过旁分泌和可能的内分泌效应驱动年龄相关的病理改变具有抑制作用。

5. 核苷酸终身干预对免疫衰老的影响

对免疫器官（脾脏、胸腺、肠系膜淋巴结）出现的异常病理改变进行汇总发现，出现最多的症状主要为免疫器官的肿胀或异常萎缩。其中基础饲料喂养组、NMN 及 SAMR1 组出现的异常改变最多，核苷酸干预组异常改变例数较少，且中剂量组未发现免疫器官的异常改变。对淋巴细胞亚群进行测定发现，核苷酸干预组 CD3+、CD8+、CD4+、CD25+T 细胞均高于纯化饲料喂养组，其中低剂量组 CD8+、CD25+T 细胞百分比明显升高，提示核苷酸干预

---

[1] Sayed N., Huang Y., Nguyen K., et al., "An Inflammatory Aging Clock (iAge) Based on Deep Learning Tracks Multimorbidity, Immunosenescence, Frailty and Cardiovascular Aging," *Nat Aging*, 2021, 1: 598-615.

对脾脏 T 淋巴细胞亚群比例有一定的改善作用，其中以低剂量组效果最为显著。此外，本研究结果显示，核苷酸干预对小鼠血清 IgA、IgG、IgM 的产生均有促进作用，除 IgM、IgA 和 IgG 本身功能之外的适应性免疫系统与先天免疫系统之间的相互作用，这三种免疫球蛋白血清水平的增加不仅可以改善体液免疫，还可以改善 NK 细胞活性和巨噬细胞吞噬作用。

6. 核苷酸延缓衰老、延长寿命可能的作用机制探讨

DNA 甲基化的升高和降低与衰老过程相关，机体老化后全基因组 DNA 甲基化水平下降，这可能归因于 DNA 甲基转移酶 DNMT-1 表达水平的逐渐下降。[1] 核苷酸干预可通过促进 DNMT-1 的活性，调控基因甲基化状态缓解细胞衰老，从而起到延缓衰老、延长寿命的作用。NAD+ 在细胞和体内发挥着重要的功能，其含量的减少是导致细胞死亡的主要原因之一。NMN 是 NAD+ 的关键中间体，大量啮齿动物中进行的研究表明，补充 NMN 可有效增强各种外周组织中 NAD+ 的生物合成，并对年龄相关疾病具有广泛的应用和治疗潜力。在本研究中，血清 NAD+ 水平及 NAD+/NADH 在核苷酸干预组和 NMN 组要高于其他各组，表明核苷酸和 NMN 均可有效增强机体 NAD+ 的生物合成。研究发现，NAD+/SIRT1/PGC-1 是重要的长寿调节相关通路，自噬的减少则与衰老加速密切有关。在本研究中，NAD+ 及 NAD+/NADH 在核苷酸干预组明显增高，Sirt1 蛋白在核苷酸组要明显高于纯化饲料喂养组，PGC-1a 蛋白表达水平在低剂量组要高于其他各组，提示核苷酸的延缓衰老作用可能与长寿调节通路-NAD+/SIRT1/PGC-1a 信号通路有关。在对自噬通路相关蛋白表达的研究中，发现肝脏 ULK1 蛋白在核苷酸及 NMN 组中要明显高于纯化饲料喂养组，提示核苷酸可能通过增加 ULK1 蛋白的表达来增强衰老机体自噬功能，诱导自噬。

7. 核苷酸对肠道菌群的调节作用

已有研究发现核苷酸可能具有一定的益生菌效应。研究表明膳食添加核苷酸可部分逆转酒精引起的大鼠肠道菌群紊乱，改善炎症反应，进行相关性

---

[1] Esterházy D., Canesso M. C. C., Mesin L, et al., "Compartmentalized Gut Lymph Node Drainage Dictates Adaptive Immune Responses," *Nature*, 2019, 569 (7754): 126-130.

分析发现特定肠道菌群的数目与血浆差异代谢物具有显著的相关性，尤其是胆汁酸代谢物。[1] 体外研究发现核苷酸对干酪乳杆菌的生长，生物被膜、胞外聚合物的产生，粗提物的抗群体感应及抗生物被膜活性均有明显的促进作用。[2] 以上研究结果为本研究探讨外源核苷酸对肠道菌群的影响及延缓衰老的机制提供了重要线索和思路。本研究发现，在纯化饲料喂养组中，对机体有负面影响的菌群相对丰度显著性增加，核苷酸干预则能够增加衰老引起的菌群丰度水平的下降，改善菌群结构（有益菌/有害菌比），减少对机体有负面影响的菌群相对丰度，其机制可能是通过影响与代谢相关通路关系密切的菌群的相关丰度，从而达到调节小鼠肠道菌群、延缓衰老的作用。

综上可知，核苷酸干预可有效延长实验动物生存时间，降低动物死亡率，减少老年病的发生率，并延长健康生存寿命，具有良好的延缓衰老、延长寿命的作用。其作用机制可能与调节机体代谢、改善衰老引起的机体功能衰退、抗炎、抗氧化、增加机体免疫、促进自噬诱导及增强机体 NAD+的表达有关，其作用通路可能与长寿调节通路-NAD+/SIRT1/PGC-1a、通过ULK1 诱导自噬及调节肠道菌群有关。这为核苷酸应用于衰老及老年病的防治提供了科学实验依据和干预靶点，也为核苷酸作为延缓衰老、延长寿命的新型食疗干预物的应用提供了理论依据，对衰老及衰老相关健康问题的防治具有重要意义。

三 酵母核苷酸行业发展现状

随着对酵母核苷酸研究的不断加深，酵母核苷酸及其衍生物已在理论研究、医药、食品、农业生产、化妆品和科研领域中得到了广泛应用。[3]

---

[1] Cai X., Bao L., Wang N., Xu M., Mao R., Li Y., "Dietary Nucleotides Supplementation and Liver Injury in Alcohol-Treated Rats: A Metabolomics Investigation," *Molecules*, 2016, 21 (4): 435.

[2] Ding T., Xu M., Li Y., "An Overlooked Prebiotic: Beneficial Effect of Dietary Nucleotide Supplementation on Gut Microbiota and Metabolites in Senescence-Accelerated Mouse Prone-8 Mice," *Front Nutr*, 2022, 9: 820799.

[3] 李勇、徐美虹、陈玉松:《核苷酸营养学》（第2版），北京大学医学出版社，2023。

（一）在食品行业中的应用

在食品行业中，核苷酸已由最初的食品增味剂扩展为具有生物功能的营养强化剂。目前，核苷酸在很多国家均应用于婴儿配方粉中，但不同国家对核苷酸添加量的要求不同。近年来，随着核苷酸功能性的研究发展和消费者认识的提高，用以进行补充营养的核苷酸产品逐渐成为市场的新宠。由于国内核苷酸类物质不能用于普通食品中，检索到的保健食品数据库显示，自1997年以来我国的核苷酸类保健食品就已获批，目前为止已有20多年的食用历史，现中国保健食品的主管部门已经批准了20余种核酸类的保健食品。特殊医学用途配方食品中的核苷酸对增加免疫力，加快蛋白质的合成，加快病情恢复起到了很重要的作用。核苷酸应用于婴幼儿奶粉还可以促进婴幼儿胃肠道发育，调节肠道菌群，增强对细菌感染的抵抗力。因此，国内外特殊医学用途婴幼儿配方粉中也都添加有核苷酸成分。从欧盟食品安全局（EFSA）2011年发布的一个关于核苷酸的健康声称科学意见和美国新膳食成分的意见可以看出，核苷酸类原料作为食品原料是被接受的。从日本对于核糖核酸原料（DNA/RNA）的意见也可以看出，核苷酸类原料是作为食品原料进行管理的，且并没有相应的剂量限制要求。在国内外的常用电商平台检索发现，核苷酸类营养补充剂在国内外都很畅销，主要功能为增强免疫力、美肤、抗疲劳、护眼及增强记忆力等。其中日本核苷酸类营养补充剂种类较多，其功能涉及针对皮肤、眼睛及综合免疫等。

（二）在农业生产中的应用

核苷酸对动植物的生长有不同程度的促进作用，四种核苷酸的混合制剂作为植物生长调节剂，在农业中应用已经有多年的历史。其广泛用于各种果树、蔬菜和农作物的栽培，平均增产可达10%。此外，核苷酸还可以用于食用菌的培养。对动物的生长，核苷酸同样起着很明显的效果。饲料中添加适量的核苷酸粗提物，能有效提高凡纳滨对虾的增重率和存活率。在断奶仔猪饲料中添加不同水平的酵母核苷酸可以提高仔猪的生长性能，改善部分血清生化指标，增强机体免疫功能。将核苷酸添加在农作物生长剂和动物的饲料中，可以增加产量、降低成本，对于我国这样的农业大国，核苷酸的广泛使用会产生很大的经济效益和社会效益。因此，在农业上的需求和应用必将随着核苷酸生产成本的降低而不断扩大。

（三）在日用化工行业中的应用

核苷酸制品在日用化工行业中的应用也很广泛，因其具备促进皮肤新陈代谢、防皱、生肌保湿、控制皮脂分泌、阻止紫外线吸收等作用，对雀斑、荞麦皮肤、青春痘等各种皮肤病都具有极强的渗透力，因此被添加于洗涤剂、乳化剂、雪花膏、乳液、戏剧化妆品中。

（四）在医药行业中的应用

随着对核苷酸研究的不断加深，核苷酸类物质的用途也越来越广，其应用范围由食品、农业行业迅速扩展到医药领域，特别是在抗病毒、抗肿瘤等方面的特有疗效，使其在医药行业中的应用也越来越受到重视。在目前已上市的抗病毒药物中，核苷类化合物占半数以上，在抗病毒治疗中具有相当重要的地位。核苷类药物作为病毒聚合酶或逆转录酶抑制剂，在进入细胞后，经逐步磷酸化转变为三磷酸核苷类似物发挥抗病毒作用。此外，以核苷酸为基础的衍生物人工合成的寡核苷酸已经被广泛应用于靶向基因治疗的研究，通过反义寡核苷酸抑制致癌基因或病毒的关键编码基因，可特异性抑制肿瘤细胞增殖生长并诱导细胞凋亡。人工合成的核苷酸衍生物修饰技术在病原微生物鉴定、药物相关基因突变检测、遗传性疾病诊断、无创性产前诊断、循环 DNA 检测、肿瘤个体化诊疗等领域的应用研究也十分活跃。

国内目前拥有多家与酵母核苷酸生产、应用和加工相关的企业，区域分布较为分散，规模不一，涵盖生命科学众多领域，其中珍奥集团股份有限公司处于行业领先地位，也是国内健康产业的头部企业，为中国健康保健产业的发展做出了表率。科学发展与创新融合是实现"健康中国，营养先行"的一体两面，"产学研"的深度融合对促进酵母核苷酸科研理论的成果转化及更好地服务于人类健康具有重要意义。珍奥集团立足大健康产业，专注于核苷酸营养研发与应用，致力于生物制造、生物制药、生物制品、生物环保四大产业的创新与发展。珍奥集团拥有中国最大的核苷酸产业化基地，利用生物发酵技术整合核苷酸上下游产业链以及开发生产系列产品，原料国内市场占有率达65%以上，获批专利多项，是多家国际知名乳制品生产商的主要供货商，产品核苷酸含量技术目前处于国际领先水平。

四　酵母核苷酸行业发展的机遇与挑战

酵母核苷酸在营养食疗、医疗、全物种领域有着巨大的发展前景，目前我国在关于核苷酸营养食疗的研究领域处于相对领先地位。未来有关酵母核苷酸的进一步发展仍需在科研和产业两方面进行重点关注、再突破。近20年来，以北京大学李勇教授课题组为代表的国内权威机构对酵母核苷酸做了大量的基础性研究，取得了许多有意义的进展，并对其与不同疾病状态、不同人群状态的关系与需要量进行了初步探索。随着核苷酸营养学的进一步建立，越来越多生物学作用必将被揭示出来。随着分子生物学研究方法的更新与进步，营养基因组学的兴起，多组学的联合应用，精准营养、再生医学等的迅猛发展，核苷酸营养在生命全周期、健康全过程中的作用和具体机制也需要更深入的阐明。核苷酸在营养创新领域的应用，应采取在传承中医食疗精华的同时，进一步协同创新，以期实现将中国食疗元素注入全球健康治理体系。

《"健康中国2030"规划纲要》提出，建立完善的健康产业体系，包括健康、医疗、养老等多个方面，坚持预防为主，推动实现全民健康。老年人作为特殊群体，其健康问题要求突出解决。核苷酸作为"生命本源物质"，在解决人类健康相关问题方面具有无可比拟的优势与潜力。北京大学李勇教授课题组研究发现酵母核苷酸可有效延长实验动物生存时间，降低死亡率，减少老年病的发生，并有效促进健康生存寿命，这为通过食疗手段提升老年人健康寿命及生活质量提供了新思路。随着近年来研究探索与产业发展的日渐活跃，未来有关核苷酸在食疗领域的发展除了应加强核苷酸相关理论研究与探索，开展多学科联合攻关工作，对核苷酸及其衍生物的生理活性进行揭示，还应通过升级工艺技术，优化配伍模式与活性物质共传递剂型/方式，实现其精准落地。从科技护航、质量保证、创新推动全方位多维攻关，使其得以在食品、保健食品、临床特医、治疗药物及干预手段等领域进一步得到推广。有充足的理由相信，随着研究手段及方法的不断提高，科学技术的不断发展，酵母核苷酸必将作为多靶向"精准营养""新型食疗"干预物及生物佐剂等，与其他活性物质/中医药联合配伍，实现全物种立体干预、生物信息传递与识别等多个方面的应用，为人类健康作出更大的贡献。

参考文献

1. World Health Organization（2015），*World report on ageing and health*，World Health Organization，https://apps.who.int/iris/handle/10665/186463.

2. World Health Organization（2021），*World health statistics 2021：monitoring health for the SDGs，sustainable development goals*，World Health Organization，https://www.who.int/publications/i/item/9789240027053.

3. Lithander F.E.，Neumann S.，Tenison E.，et al.，"COVID-19 in Older People：A Rapid Clinical Review，" *Age Ageing*，2020，49（4）：501-515.

4. 李勇、徐美虹：《核苷酸营养学》，北京大学医学出版社，2016。

5. Ding T.，Song G.，Liu X.R.，Xu M.H.，Li Y.，"Nucleotides as Optimal Candidates for Essential Nutrients in Living Organisms：A Review，" *J Funct Foods*，2021，82：104498.

6. Cai X.，Bao L.，Wang N.，Xu M.，Mao R.，Li Y.，"Dietary Nucleotides Supplementation and Liver Injury in Alcohol-Treated Rats：A Metabolomics Investigation，" *Molecules*，2016，21（4）：435.

7. Emanuel N.，Obukhova L.，"Types of Experimental Delay in Aging Patterns，" *Experimental Gerontology*，1978，13（1-2）：25-29.

8. Anisimov V.，"Life Span Extension and Cancer Risk：Myths and Reality，" *Experimental Gerontology*，2001，36（7）：1101-1136.

9. 李勇、徐美虹、陈玉松：《核苷酸营养学》（第2版），北京大学医学出版社，2023。

10. Sayed N.，Huang Y.，Nguyen K.，et al.，"An Inflammatory Aging Clock（iAge）Based on Deep Learning Tracks Multimorbidity，Immunosenescence，Frailty and Cardiovascular Ag-

ing," *Nat Aging*, 2021, 1: 598-615.

11. Esterházy D., Canesso M. C. C., Mesin L, et al., "Compartmentalized Gut Lymph Node Drainage Dictates Adaptive Immune Responses," *Nature*, 2019, 569 (7754): 126-130.

12. Ding T., Xu M., Li Y., "An Overlooked Prebiotic: Beneficial Effect of Dietary Nucleotide Supplementation on Gut Microbiota and Metabolites in Senescence-Accelerated Mouse Prone-8 Mice," *Front Nutr*, 2022, 9: 820799.

后生元与肠道健康行业发展报告

康跻耀　陆文超　姜雨忻　霍军生　张贵锋*

摘　要： 后生元是一种基于益生菌及其代谢产物制备的具有干预肠道生态和调节代谢功能的物质，与益生菌、益生元共同组成了用于改善肠道健康的产品体系。与益生菌相比，后生元的物质组成相对稳定、无噬菌体感染的风险，产品具有可常温保存且保存期更长的优点。大量研究表明，后生元具有维持肠道菌群平衡、提高免疫应答、抗炎抗氧化、调节代谢反应和抗肿瘤等重要的生理功能。后生元作为一种新型的微生态制剂，相关研究正处于起步阶段。后生元在食疗创新领域具有极大的应用前景，丰富了营养物质的种类。本报告就后生元的研究进展、产品组成、生物活性以及相关政策及标准等进行了综述。

关键词： 后生元　益生菌　代谢产物　多肽　生物小分子

一　引言

益生菌是一类有益于人体健康的微生物，可以通过调节肠道菌群平衡促进肠道健康、增强免疫力、预防疾病等。研究表明，由活菌分泌或细菌裂解后释放的可溶性成分也具备一定的生物活性，已经被证明可以给人体健康带

---

* 康跻耀，中国科学院过程工程研究所生化工程国家重点实验室；陆文超，中国科学院过程工程研究所生化工程国家重点实验室；姜雨忻，四川省疾病预防控制中心；霍军生，中国疾病预防控制中心营养与食品安全所；张贵锋，中国科学院过程工程研究所生化工程国家重点实验室。

来益处。研究人员将这些灭活的益生菌、益生菌代谢产物以及无细胞上清等益生菌细胞的非活性部分命名为"Postbiotics"，中文名为"后生元"。

"Postbiotics"的概念由 Tsilingiri 在 2013 年首次提出，在之后很长时间内没有形成统一的定义。2021 年 5 月，国际益生菌和益生元科学协会（ISAPP）召集了营养学、微生物生理学、胃肠病学、儿科和食品科学的专家，对后生元进行了定义：对宿主健康有益的无生命微生物和/或其成分的制剂。①

近年来，后生元行业取得了显著进展，大众对肠道健康关注度的不断提高，推动了后生元产品市场的增长。越来越多的人认识到肠道微生物与整体健康之间的关系，因此对含有后生元的产品的需求不断增加，后生元产品的种类和多样性不断扩展。相比于发达国家，我国的后生元产业仍处于初级阶段，后生元相关研究略显滞后，产品种类不够丰富，尤其缺少相关功能机制的研究，功能食品的市场存在极大的发展空间。

二 后生元主要成分研究

后生元的组成种类较为复杂，根据其分子结构差异，后生元可分为肽聚糖、有机酸、细菌素、多糖、细胞壁成分和蛋白质及其降解物等；根据其生物活性不同，后生元可分为维持肠道菌群平衡、调节代谢反应、抗增殖、抗氧化和免疫调节等；根据其来源区别，后生元可分为菌体代谢物、菌体成分和无细胞的上清液三类。

（一）益生菌代谢物产物

1. 短链脂肪酸

短链脂肪酸（SCFAs）也称挥发性脂肪酸，根据碳链中碳原子数量，把

---

① Salminen S., Collado M. C., Endo A., et al., "The International Scientific Association of Probiotics and Prebiotics (ISAPP) Consensus Statement on the Definition and Scope of Postbiotics," *Nature Reviews Gastroenterology & Hepatology*, 2021, 18 (9)：649-667.

碳原子数小于6的有机脂肪酸称为短链脂肪酸，包括乙酸、丙酸和丁酸等。SCFAs可以形成相应的脂肪酸盐，其中醋酸盐、丙酸盐和丁酸盐是人类肠道中含量最丰富的短链脂肪酸。其中，丁酸功能众多，在包括肥胖症、糖尿病、炎症和结肠直肠癌以及神经系统疾病在内的多种疾病中显示出较好的效果。尽管其在SCFAs中所占的比例相对较低（约为15%），但有关其作用机制的研究已成为热点。丁酸可促进肠黏膜上皮细胞细胞增殖，保护并改善肠黏膜屏障功能；丁酸盐可为结肠细胞提供能量，促进细胞生长，维护肠道黏膜，抑制结直肠癌变和免疫调节；同时，丁酸盐在结肠癌细胞中具备抑制细胞增长、引发氧化应激、影响细胞信号通路和诱导细胞凋亡等生理活性。[①]丙酸天然存在于牛奶和其他乳制品中，是由丙酸杆菌在自然发酵过程中产生的，也被添加为食品防腐剂。丙酸可作为肿瘤抑制因子，调节肠道神经内分泌系统及一些代谢和抗炎过程，参与细胞凋亡等，并且在营养、肠道菌群和大脑生理之间起主要中介作用。乙酸作为肠道含量最多的短链脂肪酸，目前存在很多争议，一方面，乙酸参与机体的免疫调节，提高了机体对金属元素的生物利用度，并提供了防止病原微生物定植的保护屏障；另一方面，乙酸浓度升高可能会促进肿瘤组织的生长。

2. 胞外多糖

胞外多糖（EPS）是微生物在生长代谢过程中分泌到细胞壁外、易与菌体分离的一类多糖类物质。动物双歧菌及瑞士乳杆菌的EPS具有抗氧化功能，能够清除自由基、超氧阴离子自由基和提高机体内相关抗氧化酶活性。[②]戊糖乳杆菌的EPS可通过提高巨噬细胞的吞噬活性，促进一氧化氮、肿瘤坏死因子或干扰素等的分泌，具备显著的免疫调节能力。此外，EPS具备生物修复的作用，能特异性地吸附溶液中的金属离子。EPS还可被用作增稠剂、胶凝剂和稳定剂，用于改善食品的质地和口感。

---

① 吴冰悦、赵武杰、贾潇涛：《后生元的临床应用价值及前景展望》，《肠外与肠内营养》2022年第4期。

② Li W., Ji J., Chen X., et al., "Structural Elucidation and Antioxidant Activities of Exopolysaccharides from Lactobacillus Helveticus MB2-1," *Carbohydr Polym*, 2014, 102：351-359.

3. 细菌素

细菌素是某些微生物通过核糖体代谢产生的具有显著抑菌活性的蛋白质、多肽或前体多肽。乳杆菌属可产生乳链球菌素、乳酸菌素、肠球菌素、乳酸链球菌肽等可以抑制病原体的细菌素。阴道短乳杆菌 DT24 产生的细菌素 DT24 对泌尿病原体大肠杆菌有拮抗作用。[①] 此外，部分细菌素也具备免疫调节功能，如嗜酸乳杆菌中的细菌素可提高巨噬细胞的吞噬能力。

4. 其他

后生元中还含有乳酸、维生素、芳香族氨基酸和多胺等代谢产物，在机体免疫、代谢、神经活动等各个方面均有着重要作用。

（二）益生菌的菌体成分

1. 磷壁酸

磷壁酸（TA）是革兰氏阳性菌细胞壁特殊组分。可分为壁磷壁酸和脂磷壁酸。壁磷壁酸通过与肽聚糖共价连接存在于细胞壁上，具有维持细胞形态、参与调控细菌定植与黏附以及影响抗菌肽耐药性等功能；而脂磷壁酸存在于细胞质膜上，在维持细菌细胞壁阴阳离子平衡、抗炎和识别宿主细胞受体中起关键作用。[②]

2. 表层蛋白

表层蛋白（SLP）是指存在于细胞、细菌或其他生物体表面的蛋白质，包括黏液结合蛋白、纤连蛋白结合蛋白、甘露糖结合蛋白等，可参与调节宿主细胞的黏附、加强肠道屏障完整性、清除病原体、刺激宿主黏膜系统以改善黏液产生以及分泌抗菌肽如 β 防御素等各种生理生化过程。嗜酸乳杆菌 ATCC 4356 的 SLP 通过抑制鼠伤寒沙门氏菌诱导的 Caco-2 细胞凋亡，并降低鼠伤寒沙门氏菌诱导的细胞外信号调节激酶 1 和 2（ERK1/2）磷酸化，通

[①] 赵烜影、杨扬、王国骄等：《后生元及其在乳制品中的应用研究进展》，《乳业科学与技术》2022 年第 2 期。

[②] Teame T., Wang A., Xie M., et al., "Paraprobiotics and Postbiotics of Probiotic Lactobacilli, Their Positive Effects on the Host and Action Mechanisms: A Review," *Front Nutr*, 2020, 7: 1-16.

过诱导细胞增殖和分化介导细胞凋亡。①

3. 肽聚糖

肽聚糖（PGN）存在于革兰氏阳性菌和革兰氏阴性菌的细胞壁中，是由多糖链和蛋白质交替排列构成的复合物，具有极为重要的结构和功能。肽聚糖的片段可以穿过肠道上皮屏障并进入宿主系统，参与调节免疫、代谢、自噬和凋亡等生理过程。PGN 在体外和体内表现出抗癌作用、体内调节免疫活性并改善结肠炎症。PGN 的特征性片段通过驻留组织细胞和循环白细胞上的模式识别受体的参与而促炎，进而导致慢性神经炎症。此外，PGN 对肠—脑轴也有一定的调控作用，如 PGN 作为微生物释放免疫激动剂可通过血脑屏障，刺激神经元表达感知 PGN 的 NOD1 受体。②

（三）无细胞的上清液

无细胞的上清液（CFS）中含有短链脂肪酸、多肽、多糖、细菌素等多种活性物质，通过离心、过滤，可以从益生菌培养物中得到。CFS 具有丰富的生物活性，研究表明，鼠李糖乳杆菌 CFS 具有一定的心脏和肝脏的保护功能，嗜酸乳杆菌 CFS 可以通过调节抗炎因子，起到抗炎、抗氧化的作用。此外，CFS 还具有显著的抑菌功效，可被用作新型的口腔抗菌剂。

（四）后生元组成的质谱分析

采用生物质谱技术可快速获得后生元的主要成分种类、比例或含量；其中，蛋白降解物可通过使用液相色谱分离后通过质谱技术快速获得多肽的氨基酸序列及其蛋白质来源，如采用该技术可从酸马奶后生元中检测出超过300 种的多肽，这些多肽主要来源包括原料的降解物，包括酸马奶中的酪蛋白、肌动蛋白、肌钙的降解物；微生物分泌蛋白降解物，包括跨膜蛋白和微

① Li P. C., Yin Y. Y., Yu Q. H., et al., "Lactobacillus Acidophilus S-layer Protein-mediated Inhibition of Salmonella-induced Apoptosis in Caco-2 Cells," *Biochem Biophys Res Commun*, 2011, 409 (11): 142-147.

② Sherwin E., Bordenstein S. R., Quinn J. L., et al., "Microbiota and the Social Brain," *Science*, 2019, 366: 1-15.

生物内高丰度蛋白质的降解物；生物酶类的降解产物，如蛋白激酶、羧基酯酶、鸟氨酸脱羧酶、蛋白水解酶、谷胱甘肽 S-转移酶、组氨酸激酶等。

后生元样品经前处理后，通过质谱可检测出上百种化合物，对样品中检测出的化合物进行面积比的柱状图分析，可以直观地看到样品中每个组分的相对差异（见表1）。

表1　采用质谱技术从后生元中检测出的部分小分子物质

序号	物质名称	英文名称	序号	物质名称	英文名称
1	乳酸	Lactic acid	25	鸟苷	Guanosine
2	乙酰卡尼汀	Acetylcarnitine	26	谷氨酸	Glutamic acid
3	肌酸	Creatine	27	4-羟基苯乳酸	4-Hydroxyphenyllactic acid
4	4-氨基丁酸	4-Aminobutyric acid	28	烟酰胺	Niacinamide
5	己糖（葡萄糖）	Hexose（Glucose）	29	葡萄糖酸	Gluconic acid
6	2-异丙基苹果酸	2-Isopropylmalic acid	30	腺苷单磷酸	Adenosine monophosphate
7	柠檬酸	Citric acid	31	亮氨酸	Leucine
8	乌洛托品酸	Orotic acid	32	尿素	Uridine
9	尿素单磷酸酯	Uridine monophosphate	33	丝氨酸	Serine
10	苏氨酸	Threonine	34	4-吡哆醇酸	4-Pyridoxic acid
11	色氨酸	Tryptophan	35	2-氨基乙醇	2-Aminoethanol
12	泛酸	Pantothenic acid	36	胞苷单磷酸	Cytidine monophosphate
13	酪氨酸	Tyrosine	37	鸟氨酸	Ornithine
14	O-磷酸乙醇胺	O-Phospho ethanolamine	38	乌头酸	Aconitic acid
15	脯氨酸	Proline	39	甘氨酸	Glycine
16	尿酸	Uric acid	40	苏氨酸	Threonic acid
17	琥珀酸	Succinic acid	41	4-羟脯氨酸	4-Hydroxyproline
18	牛磺酸	Taurine	42	2-氨基己二酸	2-Aminoadipic acid
19	天冬氨酸	Aspartic acid	43	尿嘧啶	Uracil
20	核黄素	Riboflavin	44	天冬酰胺	Asparagine
21	丙氨酸	Alanine	45	甘油酸	Glyceric acid
22	胞苷	Cytosine	46	甘氨酰-谷氨酰胺	Glycyl-glutamine
23	乙醛酸	Glyoxylic acid	47	2-酮戊二酸	2-Ketoglutaric acid
24	苯乳酸	Phenyllactic acid	48	半胱硫醚	Cystathionine

序号	物质名称	英文名称	序号	物质名称	英文名称
49	3-甲基组氨酸	3-Methylhistidine	53	柠檬碱	Citicoline
50	单磷酸鸟苷	Guanosine monophosphate	54	苹果酸	Malic acid
51	甲酰犬尿氨酸	Formylkynurenine	55	抗坏血酸	Ascorbic acid
52	烟碱酸	Nicotinic acid	56	胸腺嘧啶	Thymine

这些物质中存在大量生物活性明确的小分子，如天然肌酸是一种含氮的有机酸，能够辅助为肌肉和神经细胞提供能量，可以快速增加肌肉力量，加速疲劳恢复，提高爆发力。肌酸在人体内储存越多，力量及运动能力就越强；乙酰卡尼汀，可促进脂肪酸代谢，维持运动神经传导速度正常，有助于神经细胞原位修复和组织再生。天然的氨基丁酸，中枢神经系统抑制性神经递质，适量具有改善机体睡眠质量、降血压等的功效；天然牛磺酸，能明显促进神经系统的生长发育和细胞增殖、分化，提高神经传导和视觉机能，提高视力，同时也可防止心血管病等。

三 后生元功效研究进展

后生元包含的物质种类多样，具有丰富的生物活性，后生元的功效研究方式包括体外试验（分子试验、细胞试验）、动物试验和人体的临床研究等。

（一）维持肠道菌群平衡

肠道菌群与宿主健康存在相互作用的关系，肠道菌群发生紊乱时，会导致宿主出现消化不良、免疫失调、炎症和情绪问题等各种疾病。后生元可以改善肠道菌群，抵抗致病菌感染，维持宿主肠道微生态菌群稳定。热灭活的粪肠球菌可增加粪便中益生菌的数量，降低致病菌的数量以及其代谢物的含量。植物乳杆菌的CFS可显著抑制致病菌的生长。嗜酸乳杆菌KS40的细菌素能够抑制泌尿生殖道中的阴道加德纳菌、无乳链球菌和铜绿假单胞菌。[1]

---

[1] Gaspar C., Donders G. G., Palmeira-de-Oliveira R., et al., "Bacteriocin Production of the Probiotic Lactobacillus Acidophilus KS400," *AMB Express*, 2018, 8: 1-8.

（二）免疫调节作用

后生元还可通过调节肠道免疫来改善机体健康状况。灭活的长双歧杆菌能激活免疫相关的通路，减少急性炎症反应，维护肠道屏障。嗜酸乳杆菌、干酪乳杆菌、乳酸乳球菌、罗伊氏乳杆菌、布拉迪酵母菌的无细胞上清液能够下调结肠上皮 HT-29 细胞中前列腺素 E2 和 IL-8 的表达，并调节巨噬细胞细胞因子的表达，具有独特的抗炎活性。[①]

（三）增强肠道上皮屏障功能

肠道上皮屏障主要由肠道上皮细胞及覆盖于其上的黏液层组成，肠道上皮细胞能组织有害物质和微生物转移到身体其他部位。后生元能够修复或增强肠道上皮屏障功能。鼠李糖乳酪杆菌的发酵上清液能够促进肠道黏液蛋白表达，防止脂多糖或肿瘤坏死因子诱导肠道屏障损伤；可溶性蛋白 p40 同样是鼠李糖乳杆菌的代谢产物，p40 能够抑制肠上皮细胞凋亡，促进肠上皮细胞中黏蛋白的产生，通过上调肠上皮细胞中增殖诱导配体的表达来促进免疫球蛋白的产生，从而改善肠损伤和结肠炎。[②]

（四）调节代谢反应

后生元可以刺激宿主肠道菌群表达、消化或改性各种代谢产物，继而影响宿主、菌群及其相互作用和功能。如短链脂肪酸在肠道中可调节多个能量代谢通路，对多种疾病有明显改善作用。干酪乳杆菌细胞裂解物中的多糖糖肽复合物具有抗高血压作用；淀粉乳杆菌分解产物可降低肥胖模型鼠血浆中低密度脂蛋白—胆固醇和甘油三酯的含量，显著降低动脉粥样硬化指数，并

---

① Masco S. D., Sichetti M., Muradyan D., et al., "Probiotic Cell-free Supernatants Exhibited Anti-inflammatory and Antioxidant Activity on Human Gut Epithelial Cells and Macrophages Stimulated with LPS," *Evidence-Based Complementary and Alternative Medicine*, 2018, 2: 1-12.

② Yan F., Liu L., Dempsey P. J., et al., "A Lactobacillus Rhamnosus GG-derived Soluble Protein, p40, Stimulates Ligand Release from Intestinal Epithelial Cells to Transactivate Epidermal Growth Factor Receptor," *Journal of Biological Chemistry*, 2013, 288 (42): 30742-30751.

提高血浆高密度脂蛋白—胆固醇水平。[①]

（五）抗肿瘤作用

后生元具备诱导肿瘤细胞凋亡、结合致突变和致癌成分以及提高患者免疫能力等作用。研究表明，后生元中所含的乳酸可通过提高 $NADH/NAD^+$ 比例并作为乳酸氧化酶的底物，刺激线粒体产生活性氧，而丁酸盐、H_2S、β-葡聚糖等也被证明可提高肿瘤细胞氧化应激水平，诱导癌细胞自噬、凋亡，增强正常细胞抗氧化、抗突变和抗炎能力，进而起到肿瘤防治作用。[②]

（六）抗氧化作用

活性氧（Reactive Oxygen Species，ROS）是指一类高度反应性的氧分子或氧化性物质，是活细胞在代谢过程中产生的氧自由基的统称，会引起慢性疾病及衰老效应。后生元中所含的过氧化氢酶、谷胱甘肽过氧化物酶、过氧化物歧化酶和 NADH 氧化酶等，可在对抗 ROS 的过程中发挥积极作用，从而维护生命健康。瑞士乳杆菌的粗培养物提取物和纯化的 EPS 对 3 种自由基均表现出较强的清除能力和对铁离子的螯合能力，这种活性是由于葡糖糖醛酸含量升高所致，醛酸在动物双歧杆菌 RH 和瑞士乳杆菌 MB2-1 的抗氧化特性中起着重要作用。[③]

四　后生元研发趋势

近年来关于后生元的研究持续增长，研究方向从后生元的体外功效研究、动物实验、体内生物活性，逐渐到分子层次上的机理研究。从 CNKI 和

---

① Futoshi N., Yu I., Daisuke S., et al., "Fragmented Lactic Acid Bacterial Cells Activate Peroxisome Proliferator-Activated Receptors and Ameliorate Dyslipidemia in Obese Mice," *Journal of Agricultural and Food Chemistry*, 2016, 64（12）：2549-2559.

② 施江敏、施迪邦、薛益朗等：《后生元的研究进展与应用展望》，《肿瘤代谢与营养电子杂志》2022 年第 6 期。

③ Li W., Ji J., Chen X., et al., "Structural Elucidation and Antioxidant Activities of Exopolysaccharides from Lactobacillus Helveticus MB2-1," *Carbohydr Polym*, 2014, 102：351-359.

Web of Science（WOS）数据库分别检索（时间范围为 2015 年 1 月到 2023 年 10 月）"后生元"和"Postbiotics"可以发现，近年来关于后生元的研究呈指数级的上升趋势（见图 1），研究热点从菌种的功效，逐渐细分到某个代谢产物、菌体成分的功能。

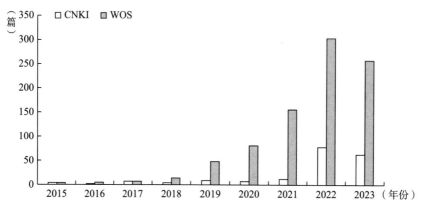

图 1　2015 年 1 月至 2023 年 10 月 CNKI 和 WOS 数据库后生元的文献数量

从发明专利的申请和授权情况分析可知，国内的高校和相关企业从 2019 年才开始申请后生元相关的知识产权，近几年后生元相关的技术储备和产品研发也在稳步提升（见图 2）。

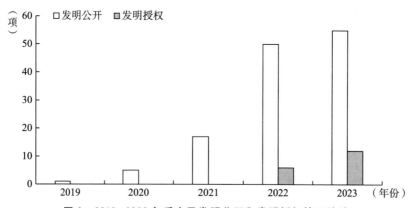

图 2　2019~2023 年后生元发明公开和发明授权情况统计

五　后生元相关标准

标准与法规体系的建立和完善是任何产业健康快速发展的必要前提与重要保障，后生元产业的发展同样离不开标准与法规的保驾护航。无论是国际还是中国国内，都未曾发布过专门针对"后生元"概念的相关标准与法规。根据国情，很多国家已经制定的法规中会有一些涉及后生元相关产品的管理。

中国目前对可用于食品的菌种实行的是"名单制"管理办法。原卫生部办公厅印发的《可用于食品的菌种名单》中规定了可用于食品的菌种（株）名称，生产食品级后生元产品的菌种来源必须来自这个名单。国内首个涉及后生元的团体标准《益生菌制品 乳酸菌类 后生元》已经发布，这将会大力推动国内后生元产业高质量发展。

欧盟的风险评估与风险管理是由不同机构负责的，欧盟食品安全局（EFSA）是提供风险评估的机构，引入了安全资格认定概念（QPS），被列入 QPS 名单的微生物或菌株被认为是安全的。若食品级后生元产品的来源菌株不在 QPS 名单中，需要根据欧盟新食品法案（EU）2015/2283 相关要求来进行新资源食品审批申报。

美国食品药品管理局（FDA）采用 GRAS（Generally Recognized As Safe）备案制度来管理食品添加剂的安全性。灭活菌种在食品中的应用也是通过 GRAS 备案的形式，由申请者自己组织专业人员或根据已发表的科学文献和申请者自己的实验结果，评估生产过程、使用方式以及在用量范围内的安全性。

日本厚生劳动省将功能性食品分成三类，分别是特定保健用食品（FOSHU）、营养功能食品（FNFC）和功能性标识食品（FFC）。目前没有任何一款后生元相关产品进入 FOSHU 名单中，但已有一些灭活乳酸菌相关后生元类 FFC 产品。

澳大利亚对新食品的监管主要由澳大利亚新西兰食品标准局（FSANZ）

负责，由新食品原料咨询委员会（Advisory Committee on Novel Foods，简称"ACNF"）进行食品相关评估工作。澳大利亚卫生部也未曾颁布过任何与后生元相关的标准和法规。若后生元类食品需要特定的健康声称，企业需根据《食品标准法典》（*Food Standards Code*）中的规定，自主审查以证实食品和健康声称之间的关系，办理营养、健康及其相关声称。

加拿大卫生部下属机构天然和非处方健康产品局依据《天然健康食品条例》（NHPR）审查功能性食品的安全性及其健康功效的科学性。NHPR 中认为可食用的细菌、真菌及其提取物或分离物均可视为天然健康食品。基于此规定，后生元在加拿大可直接申请作为天然健康食品。目前，已有相关灭活酿酒酵母产品在加拿大获得了"有助于降低感冒和流感症状的发生率（Helps reduce incidence of cold and flu symptoms）"的健康声称。[1]

六　后生元主要产品

（一）原料

根据国际益生菌和益生元科学协会（ISAPP）发布的后生元共识声明，目前国际上符合标准的后生元主要原料如表 2 所示。[2]

表 2　后生元主要原料级产品功效研究

后生元名称	后生元来源	产品功效	制造商
Kirin	乳酸乳球菌乳酸亚种 JCM5805 灭活菌体及代谢产物	调节免疫系统	Kirin Holdings Co., Ltd.
Calpis	淀粉乳杆菌 CP1563 的代谢产物	有助于减少腹部脂肪	Asahi SoftDrinks Co., Ltd.
Hyalmoist	革氏乳杆菌 N320 灭活菌体及代谢产物	促进人体产生透明质酸	Nissin Food Products Co., Ltd.

---

[1]　中国食品科学技术学会益生菌分会：《后生元的研究现状及产业应用》，《中国食品学报》2022 年第 8 期。

[2]　刘颖、常超、牛超杰等：《后生元的开发与应用研究新趋势》，《武汉轻工大学学报》2021 年第 5 期。

续表

后生元名称	后生元来源	产品功效	制造商
LAC-Shield	副干酪乳杆菌 MCC1849 灭活菌体及代谢产物	免疫力调节	Morinaga Milk Industry Co., Ltd.
Ganeden	凝结芽孢杆菌 GBI-30, 6086 灭活菌体	免疫力和肠胃调节、促进消化	Kerry Group
EpiCor	酿酒酵母灭活菌体及代谢产物	调节免疫力	Cargill
SymReboot™ L19	植物乳杆菌 HEAL 19 灭活菌体	敏感皮肤护理	Symrise
Bilantera	副干酪乳杆菌、乳双歧杆菌、鼠李糖乳杆菌灭活菌体及复合发酵代谢物	改善皮肤油腻，改善皮肤敏感，降低炎症，降低色素沉积，减少皮肤粉刺	青岛元达生物科技有限公司
Probio-MT	植物乳杆菌、乳酸乳球菌、乳双歧杆菌灭活菌体及复合发酵代谢物	抑制口腔病原菌，用于口腔疾病的辅助治疗	青岛元达生物科技有限公司
YDFF3	植物乳杆菌、乳酸乳球菌、乳双歧杆菌灭活菌体及复合发酵代谢物	调节肠道菌群平衡，提高免疫力和辅助治疗肠胃疾病	青岛元达生物科技有限公司
Health-A6	副干酪乳杆菌、乳双歧杆菌、鼠李糖乳杆菌、植物乳杆菌灭活菌体及复合发酵代谢物	改善动物腹泻，增加肠道有益菌，抑制病原菌，提高动物的生长性能	青岛元达生物科技有限公司
Probio-plantcare	植物乳杆菌、乳酸乳球菌、枯草芽孢杆菌灭活菌体及复合发酵代谢物	改善土壤理化性质，促进植物生长和改善果实品质，提高植物抗逆性和抗病性	青岛元达生物科技有限公司
益萃质	植物乳杆菌、唾液乳杆菌、长双歧杆菌、嗜酸乳杆菌的代谢产物	调节免疫力、抗菌、抗氧化、抑制黑色素、改善代谢力	锦旗生物
Lacteol RFort	嗜酸乳杆菌 LB 的灭活菌体	针对腹泻人群	APTALIS PHARMA SAS

（二）后生元的应用

目前，后生元的应用主要集中在食品、药品和动物饲料领域。由于后生元的概念提出时间并不长，消费者对其认知程度也比较低，很多从定义上是属于后生元制品范畴的产品也并未以后生元的概念进行宣传。

常温酸奶是后生元在食品领域的主要代表。常温酸奶是经过热处理的传统酸奶，由于做过热灭菌处理，其不需要在低温条件下储存和销售。因其便利性，一经出现就发展非常迅速。在中国，常温酸奶类产品在 2010 年首次出现在市场，产量逐年迅速增长，目前产量已超过 250 万吨/年，几乎已占到酸奶总销量的 50%。

后生元在婴幼儿配方奶粉中也已经有了应用，截至 2022 年 10 月，国家卫健委批准的益生菌有 30 余株，其中适合婴幼儿食用的有 14 株。一系列的临床研究结果证明了其安全性和功效，如调节肠道微生物群落，降低急性腹泻的发生率，改善炎症，调节免疫，降低过敏高风险婴儿的消化和呼吸疾病发生率，以及对胸腺大小和粪便 pH 的调节作用等。

此外，将后生元运用于疾病的预防或治疗中，在市场上也有了商品化的产品（主要是作为膳食补充剂和药品提供）出售。

目前，我国的后生元行业刚开始起步，市场上涉及后生元概念的产品数量和规模都比较小。但其实在后生元的概念还未提出之前我国就已经出现了相关产品，如 20 世纪 70 年代骆承庠教授等从传统酸奶中分离得到了嗜酸乳杆菌，并将菌种和其发酵产物进行干燥处理，研制出了乳酸菌素，已作为药品应用。目前市场中的后生元相关产品主要包括灭活益生菌粉、灭活益生菌软糖、灭活益生菌固体饮料等形式（见表 3）。

表 3　国内后生元相关产品

产品	企业名称	主要功能研究
乳酸菌素（片）	江中药业	改善肠内异常发酵、消化不良、肠炎和小儿腹泻
	康益药业	
	京丰制药	
	多多制药	
食母生	黄海制药	补充维生素、助消化、提高食欲、治疗营养不良
	岷海制药	
	红星药业	
灭活益生菌/后生元软糖	吉典健康科技	促排便、调节肠道菌群、助消化
	亿智食品	
灭活益生菌/后生元固体饮料	博奥颐和	调节肠道、助消化、刺激益生菌生长
	维他生物	

产品	企业名称	主要功能研究
灭活益生菌/后生元粉剂	锦旗生物	抗氧化、调节免疫力、助消化、促排便
	华东医药	
	伊淅格生物	
	二马乳业	
后生元饮品	中微微元生物	调节肠道、助消化、改善便秘
	自然阳光	

在国外，后生元产品的应用更加成熟，涉及的菌种更多、产品形式更加多样化，如营养补充剂、饮料、烘焙、点心、面食类等形式产品中都有后生元的身影。在后生元的应用上，已经在向常规食品方向发展。①

七 行业发展、存在的问题及建议

（一）行业发展情况

市场端，随着人们健康意识的不断提升，越来越多人开始关注肠道健康，也就为益生菌相关产业的发展提供了广阔的市场。根据中国保健品协会数据，2020 年中国益生菌相关产品的市场规模已达到 879.8 亿元，2022 年已增长至约 1093.8 亿元，年均复合增速为 14%，一直保持着非常高的增速。预计未来仍将保持每年 11%～12% 的增速快速增长，2026 年中国益生菌市场规模将有望达 1377 亿元，到 2028 年中国益生菌市场规模有望超过 1900 亿元。

原料端，根据各公司公告，2022 年国内代表性益生菌厂商菌粉产能合计约 1828 吨，较 2020 年的 784 吨提升超 133%，保持较高增速。

消费端，从我国益生菌相关终端产品的价格来看，2022 年我国益生菌终端产品价格普遍在 100～200 元区间。相比 2020 年，大部分终端产品价格均

---

① 王鑫、杜鹏、张国芳等：《后生元的作用机制及其在食品中应用》，《乳品与人类》2023 年第 2 期。

有上涨趋势，涨幅在 9%~60% 不等。

相较于传统活性益生菌，后生元更安全、有效、可靠、方便，在调节肠道菌群平衡、提高人体免疫力方面效果显著，这些优势使得后生元有着更为广泛的应用。从目前对于后生元的研究来看，发现了其关于调节肠道菌群、改善腹泻和肠易激综合症症状、减少过敏、压力管理等功能。在此基础上，后生元可以与食品、护肤、保健、农业等多个产业结合。

未来，随着后生元相关行业标准与法规的健全，其发展必将走向规范化，在本土厂商市场份额提升的同时，市场竞争也会加剧。其中，儿童市场和老年市场将是未来的重点发展方向，运动营养、美容养颜等领域也会越来越受到关注。

（二）存在的问题及建议

后生元具有功能多样、安全、稳定、易储存等多种优势，可以与食品、护肤、保健、农业等多个产业结合，市场潜力巨大。但目前仍存在一些制约后生元产业发展的瓶颈问题需要解决。

1. 建议规范后生元及相关的术语和定义

20 世纪初，人们发现有益微生物与人体健康之间具有紧密的联系。随后，"益生菌""益生元""合生元""后生元"等概念相继被提出，得到了学术界和产业界的广泛关注。相关的研究成果也逐年增多。但相继出现的"后生元""类生元""副生元""通灵元""类生元""益生菌的非活性菌体""益生菌热灭活菌体""代谢元"等多种名称不同但意思相近的概念，给学术界和产业界带来了极大的混乱和困扰，不仅不利于产品的推广与知识的传播和普及，同时也非常不利于市场的监督与管理。因此，亟待对这一领域的术语进行规范与统一。[①]

2. 标准与法规体系需要尽快健全

标准的建立与法规的健全是任何产业健康发展的前提，"后生元"产业

---

① 中国食品科学技术学会益生菌分会：《后生元的研究现状及产业应用》，《中国食品学报》2022 年第 8 期。

的发展也离不开相关标准与法规的指引。2023年中国生物发酵产业协会批准发布了第一个有关后生元的团体标准T/CBFIA 09001-2023《益生菌制品 乳酸菌类 后生元》，填补了国内后生元产业发展无标可依的空白。后生元产业的高质量发展需要更多、更细致的标准与法规的建立。

3. 评价体系亟待建立与完善

后生元类产品具有一定的安全风险，不能仅以生产后生元的原始菌株的安全性来推断后生元的安全性。在其使用前，尤其是在食品领域的应用之前，必须先对其安全性进行科学系统的评价。缺乏相关的科学评价方法，也是目前制约后生元产业发展的关键问题。目前，对后生元作用机制的认识仍不够深入，国内外关于后生元的安全性及有效性的评价方法也尚未形成共识，有待进一步完善。

此外，后生元的功能性如何评价、具体起效的成分是什么、量效关系如何，也是后生元研究领域亟须解决的问题。要解决这个问题，不仅需对后生元进行详细的成分分析，还需要研究后生元在生物体内的吸收、代谢、排泄等过程。[①]

4. 后生元产品质量的定性和定量分析技术待完善

后生元是一个复杂的混合物体系，其中不仅有灭活菌体，还可能有多种细菌代谢产物。成分的复杂性决定了其健康作用机制也非常复杂。这些都让相关标准与法规的制定非常困难。目前，对后生元中的营养成分或功效成分的定量与定性分析手段还很匮乏，缺乏统一的标准或共识。因此，亟待完善后生元相关物质的检测方法并形成标准，作为企业生产和政府监管的依据。

针对上述后生元产业发展中存在的问题，需要广泛开展国内外交流与合作，聚集资源，推动基础研究，鼓励科技创新，重点对可能具有健康作用和副作用的有效成分进行量化，建立准确的定性和定量分析方法，为建立健全后生元安全性及有效性评价相关标准与法规提供基础，从而指导产业界提升产品质量，实现产品市场科学监管，实现后生元相关产业健康快速发展。

参考文献

1. Salminen S. , Collado M. C. , Endo A. , et al. , "The International Scientific Association of Probiotics and Prebiotics（ISAPP）Consensus Statement on the Definition and Scope of Postbiotics," *Nature Reviews Gastroenterology & Hepatology*, 2021, 18（9）: 649−667.

2. 吴冰悦、赵武杰、贾潇涛:《后生元的临床应用价值及前景展望》,《肠外与肠内营养》2022 年第 4 期。

3. Li W. , Ji J. , Chen X. , et al. , "Structural Elucidation and Antioxidant Activities of Exopolysaccharides from Lactobacillus Helveticus MB2 - 1," *Carbohydr Polym*, 2014, 102: 351 − 359.

4. 赵烜影、杨扬、王国骄等:《后生元及其在乳制品中的应用研究进展》,《乳业科学与技术》2022 年第 2 期。

5. Teame T. , Wang A. , Xie M. , et al. , "Paraprobiotics and Postbiotics of Probiotic Lactobacilli, Their Positive Effects on the Host and Action Mechanisms: A Review," *Front Nutr*, 2020, 7: 1−16.

6. Li P. C. , Yin Y. Y. , Yu Q. H. , et al. , "Lactobacillus Acidophilus S−layer Protein−mediated Inhibition of Salmonella−induced Apoptosis in Caco−2 Cells," *Biochem Biophys Res Commun*, 2011, 409（11）: 142−147.

7. Sherwin E. , Bordenstein S. R. , Quinn J. L. , et al. , "Microbiota and the Social Brain," *Science*, 2019, 366: 1−15.

8. Gaspar C. , Donders G. G. , Palmeira−de−Oliveira R. , et al. , "Bacteriocin Production of the Probiotic Lactobacillus Acidophilus KS400," *AMB Express*, 2018, 8: 1−8.

9. Masco S. D. , Sichetti M. , Muradyan D. , et al. , "Probiotic Cell−free Supernatants Exhibited Anti−inflammatory and Antioxidant Activity on Human Gut Epithelial Cells and Macrophages Stimulated with LPS," *Evidence−Based Complementary and Alternative Medicine*, 2018, 2: 1−12.

10. Yan F. , Liu L. , Dempsey P. J. , et al. , "A Lactobacillus Rhamnosus GG−derived Soluble Protein, p40, Stimulates Ligand Release from Intestinal Epithelial Cells to Transactivate Epidermal Growth Factor Receptor," *Journal of Biological Chemistry*, 2013, 288（42）: 30742−30751.

11. Futoshi N. , Yu I. , Daisuke S. , et al. , "Fragmented Lactic Acid Bacterial Cells Activate Peroxisome Proliferator−Activated Receptors and Ameliorate Dyslipidemia in Obese Mice," *Journal of Agricultural and Food Chemistry*, 2016, 64（12）: 2549−2559.

12. 施汀敏、施迪邦、薛益朗等:《后生元的研究进展与应用展望》,《肿瘤代谢与营养电子杂志》2022 年第 6 期。

13. Li W. , Ji J. , Chen X. , et al. , "Structural Elucidation and Antioxidant Activities of Exopo-

lysaccharides from Lactobacillus Helveticus MB2-1," *Carbohydr Polym*，2014，102：351-359.

14. 中国食品科学技术学会益生菌分会：《后生元的研究现状及产业应用》，《中国食品学报》2022 年第 8 期。

15. 刘颖、常超、牛超杰等：《后生元的开发与应用研究新趋势》，《武汉轻工大学学报》2021 年第 5 期。

16. 王鑫、杜鹏、张国芳等：《后生元的作用机制及其在食品中应用》，《乳品与人类》2023 年第 2 期。

阿胶行业发展报告

林青华　贾　哲　刘梦楠　韩　婷　徐新房　刘海滨　王延涛　贾　俊
茹立显　李向日*

摘　要：　阿胶被历代医家誉为"补血圣药""妇科圣药"，具有补血滋
阴、润燥、止血的功效。阿胶在我国已有 2500 余年的药用历
史，与人参、鹿茸并称"中药三宝"，是我国健康产业中的重
要组成部分。我国是阿胶最大的生产国和消费国，市场规模
超过 460 亿元。 2002 年阿胶被原卫生部确定为药食两用资
源，使其在医药和健康功能食品领域的应用更加广泛。本报
告就阿胶化学成分、药理作用、行业发展现状等内容进行综
述，并对其未来发展趋势进行展望，最后对国内知名阿胶企
业进行了介绍，以期让读者更好地了解国内阿胶行业的发展
现状。

关键词：　阿胶行业　健康产业　药食两用资源

一　阿胶与健康

阿胶为马科动物驴（*Equus asinus* L.）的干燥皮或鲜皮经煎煮、浓缩制

* 林青华，博士，广西中医药大学副教授；贾哲，博士，中国中医科学院中药研究所中药炮
制中心助理研究员；刘梦楠，博士，山西中医药大学讲师；韩婷，博士，中国食品药品检
定研究院在站博士后；徐新房，博士，北京中医药大学助理研究员；刘海滨，东阿阿胶股
份有限公司研发创新中心副总经理；王延涛，东阿阿胶股份有限公司副总裁，国家胶类中
药工程技术研究中心副主任；贾俊，北京同仁堂研究院副院长；茹立显，山东宏济堂制药
集团副总裁，山东省政协委员；李向日，博士，教授，北京中医药大学中药炮制系主任、
中药品质评价中心主任。

成的固体胶，其味甘、性平，归肺、肝、肾经，具有补血滋阴、润燥、止血的功效，素有"补血圣药"和"妇科圣药"的美誉，与人参、鹿茸并称"中药三宝"。阿胶药用始见于湖南长沙马王堆汉墓出土的古医帛书《五十二病方》，在我国已有2500余年的历史，我国最早的药学专著《神农本草经》将阿胶列为上品，载其"主心腹内崩，劳极洒洒如疟状、腰腹痛、四肢酸痛，女子下血、安胎，久服轻身益气"。明代本草巨著《本草纲目》载其"久服，轻身益气……疗吐血衄血、血淋尿血、肠风下痢……男女一切风病……和血滋阴，除风润燥，化痰清肺……圣药也"。临床常用阿胶治疗血虚萎黄、眩晕心悸、肌痿无力、心烦不眠、虚风内动、肺燥咳嗽、劳嗽咯血、吐血尿血、便血崩漏、妊娠胎漏。

现代医学研究表明，阿胶具有抗贫血、止血、抗炎、调节免疫力、抗衰老和抗氧化等多种药理作用。阿胶可用于治疗多种原因导致的贫血，如慢性再生障碍性贫血、地中海贫血和缺铁性贫血等，能够通过拮抗血液肝素化和活化凝血因子而产生止血作用，可以减轻肺部炎性细胞浸润而提高肺的抗炎作用，可以通过提高抗氧化酶的活性和促进新陈代谢等方式表现出抗衰老和抗氧化等药理作用，可以通过 MAPK 信号通路发挥调节免疫力的作用。此外，阿胶还有提高记忆力、提升白细胞数量、抗菌、抗氧化和抗肿瘤等多种药理活性。

阿胶作为滋补上品和传统名贵药材，曾一直是皇家贡品，在国内外享有较高的知名度。2002 年 3 月，原卫生部在《关于进一步规范保健食品原料管理的通知》中将阿胶确定为药食两用资源，使其在健康功能食品领域得到了更加广泛的应用。随着社会经济的发展和人们保健意识的不断提高，以阿胶为原料的药品、保健品和食品愈发受到消费者的关注。阿胶除传统的汤剂外，也出现了口服液、胶囊剂、颗粒剂、膏剂、浆剂、片剂、丸剂、酒剂、饮剂、冲剂等多种剂型，如复方阿胶浆、百合更年安颗料、孕康口服液、坤泰胶囊、味生化颗粒、再造生血片等。此外，阿胶零食也是种类繁多，如阿胶清新糕、阿胶姜糖饮、阿胶泡腾片、果冻膏方、胶囊膏方、棒棒糖膏方等，此类产品为消费者食用阿胶带来了全新的体验。尽管阿胶具有很好的滋补功效，但身体健康并无虚弱表现者、实邪方盛正气未虚者以及少年儿童、孕妇等特殊群体均不宜食用，以免误补益疾或导致机体阴阳平衡失调。

二 阿胶的研究进展

（一）阿胶化学成分研究进展

阿胶作为动物类中药，其化学成分复杂。现代研究表明，阿胶含有蛋白质及其降解产物、多糖、挥发性物质、微量元素、脂肪酸等多种化学成分。目前，阿胶的化学成分研究主要集中在蛋白质及其降解产物和多糖类成分上，大量药理学研究表明其是阿胶的主要活性成分。

蛋白质及其分解产物肽和氨基酸是阿胶的主要成分。阿胶中的蛋白质相对分子量在 $10\sim250$ KDa 区间，含量在 $74.56\%\sim84.94\%$ 范围内，主要包括胶原蛋白、免疫球蛋白、核心蛋白聚糖、双糖链蛋白聚糖、光蛋白聚糖和纤调蛋白等，其中胶原蛋白被认为是阿胶治疗各种妇科疾病的主要活性成分。在制备阿胶的过程中，驴皮的部分蛋白质被分解为多肽及氨基酸，目前超过 2000 种多肽从阿胶中被分离、鉴定出来，其中肽 KGETGLR、SGLDGAKG 和 ADGVAGPK 分别具有降血压、抗老年痴呆和抗肿瘤的潜力。氨基酸是组成多肽和蛋白质的基本单位，目前从阿胶中已分离、鉴定出包括 9 种人体必需氨基酸在内的 19 种氨基酸，其中羟脯氨酸、甘氨酸、丙氨酸和脯氨酸的总量是 2020 年版《中国药典》（一部）评价阿胶质量的指标性成分。

多糖类成分是阿胶的又一主要活性成分，含量约占阿胶的 $8\%\sim10\%$，其主要为糖胺聚糖。目前，从阿胶中分离得到的多糖主要为硫酸乙酰肝素（HS）/肝素、硫酸软骨素/硫酸皮肤素（CS/DS）和透明质酸（HA）等。

挥发性物质的存在使阿胶具有独特的气味。学者在阿胶中已鉴定出了 65 种挥发性物质，包括醛类、吡嗪类、醇类、酮类、酯类、萜类、内酯类、羧酸类、呋喃类、酚类和含硫化合物等，其中己醛、2-乙基-6-甲基吡嗪、2，3，5-三甲基吡嗪、3-乙基-2，5-二甲基吡嗪、2，5-二甲基吡嗪、2-乙基-5-甲基吡嗪、二甲基三硫醚、糠醇、苯乙醇、丁酸、4-甲基戊酸、异戊酸、己酸、辛酸、壬酸和 γ-壬内酯是阿胶的主要香气成分。研究发现，挥发性碱性物质的含量与阿胶的"火毒"具有相关性，其含量随着阿胶存放年限的延长而呈下降趋势，当阿胶存放 5 年时，挥发性碱性物质的含量降低了 50%以上，故服用"陈阿胶"具有一定的科学道理。

阿胶在制备过程中会添加辅料豆油，因此阿胶中还含有油酸、亚油酸、棕榈酸、亚麻酸甲酯、亚油酸甲酯、油酸甲酯、硬脂酸甲酯和棕榈酸甲酯等成分，有研究表明，用核桃油替代豆油可提高阿胶不饱和脂肪酸的含量。

此外，阿胶中含有多种无机氧化物，其中以钙氧化物和钠氧化物含量最高。阿胶中还含有 K、Na、Ca、Mg、Fe、Al、Mn、Zn、Cr 等在内的 27 种无机元素。

（二）阿胶药理作用研究进展

近年来，随着药理学研究的发展，对阿胶的药理作用研究也逐渐深入。现代药理学研究表明，阿胶在血液系统、呼吸系统、免疫系统、心血管系统、生殖系统、抗疲劳、抗衰老等方面具有显著的药理作用。

阿胶对血液系统的影响主要表现在补血和止血两个方面。阿胶对失血性贫血、溶血性贫血、再生障碍性贫血、地中海贫血、辐射贫血、妇女崩漏带下、产前产后血虚等均具有较好的补血作用。研究发现，阿胶能够升高红细胞、白细胞的数量和血红蛋白含量，刺激造血干细胞、祖细胞的增殖与分化，促进机体相关造血细胞因子的表达，维持骨髓造血微环境结构和功能的完整性，从而使阿胶具有良好的补血作用。止血是阿胶被记录了数千年的另一个重要功效，现代药理学研究表明，阿胶能够明显提升血小板数量，降低血管通透性，缩短凝血时间和出血时间，从而具有止血作用，其作用机制可能与拮抗血液肝素化和活化凝血因子有关。此外，阿胶能够治疗晚期肿瘤患者化疗后引起的外周血血小板减少症，刺激血小板再生，提高骨髓外造血功能。

阿胶在治疗呼吸系统疾病方面也得到了广泛的研究与应用。传统医学认为，阿胶入肺经以治咳嗽、咳痰、喘息、肺痈、肺痿、肺虚等肺系诸证，如北宋唐慎微在《证类本草》中载"益肺气，肺虚极损，咳嗽唾脓血，非阿胶不补"。现代药理学研究发现，阿胶能够改善慢性阻塞性肺疾病模型大鼠的肺功能（显著降低呼气持续时间等，显著增加呼气峰流速等），减轻肺组织炎性反应（减少肺部炎性细胞浸润等）；阿胶能够维持肺泡结构，减少巨噬细胞浸润，促进抗炎因子 IL-10 生成，抑制促炎因子 IL-1β、肿瘤坏死因子（TNF）-α 生成，从而保护肺损伤。此外，阿胶能在一定程度上改善空气细颗粒物所致的呼吸系统功能的变化，这也是阿胶具有滋阴润肺之功效的科学解释。临床应用证实，阿胶对小儿干咳、小儿哮喘、肺结核咳血、慢性咽炎等呼吸系统疾病具有良好的治疗作用，但其作用机制尚不明确。

在免疫系统方面，阿胶具有良好的免疫调节功能。阿胶中的小分子肽能够提高胸腺指数、脾脏指数、血清溶血素含量和中性粒细胞数量，促进脾细胞抗体生成及脾淋巴细胞的增殖，提升吞噬细胞的吞噬功能及血清中白介素（IL）-3 和干扰素-γ 的水平，从而提高机体的体液免疫和细胞免疫能力。

在心血管系统方面，阿胶能够改善血管通透性，降低血液黏稠度。药理学研究发现，阿胶可减少烫伤兔耳的血浆渗出，减轻家兔静脉注射油酸后造成的肺血管渗出性病变；阿胶可改善内毒素引起的血压下降、总外周阻力增加、血黏度上升以及球结膜微循环障碍，说明阿胶具有对抗病理性血管通透性增加的作用。此外，阿胶能改善高脂血症大鼠厌食症状而不会导致血脂进一步升高，提示阿胶能在一定程度上改善高脂血症患者的血液流变学，适合高脂血症病人服用。

在生殖系统方面，阿胶对正常雌性小鼠具有一定的雌激素样作用，可显著改善小鼠子宫、卵巢和雌激素水平的病理学变化；同时，阿胶在治疗少精、血精、前列腺疾病、勃起功能障碍、男性不育症等疾病方面也有不错的疗效。

阿胶具有抗疲劳和抗衰老作用。研究发现，阿胶中的小分子成分能够显著延长运动小鼠的负重游泳时间，提高血红蛋白和肝糖原的含量，减少血清尿素氮、丙二醛（MDA）、血清肌酸激酶、乳酸脱氢酶、血乳酸的含量，增强超氧化物歧化酶（SOD）和谷胱甘肽过氧化物酶（GSH-Px）的活性，从而使阿胶具有抗疲劳、提高运动耐受力的作用。阿胶能够改善衰老模型小鼠的食欲、精神状态、体重和脏器指数，提高 GSH-Px、过氧化氢酶、SOD 活性，降低 MDA 水平，调节衰老相关基因的表达，说明阿胶可能通过增强抗氧化活性、清除自由基、调节衰老相关基因等途径发挥抗衰老作用。同时，有研究表明阿胶多肽是阿胶抗氧化的主要活性物质。

此外，阿胶还具有抗菌、抗肿瘤、提高记忆力、改善皮肤、抗辐射、抗休克、耐缺氧、改善缺铁性耳聋、促进骨折愈合和钙代谢等作用。

三　阿胶行业发展现状

目前，我国有阿胶生产企业 200 多家，市场规模已经超过 460 亿元。从行业发展历程上来看，阿胶行业从 1996 年开始主要经历了三个发展阶段：1996~2005 年为行业发展初期，阿胶制作工艺简单，技术水平单一；2006~2015 年为行业迅速发展时期，阿胶被打造为高端营养品，产品价值逐步体现，企业开始进一步提升自身的品牌影响力；2016 年至今为行业技术提升时期，该时期提升阿胶产品的生产技术是业内的普遍发展方向。

阿胶行业的上游产业为驴养殖业，中游产业为阿胶生产行业，下游产业为以阿胶为原料的药食同源类产品行业。山东省作为阿胶的发源地和主产地，其产量约占全国的 80%。目前，仅东阿县就有 105 家阿胶及其制品生产企业。2022 年，全县药字阿胶产能约为 5000 吨，健字阿胶产能约为 9000吨；2023 年 1~4 月，东阿县 14 家县规模以上阿胶企业实现工业总产值18.53 亿元，完成营业收入 14.49 亿元，利润 3.45 亿元。

四　阿胶行业未来发展趋势

近年来，随着社会经济的不断发展和人们消费水平的逐渐提高，养生、保健产品日益受到消费者的关注。在发展大健康产业的背景下，阿胶以其补血滋阴、润燥止血的独特功效备受消费者青睐。阿胶作为传统的名贵中药，加之受供求关系的影响，其价格不断攀升，市场规模也不断扩大，吸引了众多企业的跟进，使其行业内部竞争日趋激烈。

根据前瞻产业研究院数据，我国阿胶行业的市场规模从 2014 年的 236 亿元发展至 2021 年的超 460 亿元，复合年均增长率为 10.07%。有业内人士指出，截至 2023 年 6 月，阿胶行业的产值为 600 亿元，阿胶相关保健品近年来发展势头迅猛，其增速高于整体保健品行业增速。

目前，阿胶在超市、商店等消费场所占有率并不高，且种类单一。因此，阿胶可借助"药食同源"的属性，以食品的形式入手，开发阿胶冲泡饮品、阿胶小零食、特色食品与阿胶搭配食品等，进而丰富阿胶类产品，最终实现阿胶产品的多元化。阿胶的上游产业链为驴养殖行业，下游为销售行业，相关产品涉及药品、食品、保健品等。根据 2023 年中国阿胶食品行业市场分析研究报告数据，2021 年我国阿胶食品市场规模从 2012 年的 75 亿元增长至 365 亿元，占阿胶市场规模的比重从 45.73% 扩大至 85.48%；2023 年我国阿胶食品市场规模继续保持增长，占阿胶规模的比重继续扩大。除皮熬制阿胶外，驴其他部分都可制作食品。因此，应将"把毛驴当成药材养"的理念与以农、工、商、产、学、研、政、服务八位一体的"活体循环开发"的模式进行深度融合，加强驴肉、驴奶等附件产品的开发。近年来，阿胶行业正努力朝着多元化方向发展，如阿胶文化主题酒店、阿胶主题餐馆、阿胶养生体验游、阿胶制作体验基地等应运而生。在"一带一路"倡议下，阿胶行业可借此由传统的单一药品转向多元化产品开发，同时，阿胶行业也可随着中医药的发展热潮，让世界从新的视角审视和推动阿胶行业的进一步发展。

五　阿胶行业案例

（一）中国最大的阿胶及系列产品生产企业之一——东阿阿胶

东阿阿胶是红色央企华润集团旗下的一家具有 70 年历史的中华老字号企业，也是阿胶系列产品生产企业、高新技术企业、创新型企业、非物质文化遗产东阿阿胶制作技艺代表性传承人企业、中医药文化宣传教育基地、健康旅游基地示范企业。

东阿阿胶 1952 年建厂，1996 年在深交所挂牌上市，总资产 116 亿元，品牌价值 208.46 亿元。东阿阿胶多次斩获全国质量金奖，12 次入围世界品牌实验室发布的"中国 500 最具价值品牌"，荣获中国药品品牌价值榜冠军等多个重大奖项，被评为全国质量诚信标杆典型企业。2021 年 6 月 11 日，东阿阿胶厂（阿胶街 78 号旧址）被认定为第三批国家工业遗产。

东阿阿胶始终坚持把品质作为极致追求，把质量作为最高道德。在驴皮原料上，从育种改良、养殖医疗、饲料到屠宰、驴皮采收、存储等各环节，都严格按照 GAP 标准严格把控进行质量控制，保证原料安全。在生产环节，坚持以传统工艺为基础，打造智能化、数字化生产体系，实现了产品的数字智能控制，有效提高了产品质量稳定性。同时，企业建有中药研究中心、保健品研究中心、黑毛驴研究中心、分析检测中心 4 个实验研究单元。东阿阿胶承担包括"重大新药创制"、科技重大专项等科研项目 20 余项，获美国、日本、韩国发明专利授权 5 项，获中国专利优秀奖 4 项；申报发明专利 400 余项，建立标准 20 余项，研制出瑞通立、百杰依、安宫止血颗粒、复方阿胶浆、阿胶补血颗粒、龟鹿二仙口服液等 20 余种新产品。东阿阿胶建有国家胶类中药工程技术研究中心，开创了多种鉴别胶类中药的方法和技术，如 DNA 分子标记法、胶原特征肽法以及基于药效指纹图谱的全过程质量在线监测与自动控制技术等，提高了产品的质量稳定性和均一性。现如今，一块东阿阿胶拥有 187 项专利，一支复方阿胶浆拥有 49 项专利。东阿阿胶将质量视为企业生命，不断提升产品质量标准，其以高于《中国药典》中的阿胶标准作为质量标杆，70 年来以高合格率通过国家各类抽检、飞检。目前，东阿阿胶已建立 37 项质量控制指标，参与阿胶等 10 余个中药产品国家药品质量标准起草修订，并积极推进《中国药典》阿胶及相关中成药标准的提升。同时，东阿阿胶也主导发布了胶类中药绿色制造团体标准 7 项、智能制造团体标准 3 项，填补了阿胶行业绿色制造和绿色产品评价标准的空白，并与浙江大学等国内外 30 多家高校和科研院所建立紧密的合作关系。2014 年 11 月荣获国家产学研合作创新奖。

多年来，东阿阿胶以推动中国健康产业发展为己任，引领企业通过实际运营和知识创新，促进质量和效益的提升，带动企业数字化转型和科技创新的支撑，从滋补养生进一步向美容养颜、亚健康调整、特殊场景等不同需求的背景扩张，保持研究和开发新产品"桃花姬"，不断适应人民健康与美丽的需求。

（二）神州国药香——北京同仁堂

北京同仁堂是全国中药行业著名的老字号，其创立于清康熙年间。北京同仁堂阿胶产品一直遵从"炮制虽繁必不敢省人工，品味虽贵必不敢减物力"的古训，素有"选料上乘，工艺精湛，疗效显著"的美誉。

北京同仁堂阿胶类产品共有两种，分别为阿胶和永盛合阿胶。永盛合阿胶是北京同仁堂旗下的独家品种，质量优异，出口国外100多年，畅销国际市场，深受欢迎。

北京同仁堂阿胶选用整张高质量驴皮作为原料，对驴皮的鉴别采用了逐级筛查、传统与现代并行的鉴别方式，实现了原料驴皮的逐张鉴别、检测、评定、可追溯，确保每一块阿胶的精品属性。北京同仁堂阿胶的生产炮制工艺，在行业内独树一帜，生产全流程均采用传统古法炮制工艺，融合了传统中医药文化和清宫御药房的制药标准，从原料入厂至成品，整个生产周期持续百日以上，最大限度地保持了阿胶的滋补疗效。北京同仁堂为确保阿胶质量，配备了LC-MS、LC、GC等现代化仪器，将阿胶品质由传统经验评定，转向了经验与数据评定相结合的多维度评定，体现了同仁堂对产品精益求精的不倦追求。

北京同仁堂注重阿胶新产品开发和技术创新，除拥有一支高水平的研究开发人才队伍外，还与国内多所高校和研究机构建立了合作关系，共同进行阿胶保健食品的研发和阿胶驴皮真伪鉴别、阿胶质量标准提升等技术创新。北京同仁堂不仅生产传统阿胶系列产品，如阿胶（清水胶）、永盛合阿胶（药胶）等，还创新推出了多元化的产品，生产一系列阿胶食品，如阿胶糕、阿胶枣、阿胶速溶粉、阿胶果丹皮等，让消费者在食用过程中感受阿胶对健康的呵护。多种类型和规格的产品满足了不同消费者的需求，2015年销售额已超7亿元。

北京同仁堂的"京花牌阿胶"曾获"北京市优质产品"称号，专供出口的"极品阿胶"（即现在的永盛合阿胶）在20世纪八九十年代名声显赫。但北京同仁堂不满足于当"合格生"，而是不断追求产品品质内涵。进入21世纪，北京同仁堂对阿胶的研究投入逐年增加，针对阿胶的疗效、质量等方面的研究持续深入，制定了多项高于药典标准的内控标准，形成了北京同仁堂独特的产品标准体系。北京同仁堂阿胶生产工艺被评选为"非物质文化遗产"。

（三）皇帝赐福，国宝贡胶——山东福胶

福牌阿胶坐落于世界阿胶之源、中国阿胶之乡、中国阿胶祖源地——山东省济南市平阴县东阿镇，因咸丰帝赐"福"而得名，已有百余年的传承历史。1915年福牌阿胶在巴拿马万国博览会荣膺中医药类金奖，现拥有国家级非物质文化遗产保护项目、首批中华老字号、中国驰名商标（"福"和"福胶"）、国家金质奖章、阿胶行业全国质量第一名等众多国字号荣誉。

经过70多年创新发展，福胶已发展成为一家以阿胶产业为核心，集医药制造、中药饮片和中药颗粒生产、中药材种植加工、康养器械研发制造、旅游、文化、康养于一体的健康产业集团，是商务部认定的首批中华老字号企业，是行业内拥有八大国字号荣誉企业、农业产业化国家级龙头企业、山东省"十强"产业、"雁阵形"产业集群领军企业。福牌阿胶建有全国高端的阿胶生产基地、全国品种丰富的阿胶系列产品生产基地、国内高端中国阿胶自然文化园、国内高端中国阿胶研究院、驴产业链生物制剂基地、中药材种植基地、医药营销培训基地七大基地，并建有博士后科研工作站、省级企业技术中心、济南市阿胶工程研究中心等六大科研中心。

福牌阿胶拥有"阿胶、药品、养生精品、全球甄选"四大产品家族、四大产品系列、五大营销矩阵以及"胶剂、膏剂、胶囊剂、合剂、颗粒剂、酒

剂、片剂"七大剂型 100 多个品种，其中 5 个国家中药保护品种、20 个全国独家品种，近百项自主知识产权，30 余项国药准字号产品；主持制定 19 项国家产品标准，实现行业内产品剂型、品种全覆盖；市场占有率、市场覆盖率均居行业前列。福牌是中国品牌影响力百强、"健康中国·品牌榜" 30 强、山东省医养健康产业品牌价值 10 强。

（四）百年老字号——宏济堂阿胶

山东宏济堂制药集团股份有限公司创始于 1907 年，已有百余年的历史，是最早规范化生产阿胶的企业之一，引领了新时期阿胶产业的发展壮大。宏济堂在传承精华、守正创新的基础上，高起点建立了现代化的宏济堂中医药健康城，完成了由传统制造型向科技先导型的跃升，在多个方面形成了核心竞争力。

宏济堂制药是山东省百年中药制药实体企业、山东省百年品牌重点培育企业。宏济堂创始人乐镜宇先生在借鉴传统工艺的基础上集古法之大成，提出"九提九炙"工艺生产，使阿胶品质得到极大提升。"九提九炙"工艺现为非物质文化遗产。据《山东省志·医药志》记载，"宏济堂阿胶 1914 年获山东全省物品展览会最优等褒奖金牌，1915 年获巴拿马万国博览会一等金牌奖"，是迄今为止中医药制品在国际上获得的最高荣誉。1933 年，宏济堂阿胶曾荣获国家铁道实业部颁发的"超等"奖状；2015 年 9 月，宏济堂阿胶荣获"百年世博山东荣誉"大奖；2017 年入围 CCTV 国家品牌计划。"宏济堂"是我国首批中华老字号、中华民族医药百强品牌、国家高新技术企业，宏济堂中医药文化被列入第五批国家级非物质文化遗产代表性项目名录。"宏济堂"系亚洲品牌 500 强，品牌价值 160 亿元。

宏济堂制药致力于做疗效药、安全药、放心药，建立了完善的质量控制体系，从源头控制药材质量，建立了行业内首家 DNA 检测实验室；宏济堂阿胶、中药饮片、中成药追溯体系被商务部列为示范项目在全国推广，并起草了全国首个阿胶追溯体系地方标准《阿胶追溯体系设计与实施指南》，参与中国中药协会《阿胶质量规范》团体标准制定，引领中国阿胶行业健康发展。宏济堂通过与科研院所、设备厂家合作，开发了一批具有独立知识产权并代表当前阿胶生产制造最高水平的现代设备，获得6项国家专利。

宏济堂制药加快推进产学研一体化，成为首批"山东省中医药健康旅游示范基地"，推动了中医药健康服务与旅游产业有机融合，目前正在建设国家中医药健康旅游示范基地和中医药健康旅游综合体，努力打造夏有青岛啤酒节、冬有宏济堂阿胶节的工业旅游业态。传承国药精华，弘扬民族瑰宝，做大做强中药，推动企业高质量发展，使宏济堂更具有中医药国际竞争力，代表民族产业参与全球经济竞争与国际文化交流。

参考文献

1. 杨帅、鲁婷婷等：《阿胶化学成分和药理作用及质量控制研究进展》，《中国新药杂志》2023年第8期。
2. 李军德、张恬：《阿胶的前世今生》，《中国食品药品监管》2018年第3期。
3. 杨福安、王京娥：《阿胶的研究现状与展望》，《中国中医药信息杂志》2004年第5期。
4. 国家药典委员会：《中华人民共和国药典（一部）》，中国医药科技出版社，2020。
5. 曲媛鑫、付英杰：《阿胶化学成分、质量控制及药理作用研究进展》，《特产研究》2023年第3期。
6. 张啸、吴春兴等：《基于数据挖掘探讨含阿胶保健食品的组方规律及应用特点》，《西安文理学院学报》（自然科学版）2023年第1期。
7. 吴梦月：《打破增量神话，阿胶增长亟需新动力》，《中国药店》2021年第12期。
8. 张国伟、马俊华等：《阿胶化学成分及保健作用研究进展》，《食品科技》2021年第3期。
9. 杜怡波、樊慧蓉等：《阿胶的化学成分及药理作用研究进展》，《天津医科大学学报》2018年第3期。
10. 王莹雪、樊雨梅等：《阿胶活性肽的结构鉴定及活性筛选》，《食品科学》2022年第10期。
11. 葛重宇、庞慧等：《18家企业阿胶中氨基酸的含量分析与比较研究》，《中国药房》2017年第1期。
12. 随新平、朱庆珍等：《阿胶的香气活性物质分析》，《食品科学技术学报》2021年第3期。
13. 张鹏云、李蓉等：《HS-SPME-GC-MS结合自动解卷积技术分析阿胶中的挥发性成分》，《食品与机械》2019 年第 3 期。

14. 廖凤霞、贺洪琼等：《不同年份阿胶中 5 种成分的同时测定》，《中成药》2018 年第 4 期。

15. 刘雅娟、任丽莉等：《毛细管 GC 法同时测定阿胶中 5 种脂肪酸的含量》，《中国药房》2013 年第 7 期。

16. 霍光华：《阿胶氨基酸矿物成分分析与评价》，《氨基酸和生物资源》1996 年第 4 期。

17. 董顺玲：《原子吸收光谱法测定中成药阿胶中铜、铬、镉、铅、砷、锑、锡和汞》，《光谱学与光谱分析》1996 年第 6 期。

18. 祁建宏、董芳旭等：《阿胶现代药理作用及其机制研究进展》，《宜春学院学报》2020 年第 9 期。

19. 伊娜、杨铧等：《阿胶药理药效研究进展》，《世界最新医学信息文摘》2017 年第 54 期。

20. 吴海燕、孙佳明等：《阿胶的研究进展》，《吉林中医药》2016 年第 1 期。

21. 曹露萍、李晓萍等：《阿胶辅治慢性再生障碍性贫血临床观察》，《实用中医药杂志》2021 年第 4 期。

22. 李艳芳、张战锋等：《阿胶治疗对地中海贫血孕妇珠蛋白水平的影响研究》，《时珍国医国药》2022 年第 3 期。

23. 李敏、梁大连等：《阿胶肽—铁螯合物对缺铁性贫血小鼠的初步药效学研究》，《时珍国医国药》2019 年第 4 期。

24. 杨琳、张朝绅：《中药阿胶临床应用分析及药理作用》，《中国实用医药》2020 年第 24 期。

25. 尤金花、田守生等：《阿胶及其疗效功能的研究进展》，《明胶科学与技术》2009 年第 4 期。

26. 邸志权、胡金芳等：《阿胶补血、抗疲劳以及止血作用研究》，《药物评价研究》2018 年第 4 期。

27. 毛跟年、郭倩等：《阿胶化学成分及药理作用研究进展》，《中国畜牧兽医文摘》2010 年第 6 期。

28. 苏晓妹、魏东等：《阿胶对血虚证动物模型的作用》，《中国药师》2006 年第 7 期。

29. 汝文文、和娴娴等：《阿胶补血机理的现代研究概况》，载《首届（2015）中国驴业发展大会高层论坛论文汇编》，2015。

30. 张喆、李娜等：《阿胶对 COPD 模型小鼠的保护作用以及对 MMP-2、MMP-9、TGF-β1 水平的影响》，《基因组学与应用生物学》2018 年第 4 期。

31. 张喆、马云等：《阿胶对气道炎症小鼠 Th17/Treg 亚群失衡的逆转作用》，《山东医药》2018 年第 6 期。

32. 张喆、胡晶红等：《阿胶、黄明胶对被动吸烟小鼠肺脏 Th17/Treg 细胞亚群分化及相关细胞因子表达的影响差异》，《中国免疫学杂志》2019 年第 1 期。

33. 那扎开提·艾尼瓦尔、胡广等：《阿胶对慢性阻塞性肺疾病大鼠肺功能及肺组织病理损伤的影响》，《基础医学与临床》2021 年第 7 期。

34. 赵福东、董竟成等：《阿胶对哮喘大鼠气道炎症及外周血Ⅰ型／Ⅱ型 T 辅助细胞因子的影响》，《中国实验方剂学杂志》2006 年第 6 期。

35. 路承彪、童秋声等：《中药阿胶对正常小鼠细胞免疫学功能的影响》，《中药药理与临床》1991 年第 4 期。

36. 李志、陈壁锋等：《阿胶口服液对小鼠细胞免疫和体液免疫功能的影响》，《中国卫生检验杂志》2008 年第 7 期。

37. 张珣、王静凤：《阿胶对小鼠免疫功能的影响》，《食品工业科技》2011 年第 11 期。

38. 邸志权、胡晶芳等：《小分子阿胶对小鼠免疫功能的影响》，《药物评价研究》2018 年第 9 期。

39. 刘元涛、张惠惠等：《阿胶仿生酶解前后提高免疫力作用对比研究》，《时珍国医国药》2016 年第 9 期。

40. 郑筱祥、杨勇等：《东阿阿胶的升白作用及机制研究》，《中国现代应用药学》2005 年第 2 期。

41. 程孝慈、姚伟等：《阿胶对兔血管通透性影响的实验观察》，《中药通报》1986 年第 12 期。

42. 胡永珍：《黄连阿胶汤治疗血证的动物实验研究》，《国医论坛》1999 年第 3 期。

43. 姚定方、张亚菲等：《阿胶对内毒素性休克狗血液动力学、流变学及微循环的影响》，《中国中药杂志》1989 年第 1 期。

44. 汝文文、和娴娴等：《阿胶对围绝经期大鼠卵巢颗粒细胞凋亡及 Bcl-2 和 Bax 表达的影响》，《中国药物评价》2015 年第 3 期。

45. 苏念军、李冰等：《阿胶对诱导排卵周期子宫内膜容受性的作用》，《热带医学杂志》2009 年第 2 期。

46. 杨嫦玉、杨桂艳等：《阿胶治疗对不孕症患者子宫内膜容受性的改善》，《中国优生与遗传杂志》2012 年第 12 期。

47. 韩俊杰：《阿胶在中医男科的运用》，《中外医疗》2020 年第 30 期。

48. 华良才：《阿胶在中医男科的运用》，《海南医学》2000 年第 1 期。

49. 苗明三、顾丽亚等：《阿胶益寿颗粒对小鼠衰老模型的影响》，《中国中药杂志》2004 年第 8 期。

50. 姜一朴、邸志权等：《小分子阿胶抗疲劳、抗氧化及止血作用研究》，《中国药理学通报》2019 年第 2 期。

51. 李华碧、周琪敏：《复方阿胶浆联合个性化综合护理对宫颈癌化疗致骨髓抑制及癌疲乏的影响》，《中国肿瘤临床与康复》2017 年第 7 期。

52. 熊雅茹、傅红：《阿胶多肽的高分辨质谱鉴定及活性研究》，《天然产物研究与开发》2020 年第 8 期。

53. 樊雨梅、汝文文等：《阿胶低聚肽的成分分析及其抗氧化活性》，《食品工业科技》2020 年第 18 期。

54. 张晓双、白黎明等：《阿胶对去卵巢小鼠学习记忆及海马 Aβ 影响的研究》，《中南药学》2021 年第 8 期。

55. 练美莲：《复方阿胶浆对小鼠抗疲劳作用的实验研究》，《医药产业资讯》2006 年第 21 期。

56. 刘培民、胡永水等：《复方阿胶浆对小鼠耐缺氧作用的研究》，《河南中医学院学报》2005 年第 6 期。

57. 张路、朱海芳等：《复方阿胶浆对小鼠抗疲劳能力的影响》，《中国实验方剂学杂志》2013 年第 19 期。

58. 刘国华、候传香等：《阿胶血钙平的药理作用研究》，《中成药》1994 年第 8 期。

山楂行业发展报告

娄新曼　孙嘉树　熊娟涓　徐怀德*

摘　要： 山楂（*Crataegus pinnatifida* Bge.）又名山里红，蔷薇科山楂属植物，球形果实，色泽深色诱人，味道微酸带涩，具有食药兼用功能。本报告介绍了山楂的基本营养成分（糖、蛋白质、维生素等）、次级代谢化学物质（黄酮类、有机酸、三萜类等），总结了其药理作用和食用价值，并分析了山楂的产业现状及所面临的主要问题，主要包括育种和种植技术落后、品质不稳定、产品附加值低、研究水平不足等。针对上述问题，提出发展山楂种植过程的优化选育和栽培技术、着力提高山楂精深加工水平、加大山楂行业的科研投入等建议，为加快推动山楂行业的发展及转型升级提供参考。

关键词： 山楂　营养功能特性　产业现状　精深加工

一　山楂的食药价值

山楂为蔷薇科山楂属植物，全球大约共有该属植物 1000 余种，主要分布在北温带北纬 30°～50°之间的东亚、欧洲和北美洲等地区。山楂果实营养价值高，可食用和入药。《本草纲目》中记载"山楂性酸甘、微温，化饮

---

* 娄新曼，博士，上海应用技术大学香料香精化妆品学部副教授，研究生导师，主要从事食品风味化学、果蔬贮藏与加工研究；孙嘉树，硕士研究生，主要研究方向为食品风味化学、果蔬加工；熊娟涓，硕士研究生，主要研究方向为食品风味化学、果蔬加工；徐怀德，教授，博士生导师，中国经济林加工利用分会会长，主要研究方向为果蔬贮藏加工品质变化机制与控制、果蔬副产物高值化加工与综合利用。

食，消内积症瘕，痰饮痞满吞酸，滞血肿胀"，《本草再新》中也描述山楂有"治脾虚湿热，消食磨积，利大小便"的功效。目前，山楂的营养功能特性也被科研工作者广泛研究，其在食品、药品领域均具有重要的应用价值和广阔的市场前景。

（一）基本营养成分

山楂富含糖、氨基酸、矿物质、维生素以及膳食纤维等基本营养成分（见表1），其中总糖含量为10.23%~14.25%，以多糖为主，具有降血糖血脂、改善肠道菌群的作用。山楂中含有17种氨基酸，包括人体必需的8种氨基酸，维生素E平均含量为3.8mg/100g，高于苹果（2.2mg/100g）、梨（1.3mg/100g）、柑橘（0.5mg/100g）等水果，并含有微量的维生素 B_1、B_2。[①] 矿物质元素与人的生理和健康关系密切，对维持人体中的新陈代谢起着至关重要的作用。值得注意的是，山楂是水果中的补钙圣品，钙含量仅次于橄榄，[②] 与高钾水果香蕉的钾含量相当，钾的主要作用是保持体内水分与酸碱度的平衡，维持心脏规律的跳动，稳定血压。此外，山楂中大量的膳食纤维可以促进肠道蠕动以及分泌消化液，有利于消化食物和促进排泄。

表1 山楂基本营养成分（鲜重/100g）

成分	含量（g）	成分	含量（mg）
水分	73.2~77.0	维生素 C	72.3~97.7
蛋白质	0.59	维生素 E	3.8
碳水化合物	4.89~7.02	维生素 B_1	0.02
葡萄糖	2.13	维生素 B_2	0.05
果糖	3.15	β-胡萝卜素	0.1~0.8
蔗糖	0.42	钾	232.3~311.3

① 陈秋虹、黄岛平、蒋艳芳：《大果山楂营养成分与功能成分分析及评价》，《轻工科技》2016年第11期。

② 张金宝、邓源喜、童晓曼等：《山楂的营养保健功能及其应用进展》，《安徽农学通报》2021年第19期。

续表

成分	含量（g）	成分	含量（mg）
氨基酸	59.1	钙	20.2~36.9
膳食纤维	5.79~8.07	铁	0.55~1.11
脂肪	0.2	锌	1.4~1.8

（二）化学功能成分

除了基本营养成分，山楂中富含黄酮类化合物、酸类、三萜类物质、果胶等活性功能成分，具体如表2所示。

表2　山楂中的化学功能成分及功效

化学功能成分	分类	例	功效
黄酮类化合物	黄酮类	牡荆素、芫草素等	改善血管通透性，增加冠脉流量，降低血脂和胆固醇，防治高血压，降血糖，调节内分泌失调，止咳，祛痰，平喘，治疗急/慢性肝炎、肝硬化等
	黄酮醇类	槲皮素、金丝桃苷、芦丁等	
	二氢黄酮类	柚皮素、北美圣草素及其苷等	
	二氢黄酮醇类	花旗松素及其苷等	
	黄烷3-醇类	儿茶素、白矢车菊等	
	前花青素类	原花青素 A_2、原花青素 B_2 等	
酸类	有机酸	苹果酸、草酸、琥珀酸、酒石酸、柠檬酸等	调节血脂、改善记忆力、消炎、降血糖、促进消化、抗氧化、抑菌、利胆以及调节机体免疫等
	酚酸	苯甲酸、没食子酸、原儿茶酸、香草酸等	
三萜类化合物	乌苏烷型五环三萜	熊果酸、科罗索酸等	抗癌、调节血糖、增强免疫力、降低血脂、抗氧化、保护肝脏等
	齐墩果烷型五环三萜	山楂酸、齐墩果酸等	
	羽扇豆烷型五环三萜	白桦脂酸等	
	环阿屯烷型四环三萜	环阿屯等	
	羊毛脂烷型四环三萜	牛油树醇、2，4-亚甲基-2，4-二氢羊毛脂甾醇	
果胶	同质多糖型果胶	D-半乳聚糖、L-阿拉伯聚糖和D-半乳糖醛酸聚糖等	抗糖化、抗氧化、调节脂肪的消化和吸收、抑菌抗炎等
	杂质多糖型果胶	由半乳糖醛酸聚糖、半乳聚糖和阿拉伯聚糖以不同比例组成	

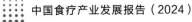

续表

化学功能成分	分类	例	功效
色素物质	花青素类	矢车菊素糖苷等	降血压、降血脂、抗氧化、抗炎症、抑菌、抗病毒等

1. 黄酮类化合物

黄酮类物质是山楂中含量最多、作用最广的成分，其黄酮类物质成分复杂，结构多样，具有抗氧化、抑菌、预防心脑血管疾病和癌症等作用。目前，从山楂中分离出超过 60 种黄酮类化合物，主要包括槲皮素、金丝桃苷、芦丁、牡荆素、山奈酚、草质素等。山楂黄酮可有效地降低高脂血症模型小鼠的空腹血糖（FBG）和血清中的胆固醇（TC）、甘油三酯（TG），还能显著提高高密度脂蛋白（DL-C）水平，对糖脂代谢有积极的调节作用。[1] 相关研究还发现山楂黄酮可以诱导淋巴细胞增殖和淋巴细胞因子 IL-6、IL-4 和 IFN-γ 的分泌，进而发挥免疫调节作用。[2]

2. 酸类

有机酸是山楂中的主要酸味来源，可以激活胃内消化酶及其他生物活化酶的活性，促进胃肠运动，达到健胃消食的作用。山楂中的有机酸包括柠檬酸、苹果酸、草酸、琥珀酸、酒石酸等，其中苹果酸和酒石酸含量分别可达 2.1g/100g 和 2.9g/100g。[3] 酚酸还是山楂中重要的药效成分之一，绿原酸、咖啡酸、香豆酸是主要的酚酸类物质，具有抗氧化、抗菌以及抗病毒等多种生物活性。最新研究也表明山楂中的有机酸对 H_2O_2 诱导的 H_9C_2 心肌细胞损伤具有保护作用，对于治疗心血管疾病具有重要的意义。[4]

---

[1] 于舒雁、田硕：《山楂中黄酮的提取工艺及其调节糖脂代谢的活性研究》，《中国调味品》2022 年第 2 期。

[2] 王一伦、李敬双、李美莹等：《山楂黄酮对小鼠脾淋巴细胞的免疫调节作用》，《食品工业科技》2019 年第 20 期。

[3] 王先友、袁春蕾、李明珠等：《RP-HPLC 法测定大果山楂中四种有机酸的含量》，《化学研究》2023 年第 2 期。

[4] 权赫秀、金鹏、李露等：《山楂中有机酸对 H_2O_2 诱导 H_9C_2 心肌细胞损伤的保护作用》，《中药材》2018 年第 2 期。

3. 三萜类化合物

山楂中的三萜类化合物大多为四环三萜和五环三萜。目前，五环三萜是山楂中三萜类成分研究的主要对象，如山楂酸、熊果酸、科罗索酸、白桦脂酸和齐墩果酸等，其中熊果酸含量最高，主要应用于降低血糖水平、调节免疫功能、保护肝脏等。[①] 采用超声波辅助提取山楂中齐墩果酸和熊果酸，二者含量可达 2.87mg/g。[②] 此外，熊果酸还被证实是山楂抑制癌细胞增殖的主要活性成分，可以调节相关蛋白表达，从而诱导癌细胞凋亡。[③]

4. 果胶

山楂果胶含量居水果之首，高达 6.4%，[④] 具有良好的凝胶性和乳化稳定性，是优质的果胶工业生产原料，被广泛应用于果酱、果冻、果脯、蜜饯、冰淇淋及饮料等食品工业。这主要得益于较高的半乳糖醛酸含量和较低的分子结构分支度。值得注意的是，山楂果胶具有丰富的功能活性，包括较高的抗糖化活性、抗氧化能力，调节脂肪的消化和吸收，预防高脂饮食诱发的高胆固醇血症。[⑤] 山楂果胶还可以通过破坏细菌胞膜的通透性和完整性，致使内溶物外漏影响其代谢活性来发挥抑菌作用。[⑥]

5. 色素物质

山楂中的色素物质大多为花青素类，产品外观一般呈紫红色，可以起到抗氧化、抗炎症、抗斑点退化、抗病毒等作用。相关研究发现山楂色素具有强抗氧化活性，对 DPPH 自由基的清除率可达 96.35%，[⑦] 并且具有广泛的抑

① 张明发、沈雅琴:《熊果酸抗糖尿病并发症药理作用的研究进展》,《抗感染药学》2016 年第 2 期。

② 孙协军、刘羽纯、潘龙飞等:《山楂中齐墩果酸和熊果酸超声提取工艺研究》,《食品工业科技》2015 年第 14 期。

③ 温玲蓉:《北山楂和大果山楂的活性成分及其抗氧化与抗增殖活性研究》,博士学位论文,华南理工大学,2016。

④ 于铭章:《果胶对山楂加工的影响》,《河北林果研究》2009 年第 3 期。

⑤ Zhu R. G., Sun Y. D., Li T. P., et al., "Comparative Effects of Hawthorn (Crataegus Pinnatifida Bunge) Pectin and Pectin Hydrolyzates on the Cholesterol Homeostasis of Hamsters Fed High-cholesterol Diets," *Chemico-Biological Interactions*, 2015, 238: 42-47.

⑥ 王巍、牟德华、李丹丹:《山楂果胶寡糖的抑菌性能及机理》,《食品科学》2018 年第 3 期。

⑦ 张素敏、冯翠萍、张振田:《山楂红色素的提取及其稳定性和抗氧化性的研究》,《山西农业大学学报》(自然科学版) 2012 年第 1 期。

菌性[①]。

（三）药理作用

1. 降脂、降血压、预防心脑血管疾病

山楂提取物中黄酮类物质具有良好的降血脂、降血压作用，尤其是原花青素，具有增强心肌收缩、扩张冠状动脉血管、增加冠脉流量以及降低心肌耗氧量作用。[②] 三萜化合物中的熊果酸也被证实能降低小白鼠胆固醇、甘油三酯指数，对高脂血症有一定的缓解作用。[③] 此外，山楂中的有机酸如苹果酸、柠檬酸等能够抑制过氧化物在体内组织的形成，增加冠状动脉血流量，软化血管，降低心脑血管疾病的患病概率。

2. 抗氧化作用

正常情况下，生物体内自由基的产生和消除处于动态平衡状态。自由基的产生主要来源于生物体内代谢，但当自由基过量时，就会导致包括衰老、癌症、脂质代谢异常等多种疾病的产生。山楂具有高抗氧化活性，主要表现为调节抗氧化酶表达和清除自由基。研究发现山楂汁（1.3mg/mL）可以有效抑制大鼠肝微粒体生成脂质氧化最终产物丙二醛，降低肝脏细胞损伤，同时对 O_2^- 和 OH^- 自由基的清除率分别高达 85.8% 和 97.8%，[④] 与银杏提取物和甘露醇相比，其清除 OH^- 自由基的能力要更强[⑤]。因此，山楂资源的有效研究和利用有助于开发新型天然抗氧化剂。

3. 抗癌作用

山楂中含有的一种天然黄酮类化合物——杜荆素，其具有很好的抗癌效果，能够有效阻断和抑制亚硝胺、黄曲霉素的生产，从而降低诱发消化道癌

---

① 李容、覃涛、梁榕珊等：《靖西大果山楂皮红色素的提取及抑菌活性的研究》，《食品工业科技》2015 年第 8 期。

② 卢东飞：《山楂的营养价值及其利用》，《农产品加工》2012 年第 8 期。

③ 林科、张太平、张鹤云：《山楂中熊果酸的提取及其对小鼠的降血脂作用》，《天然产物研究与开发》2007 年第 6 期。

④ 刘武：《山楂的营养化学成分及保健作用》，《食品研究与开发》2002 年第 5 期。

⑤ 赵二劳、李满秀：《山楂的功能特性及其在食品工业中的应用》，《食品研究与开发》2006 年第 9 期。

症的风险。鞣质、谷甾醇、五环三萜类化合物等成分也具有抑制癌细胞 DNA 的复制作用，能够诱导癌细胞凋亡。研究发现熊果酸对 HepS 肝癌细胞凋亡有显著促进作用，并且对环磷酰胺造成的免疫抑制小鼠有显著的正调节作用。[①]

4. 健脾开胃，促进消化

山楂中维生素 C、维生素 B、胡萝卜素和有机酸具有良好的开胃效果，其本身含有一些淀粉酶和解脂酶，且可以促进蛋白分解酶、胃脂肪酶的分泌并且提高活性，达到消食开胃、增进食欲的作用。山楂中丰富的膳食纤维可以调节肠道菌群，改善便秘。相关研究表明山楂能改善胃排空和肠道推进，并且有助于调节肠道菌群功能障碍，促进消化[②]，山楂提取物还被报道对胃黏膜损伤有辅助保护作用[③]。但是山楂果品内含有大量鞣酸，它能与摄入的蛋白质结合形成不易溶于水的鞣酸蛋白，从而导致结石的形成。因此，山楂需适量摄入，尽量避免与高蛋白质的食物同时进食。

（四）食用价值

山楂不仅药用价值高，除了直接食用外，也被广泛用于制作成各种山楂制品。目前在市场上出售的以山楂为原料的产品约有 150 余种，包括传统山楂制品、山楂饮品、山楂发酵制品等。

1. 传统山楂制品

传统山楂制品种类丰富，主要包括山楂蜜饯、山楂果脯、山楂糖串、山楂罐头、山楂糕、山楂饼、山楂片、山楂卷、山楂酥、山楂软糖、山楂果丹皮等糕点和零食，但是此类产品种类较单一，且含糖量高等原因导致部分消费局限性。

---

① 林科、张太平、朱顺等：《山楂熊果酸的制备及对小鼠免疫功能和肝癌细胞凋亡的影响》，《中国生化药物杂志》2007 年第 5 期。

② Wei Z., Ai L., Chen X., et al., "Comparative Studies on the Regulatory Effects of Raw and Charred Hawthorn on Functional Dyspepsia and Intestinal Flora," *Tropical Journal of Pharmaceutical Research*, 2019, 18（2）: 333-339.

③ 朱振平、刘忠华、赵敏等：《山楂提取物对胃黏膜损伤具有辅助保护功能的研究》，《山东化工》2019 年第 7 期。

2. 山楂饮品

山楂饮品在口感和营养价值方面都具有无限的潜力，但山楂饮品的酸含量很高，需要大量添加糖分平衡口感，目前的研究主要集中在山楂汁降酸方面，如稀释降酸法、壳聚糖降酸法和离子交换树脂降酸法，其中离子交换树脂降酸法降酸效果显著，成本低，对果汁感官指标影响小，经过降酸后的果汁颜色鲜亮，澄清度高，口感更佳。

3. 山楂发酵制品

山楂含有丰富的矿物质、维生素、蛋白质、活性物质等，可以满足人们对食品营养的要求。近年来，果酒的年消费量以15%的速度疯狂增加，相对于山楂果制品和饮料，山楂酒的糖含量可控且相对较低，不仅保留了山楂的原有功效，还具有发酵果酒的营养保健功能及诱人风味，丰富了山楂深加工产品的品类。相关研究表明山楂果酒富含各种维生素 C、酚酸类化合物和多糖等，具有消食健胃、调节血压血脂、抗氧化及增进冠状动脉血流量等功能。[1] 此外，香气也是果酒的重要特性之一，相关研究表明山楂酒在发酵过程中主要以代谢性酯类和醇类香气成分为主，同时保留了较多的原果芳香成分，共同构成淡雅清香骨架，促进了山楂的高值化利用。[2]

除了果酒外，山楂果醋的养生保健功效也越来越受到消费者的关注。山楂果醋不仅具有良好的芳香特性，丰富了醋的风味，而且具有高生物活性的酚类化合物，充分发挥了山楂的营养和健康价值，提高了山楂浆果利用率。[3]

4. 其他

在烘焙食品的制作过程中，可以使用超微粉碎技术把山楂加工成微米甚至纳米级的粉状物质，增加山楂在烘焙产品中的吸收和溶解性能，能够极大

---

[1] 欧阳道福：《发酵山楂果酒酿造工艺的研究进展》，《沈阳药科大学学报》2021年第12期。

[2] 钟平娟、叶丽芳、门戈阳等：《大果山楂酒发酵过程中抗氧化活性和香气成分分析》，《食品研究与开发》2021年第8期。

[3] Özdemir, G. B., Özdemir, N., Ertekin‐Filiz, B., et al., "Volatile Aroma Compounds and Bioactive Compounds of Hawthorn Vinegar Produced from Hawthorn Fruit (Crataegus Tanacetifolia [Lam.] Pers.)," *Journal of Food Biochemistry*, 2022, 46 (3): e13676.

地丰富食品口味并提高保健功效。在全麦面粉面包中添加山楂具有促进消化和抗高血糖的作用，可供Ⅱ型糖尿病患者食用。[1] 山楂中酚类物质的抗氧化和抗菌作用也在香肠等肉制品的保鲜防腐中具有一定的作用，同时还丰富了产品的风味和口感。[2]

二 山楂行业发展现状

（一）山楂种植产业现状

据古文记载，我国山楂的栽培历史已有近3000年，拥有丰富的山楂资源。目前产区主要集中在山东、辽宁、河北、山西、浙江、江苏、河南、北京等地区，栽培面积已达700万亩，约占我国果树总面积的10%。[3]

山东省是我国北方重要的山楂产区，具有丰富的品种资源，包括敞口山楂、歪把红、大金星、大棉球等，果肉绵软，但不适宜长期贮藏。其中，敞口山楂色泽鲜艳，适用于切片制干；歪把红多用于冰糖葫芦的制备；而大金星味感最酸，大棉球单果个头最大。

辽宁省山楂主要分布在山区和丘陵地带，主要产区包括沈阳、本溪、葫芦岛、鞍山等，因地理环境的特殊性，山楂品种具有抗寒和生育期短的特点，主栽品种有西丰红、磨盘、秋金星。据报道，2023年辽宁省葫芦岛市建昌县山楂种植面积达7.15万亩，产量3.5万吨，当前全县山楂制品行业年产量达5000吨。

河北省山楂主要集中在承德市兴隆县和邢台市清河县，其中兴隆县是我国县级山楂栽培面积和产量第一大县，全县山楂栽培面积发展到近18万亩，覆盖289个行政村。该县山楂常年产量22万吨，认证绿色有机山楂基地面

---

① Borczak B., Sikora E., Sikora M., et al., "Nutritional Properties of Wholemeal Wheat-flour Bread with an Addition of Selected Wild Grown Fruits," *Starch-Stärke*, 2016, 68 (7-8)：675-682.

② 周茜、刘晓艺、安雪等：《山楂玫瑰低硝香肠的加工工艺及储藏期品质研究》，《安徽农业科学》2020年第11期。

③ 李帆：《山楂酒的研制》，硕士学位论文，江南大学，2022。

积 2.3 万亩，产值超过 10 亿元，享有"中国山楂之乡"的美誉，主栽品种有金星、雾灵红、秋金星、大五棱等，果肉质地硬，耐贮藏。

监测数据显示，目前市场上山楂果实的价格较为稳定，2023 年 7 月，全国 35 类山楂中，仅有甜口山楂（4.75 元/斤）的价格出现了上涨，涨幅为 5.56%，大金星山楂（2.4 元/斤）的价格下跌幅度最大，跌幅为 9.44%。总之，我国山楂种植规模大、产量高、价格亲民，加工成本低，具有很强的可塑性。

（二）山楂加工产业及企业现状

山楂兼具药效和营养功能，被誉为"营养保健果品"，但因其口感酸涩不宜直接食用，常被加工成各类制品，包括果脯蜜饯（山楂片、山楂糕、山楂果酱、山楂罐头等）、饮品（山楂果茶、果汁、果醋、果酒等）及其他类产品（山楂雪球、糖葫芦等）。我国山楂产业发展十分迅速，据不完全统计，全国山楂加工的食品企业有上百家，其中，中小型企业占比较大。根据品牌价值、口碑评价等多项指数，2023 年山楂制品十大品牌分别是良品铺子、怡达、新边界、西域美农、葡记、百草味、沂蒙公社、姚太太、三只松鼠、贡苑，这些企业专注于山楂的精深加工，以山楂系列为主要产品，包括常见的传统蜜饯类制品及自主研发产品，如山楂酪、山楂汉堡、山楂酸奶等（见图1）。天津冠芳可乐饮料有限公司推出"山楂树下"果汁饮料，凭借"鲜、浓、不添加"等优势逐渐崛起，2022 年销售额突破 20 亿元，成为山楂饮料第一品牌；良品铺子小兔山楂棒，酸甜开胃、营养健康，2022 年销量超过 29 万件；姚太太蜜饯排行榜中，山楂类产品（山楂片、山楂条、果丹皮）等位居前列。而随着我国泡茶市场的迅速发展，2023 年艺福堂、同仁堂等品牌推出的山楂泡茶销量节节攀升，成为炙手可热的茶类单品之一。

此外，因其富含黄酮类、三萜类、有机酸、脂肪酸、果胶等营养成分，具有抗氧化、调节血脂、助消化等功效，目前上市销售的 163 个中成药中含有山楂，包括大山楂丸、健胃消食片、小儿七星茶颗粒等。以山楂果实为原材料，制成的具有食疗保健功效的功能性加工产品也备受消费者追捧，主要

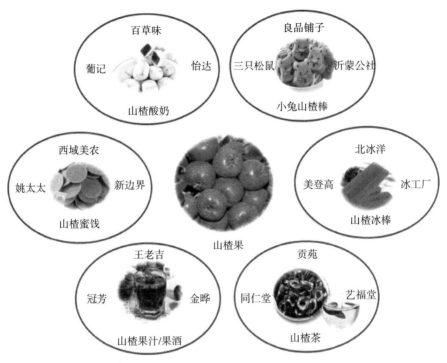

图1 山楂常见加工制品及品牌

可分为胶囊类、颗粒类、速效含片类、饮品和口服液类。国家市场监督管理总局资料显示，目前已获得批文的山楂保健食品共84款。其他类产品如山楂核馏油、山楂叶减肥茶、山楂叶红色素及黄酮针剂等陆续问市，功效以抗菌、调节血糖血脂、消积健胃、改善心血管循环为主。此外，山楂色素、果胶、熏液和浓缩浆作为一种纯天然的食品添加剂，目前广泛应用于饮料、糖果、果冻、冷饮、烘焙等行业，具有增色、增稠、增香的效果，也能有效抑制细菌生长和脂肪氧化。这些产品的开发与研制，都有利于山楂提升产业链水平，同时提高了山楂产品的附加值。

（三）行业机遇和挑战

随着人民生活水平的提高和保健意识的增强，对食品的要求也不再仅限于色香味俱全，还得具备较高的营养与保健功能，而山楂正好兼具这些优点。目前，我国山楂行业存在以下问题：育种和种植技术不完善；品种老化，结构不平衡，果实产量和品质稳定性有待提高；加工停留在初级水平，产品附加值低；科研投入不足，研究水平滞后。产业的发展壮大离不开科技的引领与进步。因此，着力寻找产业效益增长的突破点，提高山楂产业的竞争力具有重要的现实意义。除了加大科研投入、优化选育和栽培技术，着力于深化山楂的精深加工是促进山楂产业发展，实现山楂产品更新升级的重要途径之一。以健康的需求为导向，聚焦植物功能饮品，王老吉推出山楂陈皮口味的植物饮料，不仅可以满足年轻人的养生需求，也传承发展了传统"药食同源"的健康理念。此外，传统山楂制品含糖量高达 65% 左右，存在健康隐患，因此"减糖"成为山楂行业的大势所趋。人工甜味剂可以释放与传统蔗糖几乎相同的甜味，且热量更低。良品铺子积极推动三产融合，使得山楂等农产品搭上"快车"，研发了一款全新的儿童零食小兔山楂棒，将提供甜味的白砂糖、糖醇改为零热量的赤藓糖醇，解决了小朋友吃棒棒糖容易蛀牙的问题，还增加了儿童成长所需的钙、维生素等营养成分。健康是当下许多消费者追求的热点，中国山楂行业需要把握机遇，不断开拓创新，推动自身新旧动能转换，以迎合市场变化。未来食品的发展方向是立足于基础研究，变革传统食品工业的制造模式，结合前沿技术创新，不断突破关键共性问题，为消费者的健康生活方式提供更多选择。

参考文献

1. 陈秋虹、黄岛平、蒋艳芳：《大果山楂营养成分与功能成分分析及评价》，《轻工科技》2016 年第 11 期。

2. 张金宝、邓源喜、童晓曼等：《山楂的营养保健功能及其应用进展》，《安徽农学通报》2021 年第 19 期。

3. 于舒雁、田硕：《山楂中黄酮的提取工艺及其调节糖脂代谢的活性研究》，《中国调味品》2022 年第 2 期。

4. 王一伦、李敬双、李美莹等：《山楂黄酮对小鼠脾淋巴细胞的免疫调节作用》，《食品工业科技》2019 年第 20 期。

5. 王先友、袁春蕾、李明珠等：《RP-HPLC 法测定大果山楂中四种有机酸的含量》，《化学研究》2023 年第 2 期。

6. 权赫秀、金鹏、李露等：《山楂中有机酸对 H_2O_2 诱导 H_9C_2 心肌细胞损伤的保护作用》，《中药材》2018 年第 2 期。

7. 张明发、沈雅琴：《熊果酸抗糖尿病并发症药理作用的研究进展》，《抗感染药学》2016 年第 2 期。

8. 孙协军、刘羽纯、潘龙飞等：《山楂中齐墩果酸和熊果酸超声提取工艺研究》，《食品工业科技》2015 年第 14 期。

9. 温玲蓉：《北山楂和大果山楂的活性成分及其抗氧化与抗增殖活性研究》，博士学位论文，华南理工大学，2016。

10. 于铭章：《果胶对山楂加工的影响》，《河北林果研究》2009 年第 3 期。

11. Zhu R. G., Sun Y. D., Li T. P., et al., "Comparative Effects of Hawthorn (Crataegus Pinnatifida Bunge) Pectin and Pectin Hydrolyzates on the Cholesterol Homeostasis of Hamsters Fed High-cholesterol Diets," *Chemico-Biological Interactions*, 2015, 238: 42-47.

12. 王巍、牟德华、李丹丹：《山楂果胶寡糖的抑菌性能及机理》，《食品科学》2018 年第 3 期。

13. 张素敏、冯翠萍、张振田：《山楂红色素的提取及其稳定性和抗氧化性的研究》，《山西农业大学学报》（自然科学版）2012 年第 1 期。

14. 李容、覃涛、梁榕珊等：《靖西大果山楂皮红色素的提取及抑菌活性的研究》，《食品工业科技》2015 年第 8 期。

15. 卢东飞：《山楂的营养价值及其利用》，《农产品加工》2012 年第 8 期。

16. 林科、张太平、张鹤云：《山楂中熊果酸的提取及其对小鼠的降血脂作用》，《天然产物研究与开发》2007 年第 6 期。

17. 刘武：《山楂的营养化学成分及保健作用》，《食品研究与开发》2002 年第 5 期。

18. 赵二劳、李满秀：《山楂的功能特性及其在食品工业中的应用》，《食品研究与开发》2006 年第 9 期。

19. 林科、张太平、朱顺等：《山楂熊果酸的制备及对小鼠免疫功能和肝癌细胞凋亡的影响》，《中国生化药物杂志》2007 年第 5 期。

20. Wei Z., Ai L., Chen X., et al., "Comparative Studies on the Regulatory Effects of Raw and Charred Hawthorn on Functional Dyspepsia and Intestinal Flora," *Tropical Journal of Pharmaceutical Research*, 2019, 18 (2): 333-339.

21. 朱振平、刘忠华、赵敏等：《山楂提取物对胃黏膜损伤具有辅助保护功能的研究》，《山东化工》2019 年第 7 期。

22. 欧阳道福：《发酵山楂果酒酿造工艺的研究进展》，《沈阳药科大学学报》2021 年第 12 期。

23. 钟平娟、叶丽芳、门戈阳等：《大果山楂酒发酵过程中抗氧化活性和香气成分分析》，《食品研究与开发》2021 年第 8 期。

24. Özdemir, G. B., Özdemir, N., Ertekin-Filiz, B., et al., "Volatile Aroma Compounds and Bioactive Compounds of Hawthorn Vinegar Produced from Hawthorn Fruit（Crataegus Tanacetifolia［Lam.］Pers.），" *Journal of Food Biochemistry*, 2022, 46（3）: e13676.

25. Borczak B., Sikora E., Sikora M., et al., "Nutritional Properties of Wholemeal Wheat-flour Bread with an Addition of Selected Wild Grown Fruits," *Starch-Stärke*, 2016, 68（7-8）: 675-682.

26. 周茜、刘晓艺、安雪等：《山楂玫瑰低硝香肠的加工工艺及储藏期品质研究》，《安徽农业科学》2020年第11期。

27. 李帆：《山楂酒的研制》，硕士学位论文，江南大学，2022。

药食同源甘草及其产业发展报告

李　明　马　斌　白秋仙　张新慧*

摘　要：　豆科（*Leguminosae*）甘草属（*Glycyrrhiza*）甘草（*Glycyrrhiza uralensis* Fisch.），作为一种生态改良及药食两用资源，含甘草酸、甘草次酸、黄酮、多糖、生物碱、香豆素类等功效成分，具有润肺、解毒、调和诸药等多种功效，在国内外很多国家和地区都有较广泛的研发关注。本报告对甘草起源、价值、物种分化、生态种植、功效物质基础及甘草内生菌促生作用研究现状等进行综述，同时对产业瓶颈问题进行思考，并对其发展进行展望，为促进甘草生产研发交流合作与大健康产业发展提供信息参考。

关键词：　甘草　药食两用　大健康产业

甘草是最常用的大宗药材之一，收录于历版《中国药典》。甘草药材基原为豆科甘草属植物甘草（*Glycyrrhiza uralensis* Fisch.）、胀果甘草（*Glycyrrhiza inflata* Bat.）和光果甘草（*Glycyrrhiza glabra* L.），药用部位为根和根茎。甘草具有补脾益气、清热解毒、祛痰止咳、缓急止痛、调和诸药的功效，素有"十方九草"和"药中国老"之称。同时，甘草也是烟草添加剂、食品矫味剂等的重要原料，国内外用量很大。因此，长期以来，甘草一直是

---

* 李明，宁夏农林科学院林业与草地生态研究所研究员，宁夏中药材产业技术服务专家组组长，长期从事药用植物资源与中药材栽培技术研究；马斌，博士，宁夏农林科学院林业与草地生态研究所副研究员，国家中药材产业技术体系中卫综合试验站站长；白秋仙，博士，副研究员，主要从事植物基因功能及进化的基础研究；张新慧，博士，宁夏医科大学药学院教授，博士生导师，主要从事药用植物适应非生物逆境的栽培调控机制及中药材生态种植研究。

国内外大健康产业发展中的焦点和热点之一。

一 甘草的种类及资源分布

（一）本草记述的甘草基原

传统本草有关甘草物种的记载主要集中在植物根部形态的描述，有关本草中甘草植物形态的记载如表1所示。

表1 本草有关甘草物种形态的描述

典籍	物种描述
《本草图经》（宋）	春生青苗，高一二尺；叶如槐叶；七月间开紫花似奈；冬结实作角子如毕豆；根长者三四尺，粗细不定，皮赤，上有横梁，梁下皆细根也
《本草衍义》（宋）	枝叶悉如槐，高五六尺，但叶端微尖而糙涩，似有白毛。实作角生，如相思角，做一本生。子如小扁豆，齿啮不破
《本草纲目》（明）	甘草枝叶悉如槐，高五六尺，但叶端微尖而糙涩，似有白毛，结角如相思角，做一本生，至熟时角拆，子扁如小豆，极坚，齿啮不破
《本草乘雅半偈》（明）	春生苗，高五六尺，叶如槐，七月开花，紫赤如奈冬，结实作角。如毕豆，根长三四尺，粗细不定，皮亦赤，上有横梁，梁下皆细根也。青苗紫花，白毛槐叶
《本草易读》（清）	枝叶如槐状，结角如相思子。二八月采根
《本草崇原集说》（清）	根长三四尺，粗细不定，皮色紫赤，上有横梁，梁下皆细根也

（二）甘草药材历史产区沿革

有关甘草道地性的演化和形成是一个非常漫长的过程，历代本草及相关文献都有记载和描述。本草中有关甘草产地质量信息的描述不是很多，《本草经集注》云："河西上郡不复通市，今出蜀汉中，悉从汶山诸夷中来。赤皮断理，看之坚实者，是抱罕草，最佳。青州间亦有，不如。"《本草品汇精要》云："山西隆庆州者最胜。"《本草简要方》云："产热河、绥远者最佳。"另外，在一些方志中也有相关的信息，《重修镇原县志》载："（平凉府志）县北境最多（辑志）甘草产于邑中者坚实长大，较抱罕最良。故宋志注为原州土贡，根节具用。"《本草图经》载："今陕西、河东州郡皆有之。……今甘草有数种，以坚实断理者为佳。"陕西、河东州郡，即今陕北、宁夏毛乌素沙地一带（含盐池等地）。《药物出产辨》载："产内蒙古，俗称王爷地。"王爷地，即今鄂尔多斯台地一带（含宁夏盐池等地）。近代有"梁外草""西镇草""王爷地草""河川草"等道地药材品牌，其中产于宁夏盐池、陶东、平罗等地称为"上河川草"，也即西镇甘草。《宁夏中药志》记载，宁夏是我国乌拉尔甘草的重点地道产区和核心分布区域，所产甘草以色红皮细、质重粉足、条干顺直、口面新鲜而著称，世人冠以"西镇甘草"，国内外享有盛誉，1995年宁夏盐池县获"中国甘草之乡"殊荣。[1]

综上，从甘草主产地的历史变迁我们可以看出，最初甘草闻名和盛产的是山西、陕西、甘肃一带，山东、青海等地也有零星分布，这可能与历代京城建都于中原有关，而后以上地区资源趋于贫乏而向甘肃开发，逐渐有较多的关于西羌甘草的使用。实际我国边疆省区甘草资源极为丰富，但是由于当时内蒙古、宁夏、东北以及新疆等地人口稀少、交通不便，又远离中原，自然资源保存较好，而且也很少有记载。但是直到20世纪初，宁夏盐池的"西镇甘草"才开始闻名，新疆的甘草直至20世纪50～60年代大面积开荒造田才引起人们的重视。

从以上甘草主产区可以看出，道地甘草的产地具有十分显著的地理特点：多处于沙漠和戈壁地带，干旱少雨，降水主要集中在夏季；日照时间长，光照充足；昼夜温差大；四季分明，夏季高温，冬季寒冷，年温差大。这种地理特点对生长于这一地区的甘草影响十分明显，其所处环境的光照、温度、温差以及水分条件都为甘草的有效成分积累提供了有利条件。

（三）我国甘草的种类

关于中国甘草属植物种质分类，现国内主要有三种学说。

第一种学说是李学禹依据化学成分与比较形态学相结合的原则，提出了甘

---

[1] 李明、张新慧编著《宁夏栽培中药材》，黄河传媒出版集团、阳光出版社，2019，第57～87页。

草属新分类系统。他将国内甘草属植物分为 17 个种、3 个变种①，如乌拉尔甘草（*G. uralensis* Fisch.）、光果甘草（*G. glabra* L. Gen. Pl）、胀果甘草（*G. inflate Bat. in. Act.* Hort. Petrop.）、刺果甘草（*G. pallidiflora* Maxim. Fl. Amur.）、石河子甘草（*G. shiheziensis X. Y. Li.*）、阿拉尔甘草（*G. alalensis X. Y. Li. sp. nov.*）、大叶甘草（*G. macrophylla X. Y. Li.*）、紫花甘草（新种）（*G. purpureiflora X. Y. Li. sp. nov.*）、垂花甘草（新种）（*G. nutantiflora X. Y. Li. sp. nov.*）、平卧甘草（新种）（*G. prostrate X. Y. Li et D. C. F. sp. nov.*）、疏花甘草（新种）（*G. laxirlora X. Y. Li et D. C. F. sp. nov.*）、无腺毛甘草（新种）（*G. eglandulosa X. Y. Li. sp. nov.*）、密腺甘草（变种）（*G. glabra* L. var. *glandulosa X. Y. Li.*）、落果甘草（变种）（*G. glabra* var. *caduca X. Y. Li.*）、疏小叶甘草（变种）（*G. glabra* L. *laxifoliolata X. Y. Li.*）等。

第二种学说是杨昌友依据世界权威著作《邱园名录》（*Index kewensis*）、1981 年出版的《中亚植物检索表》6 卷、1977 年出版的《西巴基斯坦植物志豆科》（100 册）、1948 年出版的《苏联植物志》13 卷、1973 年出版的《苏联植物志》1～30 卷修订补充本以及格鲁波夫（Grubov）《亚洲中部植物》第一卷，1999 年在《植物学研究》发表了《对于甘草属的新分类系统评论》，文中对李学禹的"甘草属新分类系统"提出了质疑，坚持新疆甘草非 17 种，而是 4 种，即中国甘草属植物有 6 种，分别为乌拉尔甘草、光果甘草、胀果甘草、粗毛甘草、圆果甘草、云南甘草等。②

第三种学说，《中国植物志》（电子版）记录我国有 8 种：粗毛甘草、无腺毛甘草、洋甘草（光果甘草）、胀果甘草、刺果甘草、圆果甘草、甘草、云南甘草，主要分布于黄河流域以北各省区，个别种见于云南西北部。

（四）我国甘草资源分布

甘草广泛分布在我国西北、华北、东北等干旱区域的温带荒漠区域和温带草原区域北纬 37°～50°、东经 75°～123°的范围内，横跨我国东北、华北、

---

① 李学禹：《甘草属新分类系统与新分类群的研究》，《植物研究》1993 年第 1 期。
② 杨昌友：《对于甘草属的新分类系统评论》，《植物研究》1999 年第 3 期。

西北地区。随着气候带的延伸，呈东西长、南北较窄的带状分布。包括新疆、内蒙古全境，甘肃、宁夏、青海、陕西、山西部分地区，河北北部，辽宁、吉林、黑龙江西部。现今我国商品甘草通常按主产区分为东甘草、西甘草和新疆甘草 3 类。

东甘草，又称东北甘草。原植物种为乌拉尔甘草，主产区为黑龙江省的肇东、肇原、肇州、泰来、安达，辽宁的北票、阜新、彰新、康平、黑山，吉林的农安、梨树、前郭等，以及内蒙古赤峰市、通辽市。以乾安、通榆所产的甘草品质为佳。历史上该地区曾是甘草的主产区之一，但近几十年来资源破坏严重，产量急剧下降。

西甘草，原植物种为乌拉尔甘草。主产地为内蒙古鄂尔多斯市、阿拉善盟、巴彦淖尔，宁夏、陕西北部及甘肃东部地区。甘草大多生长在地下水位较深的半荒漠草原、沙地或梁地上。在人烟稀少地区常形成大面积的优势群落。该地区现为我国甘草的分布中心，甘草药材质量好，多数商品皮色红、粉性足、甘草酸含量高。其中尤以内蒙古杭锦旗、鄂托克前旗（历史上"梁外甘草"的主产地），宁夏的灵、盐台地（历史上"西正甘草"的主产地）所产最具代表性。

新疆甘草，又称原料草。原植物种类多，几乎包括国产甘草全部种类，其中以光果甘草、乌拉尔甘草、胀果甘草为最重要。该地区是 20 世纪 60 年代后随着农垦业发展兴起的重要商品甘草基地。该地区产甘草药材的外观及内在质量，因产地生长条件复杂，品种多而变化大，不少药材外皮呈灰棕色、质脆、筋多，但药材价格便宜。乌拉尔甘草从新疆北疆的额尔齐斯河流域向东、向南，经河西走廊、鄂尔多斯高原一直延伸到东北科尔沁草原，向南进入青海高原。胀果甘草主要分布在新疆南疆，东线可达甘肃河西走廊，再往东很少。北疆大部分地区年均温度低、湿度大，缺少胀果甘草所需要的干燥度和光热，分布极少。光果甘草主要分布在新疆天山南北坡水源较充足的地方。①

---

① 李明、张新慧编著《宁夏栽培中药材》，黄河传媒出版集团、阳光出版社，2019，第57~87页。

（五）甘草的生态类型

在甘草的自然分布区内，由于地形、地貌、土壤、水分等生态条件的差异，形成三种适应生态环境的甘草生态类型。

1. 沙地甘草

一般生长于平铺沙地，地势低于梁地而高于滩地，相对高差 1~10 米不等。伴生植物主要以油蒿（*Aretemisica ordosica*）、刺沙蓬（*Salsola pestifer*）等耐旱的沙生植物为主。土壤为风沙土或沙壤土，肥力较低，风蚀、风积作用强烈，土壤水分条件一般。

沙地甘草水平垂直根系较发达，水平根茎呈不规则放射形，分支多，形成以母株为主体的、由数量不等的分支组成的强大地下水平根茎网络。生长在沙化环境的植株随着覆沙厚度增加，可形成 2~3 层的水平根茎层，根头一般在地面 50~100 厘米以下，商品草以根茎为主。

2. 梁地甘草

一般生长于梁地，多属于干燥剥蚀高地，地势较高，地形波状起伏。伴生植物主要有骆驼蓬（*Peganum nigellastrum*）、黄蒿（*Artemisia scoparis*）、锦鸡儿（*Caragana intermidia*）等旱生、超旱生植物等。土壤主要为灰钙土，风蚀作用较强。地下水位较低，土壤水分条件较差。

梁地甘草根茎不发达，水平分支少，延伸范围小，主根发达，呈上粗下细状，根头距地面 20~30 厘米，商品草以主根为主。

3. 滩地甘草

一般生长于地势低平、地形起伏不大的滩地。伴生植物主要以芨芨草（*Achnatherum splendens*）、盐爪爪（*Kalidium foliatum*）、碱蓬（*Suaeda glauca*）、白刺（*Nitraria tangutarum*）等耐盐、耐湿植物为主。土壤主要为草甸灌淤土、盐渍土，土壤较黏重、紧实，透气性较差，地下水位较高，一般 1~3 米，土壤水分条件较好。

滩地甘草水平匍匐根茎发达，延伸范围大，水平根茎一般分布于距地面 20~30 厘米处，主根不发达，商品草以根茎为主。

二 甘草药用历史及研究应用

（一）传统功效

甘草味甘，性平，入脾、胃、肺经，最早记载于东汉时期的《神农本草经》，被列为药之上乘。后世，东汉《伤寒论》、汉末《名医别录》、唐甄权所著《药性论》、唐《药性本草》、宋张元素撰《珍珠囊》、元王好古著《汤液本草》、明《日华子诸家本草》中均有甘草药用记载。明李时珍集各家所长，在《本草纲目》中记述，"甘草主治五脏六腑寒热邪气，坚筋骨，长肌肉，倍气力，解毒，久服轻身延年。诸药中甘草为君，治七十二种乳石毒，解一千二百草木毒，调和众药有功，故有'国老'之号。通入手足十二经"，可见甘草可补气、缓急，中医临床多入复方，功在调和诸药、降低诸药毒副作用。[①]

（二）临床应用

在传统临床应用中，甘草多以复方入药，通过和、缓、补等法达到止痛、去火、补益、调和诸药、解百草毒等功效，进而治疗多种疾病。白术、干漆、苦参为之使，恶远志，反大戟、芫花、甘遂、海藻。元代王好古的《汤液本草》中记载，"附子理中用甘草，恐其僭上也；调胃承气用甘草，恐其速下也；二药用之非和也，皆缓也。小柴胡有柴胡、黄芩之寒，人参、半夏之温，其中用甘草者，则有调和之意。中不满而用甘为之补，中满者用甘为之泄，此升降浮沉也。凤髓丹之甘，缓肾急而生元气，亦甘补之意也"，道出了甘草调和诸药药性的功用。[②]

（三）现代药理学研究

现代医学研究证实，甘草具有多种药理活性，主要包括保肝、止咳、镇

---

① 李明、张新慧编著《宁夏栽培中药材》，黄河传媒出版集团、阳光出版社，2019，第57~87页。

② 李明、张新慧编著《宁夏栽培中药材》，黄河传媒出版集团、阳光出版社，2019，第57~87页。

静、抗溃疡、抗炎、抑菌、抗病毒、抗肿瘤、抗氧化、抗变态反应、抗过敏、解毒、神经保护、美白、降糖、增强记忆力等作用。

甘草复方及提取物多用于各类肝病的防治，近年来物质基础研究证实甘草保肝的有效成分主要为甘草酸、甘草次酸等三萜类成分和甘草黄酮类成分。甘草具有良好的润肺、止咳、祛痰功效，甘草制剂及其提取物甘草酸、甘草次酸等均有一定的镇静作用。甘草具有良好的抗溃疡贡献，其主要有效成分是甘草酸及其衍生物，甘草黄酮也具有一定的抗溃疡功效。甘草提取物及制剂具有一定的抗炎、抗菌、抗病毒活性，对多种革兰氏阴性菌、革兰氏阳性菌及人类免疫缺陷病毒（HIV－1）、传染性非典型肺炎病毒（SARS）、新型冠状病毒、呼吸系统病毒、水泡性口膜炎病毒等多种病毒均表现一定的抑制作用。甘草可直接有效抑制乳腺癌、欧利希肿瘤、埃列希腹水肿瘤、子宫内膜癌及多种实体瘤的生长和细胞增殖，同时还能有效抑制肺癌的转移，诱导胃癌细胞凋亡。甘草提取物具有良好的清除自由基和抗氧化的功效，能有效提高机体的抵抗力。甘草及其提取物可作为毒性拮抗剂，用以对抗某些抗肿瘤药、抗结核药的肝、肾及骨髓毒性等，疗效明显，其减毒的物质基础为甘草酸及其代谢产物。甘草提取物具有一定的降糖、降胆固醇作用，可有效预防糖尿病的血管并发症和保护肾脏机能，有效缓解高胆固醇血症。甘草具有盐皮质激素样作用，可调节妇女体内睾酮的含量，诱导生长激素的生成等。[①]

长期、过量服用甘草提取物及其制剂时，也会产生不良反应，目前报道的有过敏反应、假性醛固酮增多症，以及消化系统、神经系统、呼吸系统、内分泌系统出现的不良反应等。[②]

（四）现代医药应用

现代研究表明，甘草中的甘草酸类成分是中药复方的有效部位之一。以

---

① 李明、张新慧编著《宁夏栽培中药材》，黄河传媒出版集团、阳光出版社，2019，第57~87页。
② 李明、张新慧编著《宁夏栽培中药材》，黄河传媒出版集团、阳光出版社，2019，第57~87页。

甘草酸作为保肝活性物质的药物，目前已开发出四代产品，有效提高了甘草的生物利用度，增强了肝脏靶向性，降低了不良反应。第一代制剂是甘草甜素片；第二代选用β-甘草酸单铵盐为主要成分，做成复方甘草酸苷类，且开发出了多种剂型；第三代以甘草酸二铵为主要成分，是α体和β体的混合物；第四代开发出甘草酸单一立体异构体镁盐，18α-甘草酸含量达98%以上，目前仅有注射剂面世。

除保肝作用外，甘草酸、甘草次酸具有促肾上腺皮质激素作用，能减少尿量及钠排出，增加钾排出，血钠上升，血钙降低，可用于解毒、抗炎、镇咳、抗肿瘤、抗溃疡、抗菌等，其甘草酸锌盐还可用作补锌药物。甘草酸铁盐、铝盐对治疗胃及十二指肠溃疡疗效显著，其产品在荷兰、德国等多个国家已申请专利。[①]

三 药材质量特征和标准

（一）本草记述的药材性状及质量

道地性状为道地药材的传统质量评价指标，是药材质量特征的客观历史总结，具有简单实用且较为稳定的特性。相较于甘草比较普遍的道地产区的记载，本草对甘草道地性状的描述比较一致，主要从颜色、大小、质地、断面、整体性状等几个方面进行了描述，并分别用"最佳""良""佳""功力尤胜"等形容其相应质量（见表2）。

表2 主要本草典籍有关甘草道地性状的描述

典籍	性状描述
《本草经集注》（南朝·梁）	赤皮、断理，看之坚实者，是抱罕草，最佳
《新修本草》（唐）	同《本草经集注》
《本草图经》（宋）	甘草有数种，以坚实断理者为佳
《本草纲目》（明）	大径寸而节紧断文者为佳

---

① 李学禹：《甘草属新分类系统与新分类群的研究》，《植物研究》1993年第1期。

续表

典籍	性状描述
《本草品汇精要》（明）	根坚实有粉而肥者为好
《本草乘雅半偈》（明）	以坚实断理者佳，取黄中通理者
《本草蒙筌》（明）	身选壮大横纹
《本草易读》（清）	大而紧结者良
《本草备要》（清）	大而紧结者良
《本草从新》（清）	大而结者良，名粉草（弹之有粉出）
《本草崇原》（清）	以坚实断理者为佳
《得配本草》（清）	大而结紧断文者为佳，谓之粉草
《本草述钩元》（清）	大至径寸而结紧，横有断纹者佳
《本草简要方》（民国）	老者黑色，名铁甘草，功力尤胜
《中国道地药材》	体重实，粉性足
《新编中药志》	皮细紧，色红棕，断面黄白色，粉性足者为佳
《中华本草》	皮细紧，色棕红，质坚实，断面黄白、粉性足者为佳
《朔方道志》	中黑者名铁心甘草，最良

由表2可见，外表"赤皮""结紧""横纹"、质地"坚实"、大小"大径寸""壮大"、断面"断理""粉性""黄白"为传统评价甘草质优的性状标准。历代对甘草道地性状的认识比较一致。其中，"大""横纹""坚实""粉性"是记述频率比较高的性状特征，"赤皮"性状虽记述频率不高，但是记述时间较早，并为《新修本草》和现代本草所承认。"断面黄白"是现代本草所记述的甘草优良性状特征，在古代本草中，只有《本草乘雅半偈》中有相关的描述"取黄中通理者"。另外，《本草简要方》和《朔方道志》提出"黑"的颜色性状，并且明确指出"功力尤胜""最良"，而现代商品学对甘草"黑心节"所占药材的比例进行了严格的限制，两者相互矛盾。

甘草可以通过表面横纹性状来表征其内在质量（结紧断文、结紧、横有断纹者佳）；"坚实"主要是指药材质地而言；"粉性"是断面的一个指标，粉性强（纤维少）则质量好（粉而肥者为好，弹之有粉出）；"黄白"虽然不是传统本草记载的性状，但是现代本草认为是评价其质量优良的一个标志；表面颜色红棕色（赤皮）、体积"大径寸""壮大"等也是甘草的重要外在形状指标；另外，在商品流通中，甘草体态指标（顺直、分叉）也是一个重要的指标，顺直者为好。综上所述，甘草的道地性状质量评价指标可以总结为条杆顺直、粗大、表面红棕色、横纹、质地坚实、断面黄白、粉性足者佳。①

（二）道地药材质量特征的研究

药材中具有化学成分的种类及其含量是药效作用的物质基础，也是药材质量评价的主要指标。现代研究证明，甘草中主要有三萜皂苷类、黄酮类、多糖类化合物等多种生物活性物质。② 甘草酸是三萜皂苷类化合物的主要活性成分，水解后产生二分子葡萄糖醛酸和一分子 18β-甘草次酸。现已报道的甘草黄酮类成分可以分为黄酮类、黄酮醇类、二氢黄酮类、查耳酮类、异黄酮类等几大类，其中代表性化合物主要有甘草苷、异甘草苷、甘草素、甘草查耳酮 A 等。③

现代研究表明，甘草化学成分与本草记述的道地性状存在一定的关联性。具有色棕红、断面黄色、粉性强等特征的样品，甘草酸、甘草苷含量较高。表面颜色特征（淡红色、暗酱色）、甘草断面特征（颜色黄、白，粉性强、弱）都与其一种或数种活性成分的含量存在一定的相关性。表面颜色暗酱色、断面颜色黄色、粉性强的性状特征，与甘草苷含量具有明显正相关，表面淡红色、断面白色、粉性弱者含量普遍偏低；断面颜色黄色、粉性强的药材中，甘草酸含量显著高于断面白色、粉性弱者。另外，表皮颜色的深浅、断面粉性强弱以及表面具横纹或纵纹等性状，与异甘草素、甘草次酸和总黄酮等化学成分含量相关。上述研究结果表明，表面颜色特征、断面特征、粉性、横纹等存在一定的物质基础特征，本草典籍以此作为甘草质量评价的指标具有一定的科学意义，也可以作为现代进行道地药材评价的

① 李学禹：《甘草属新分类系统与新分类群的研究》，《植物研究》1993 年第 1 期。
② 高雪岩、王文全、魏胜利等：《甘草及其活性成分的药理活性研究进展》，《中国中药志》2009 年第 21 期。
③ 段天璇、于密密、刘春生等：《HPLC 法同时测定甘草指纹图谱暨甘草苷、甘草酸含量》，《中成药》2006 年第 2 期。

指标。

多项研究证明，不同产地甘草的质量之间存在较大差别。对芹糖基甘草苷、甘草苷、芹糖基异甘草苷、异甘草苷、甘草查尔酮B、甘草素、刺甘草查尔酮、异甘草素和甘草酸等9种化学成分含量的测定结果表明，不同产地药材中9种成分的含量均存在不同程度的差异。化学成分的指纹图谱，能够较好地反映药材中主要成分的种类和数量特征信息，多数研究报道，不同产地的野生甘草和不同产地的栽培甘草的化学指纹图谱之间均存在一定的差异，可用作道地药材特征的研究。[1] 新疆甘草中甘草酸的含量一般较高，但甘草苷含量相对其他地区较低。由此说明，多部本草以产地评价甘草质量的方法具有科学性，产地可作为评价甘草道地药材质量的基本要素。

历代本草记述的甘草以野生为对象，目前栽培品已成为主流商品。大量研究证明，栽培品的甘草酸含量较野生明显偏低。通过对黑龙江、吉林、辽宁、内蒙古、陕西、宁夏、甘肃、新疆99份野生和栽培药材测定发现，野生样品的甘草酸含量90%以上达到《中国药典》（2015年版）规定的含量下限标准（2.0%）；生长2~4年的栽培样品有近一半达不到该标准，而且在外观性状上与野生品也有明显区别；在野生甘草的生长环境下仿野生栽培（生长7~8年及以上）的药材，其外观性状和化学成分与野生品较接近。[2]

（三）甘草药材商品规格

《中国药典》（2020年版）中收载甘草的质量评价标准主要包括性状、鉴别、检查、含量测定等几个方面，其中含量测定以甘草酸和甘草苷为指标，规定含甘草苷（$C_{21}H_{22}O_9$）不得少于0.50%，甘草酸（$C_{42}H_{62}O_{16}$）不得少于2.0%。甘草饮片中，含甘草苷（$C_{21}H_{22}O_9$）不得少于0.45%，甘草酸（$C_{42}H_{62}O_{16}$）不得少于1.80%。另外，检查项中规定总灰分不得超过7.0%，酸不溶性灰分不得超过2.0%，并对有害重金属元素含量及农药残留量的限

---

[1] 段天璇、于密密、刘春生等：《HPLC法同时测定甘草指纹图谱暨甘草苷、甘草酸含量》，《中成药》2006年第2期。

[2] 李明、张新慧编著《宁夏栽培中药材》，黄河传媒出版集团、阳光出版社，2019，第57~87页。

量做了规定。①

甘草药材的商品规格主要以性状进行判断，根据中国中医科学院主编的《中药材商品规格等级标准汇编》（2018 年版）、中华中医药学会发布的《中药材商品规格等级：甘草》T/CACM 1021.6-2018 之规定，依据甘草根和根茎加工后的部位，将甘草药材分为"条草""毛草""草节""疙瘩头"四个规格；在规格项下，根据长度范围及口径、尾径范围进行等级划分（见表 3）。

表 3　规格等级划分

规格		等级	性状描述			
			共同点	区别点		
				长度（cm）	口径（cm）	尾径（cm）
野生甘草	甘草	条草 一等	呈圆柱形，单枝顺直。表面红棕色、淡红棕色、红褐色、棕褐色或灰棕色，皮细紧，有纵纹，斩去头尾，口面整齐。质坚实、体重。断面黄色至黄白色，粉性足或一般。味甜。间有黑心。	25~100	>1.7	>1.1
		条草 二等			1.1~1.7	>0.6
		条草 三等			0.6~1.0	>0.3
		毛草 统货		—	<0.6	—
		草节 统货		6~25	≥0.6	—
		疙瘩头 统货	系加工条草砍下之根头，呈疙瘩头状	—	—	—
	胀果甘草	条草 统货	呈圆柱形，单枝顺直。表面灰棕色或灰褐色，外皮粗糙，斩去头尾，口面整齐。质坚硬、体重。断面黄白色，间有黑心。粉性小。味甜	25~100	>0.6	>0.3
		毛草 统货		—	<0.6	—
	光果甘草	条草 统货	呈圆柱形，单枝顺直。表面灰棕色，皮孔细而不明显，斩去头尾，口面整齐。质地较坚实、体重。断面黄白色，粉性一般，味甜。间有黑心	25~100	>0.6	>0.3
		毛草 统货		—	<0.6	—

① 国家药典委员会：《中国药典》，中国医药科技出版社，2020，第 297~298 页。

续表

规格		等级	性状描述			
			共同点	区别点		
				长度（cm）	口径（cm）	尾径（cm）
栽培甘草	条草	一等	呈圆柱形，单枝顺直。表面红棕色、淡红棕色、红褐色、棕褐色或灰棕色，皮细紧，有纵纹，斩去头尾，口面整齐。质坚实、体重。断面黄色至黄白色，粉性足或一般。味甜。间有黑心	25～100	>1.7	>1.1
		二等			1.1～1.7	>0.6
		三等			0.6～1.0	>0.3
		统货			>0.6	>0.3
	毛草	统货		—	<0.6	—
	草节	统货		—	≥0.6	—

注：1. 甘草一般斩去头尾，以口尾径测量；

2.《国务院关于禁止采集和销售发菜制止滥挖甘草和麻黄草有关问题的通知》规定制止滥挖甘草，由取得采集证的持证人采挖，且由于野生甘草越来越匮乏、种植较多的现状，当前药材市场甘草规格按照野生甘草和栽培甘草进行划分；

3. 栽培甘草的商品性状和品质与品种、产地等有一定相关性，但因种植年限过短，品质均受影响；

4. 甘草市场以皮色红为质量优，再据口尾径及长度划分等级；

5. 目前栽培甘草以乌拉尔甘草为主。

四 甘草产业链的现状与技术提升

（一）甘草野生资源、人工种植与进出口情况

1. 野生甘草资源现状

甘草适宜生长在干旱、半干旱地区，土质以肥沃疏松（微弱碱）的沙质土壤、草原地带及河岸沙地为佳。目前，野生甘草主要分布在内蒙古、新疆和宁夏，另外青海、甘肃、陕西、山西、吉林、黑龙江和辽宁等地也有所分布。随着人民生活水平的不断提高以及保健意识的不断增强，甘草的市场需求一直逐步升高，导致甘草消耗数量不断攀升，除了在药用方面，甘草在食品、保健品、化妆品等方面也有着很大的需求量。在经济利益的驱动下，甘草的过度开采造成了西北多地草场退化，引发了严重的沙漠化现象。20 世纪50 年代中国甘草年产量约为 5000 吨，20 世纪 70 年代产量约增长了 4 倍，90

年代产量约增长了 9 倍，到 21 世纪初产量增长了 10～11 倍，使用量的不断增加导致中国野生资源的蕴藏量不断减少。

2. 甘草种子生产现状

我国每年甘草产量 6 万吨干品、25 万吨鲜品，按亩产鲜甘草 1000 公斤计算，每年采挖 25 万亩才能平衡。三年的生产周期，就得有 75 万亩人工甘草的留床，且每年都得新增 20 万亩，全国仅宁夏、内蒙古、甘肃、新疆等几个省区种甘草，而贫穷落后和恶劣的生态环境总是伴随着甘草适生区。如果用常规技术搞种子直播，种植成功率大概为 70%，种成 20 万亩需要播种 30 万亩才能完成。我国目前还没有成规模的人工甘草种子繁育基地，一般种植甘草生长四年才能开花结实，而多数情况下种植甘草生长至第四年也是病虫害的高发期，甘草自然死亡较为严重。当前甘草种子主要依赖内蒙古、新疆野生甘草保护区采收，受自然条件的制约，产量品质低且不稳定，全国甘草种子年产量约为 200～300 吨，全部用来直播，只能种植 6 万～10 万亩，全部成功也只能供应满足 20%～30% 的市场需求。种子短缺瓶颈在短期内无法突破。

宁夏盐池县、灵武市、红寺堡等及其周边区域是我国乌拉尔甘草核心分布区域，也是乌拉尔甘草种质核心区。2010 年前后，盐池县正常年份甘草种子产量可有七八吨，由于农业、能源产业开发，以及人工柠条林影响，盐池天然草场甘草种子的生产力越来越弱，2017 年甘草种子几乎绝收。盐池县高沙窝镇是开展甘草人工种植最早的地方之一，甘草种子的交易延续了近 30 年，至今高沙窝镇仍然是全国甘草种子集散流通中心，流通量占全国总量的 2/3。据估算，全国每年甘草种子量不足 300 吨，几乎完全依赖于野生甘草，人工甘草种子产量很低，甘草种子严重匮乏。

3. 栽培甘草生产现状

甘草野生变家种研究始于 20 世纪 60 年代，至 80 年代中后期关键技术问题取得突破，90 年代中期进入规模化生产阶段。20 世纪末，甘草规模化种植基地逐步建立，目前种植规模较大的地区有内蒙古鄂尔多斯、包头和赤峰，宁夏平罗、盐池、吴忠，甘肃庆阳、民勤、酒泉、玉门，新疆巴楚、库尔勒、精河、阜康和塔城等地。另外，吉林白城、山西和陕西北部以及青海东部地区也有一定规模种植。虽然甘草种植面积在不断扩大，但栽培甘草药材质量存在良莠不齐的现象。首先，人工种植甘草存在严重的种源混乱问题。其次，种植甘草常出现甘草酸含量低（低于《中华人民共和国药典》规定）且不稳定等问题，严重影响了甘草的临床疗效和质量控制，也造成甘草资源的巨大浪费。[①] 可见，目前栽培甘草的质量仍是严重制约甘草产业可持续健康发展的重要因素。提高栽培甘草质量已经成为解决甘草资源可持续发展的关键性问题。

宁夏是我国最早开始甘草人工种植研究的省区之一，自 1998 年起就全面系统地开展了甘草产业化关键技术研究，先后开展了《重点道地中药材开发技术研究》《宁夏道地沙生中药材资源保护及可持续发展关键技术研究与示范》《宁夏沙生中药材种质资源利用与规范化种植技术研究示范》《中部干旱带甘草产业关键技术研究与示范》《甘草规范化种植基地优化升级与系列产品开发》《宁夏中药材基地建设关键技术创新与产业化应用》，储备了较为完善和系统的栽培技术体系。

目前，我国的甘草种植主要集中在甘肃、宁夏、内蒙古、新疆四省区，年内总留床面积（含仿野生种植）为 19.7 万亩（见表 4）。

表 4 2023 年全国甘草留床与预估采挖面积

单位：亩

省区	市县	2023 年留床	2023 年预估采挖	备注
甘肃	酒泉市（含民勤）	15000	5000	
	榆中县	2000	500	
	景泰县	8000	3000	
	小计	25000	8500	
宁夏	盐池县	3000	500	
	红寺堡区	7000	3000	
	小计	10000	3500	

---

① 李海华、青梅、于娟等：《甘草的研究进展》，《内蒙古医科大学学报》2015 年第 2 期。

省区	市县	2023 年留床	2023 年预估采挖	备注
内蒙古	磴口县	10000	7000	仿野生
	杭锦旗	50000	20000	
	鄂尔多斯	20000	5000	
	小计	80000	32000	
新疆	库尔勒	70000	30000	新增 4 万亩
	且末县	7000	2000	
	阿克苏	5000	2000	
	小计	82000	34000	
	合计	197000	78000	

农林复合系统被认为是提高某些作物目标品质的有效栽培方法。早期研究已经表明，甘草植物具有一定程度的耐阴能力，因此适合在农林复合系统中种植。退耕还林还草和防护林建设是西北地区生态文明建设的重要组成部分，生态种植是实现绿色发展的必然要求。中药生态农业是中药农业的前进方向，要在甘草产业发展中寻求与环境保护和粮食安全相契合的发展方向，以突破产业发展的局限。

4. 我国甘草市场需求与进出口情况

据国家林业和草原局办公室《林草中药材产业发展指南》公布的数据，我国甘草市场的年需求量为 5 万吨以上，而我国当前的采挖面积不到 8 万亩，仅能满足市场需求的 30%～40%。我国甘草资源逐渐紧缺，虽然有人工种植甘草进行补充，但仍无法满足国内外市场的需求。而西部邻国乌兹别克斯坦和土库曼斯坦等中亚国家野生甘草资源丰富，品质较好，受到了国内厂商青睐。据中国医保商会根据海关数据整理，甘草是我国进出口十大药材品种之一，进出口量居于第三位。

为缓解甘草资源短缺的矛盾，我国于 2008 年起实施相关引导政策，对进口甘草免关税，在出口配额的分配上，也对进口甘草企业进行配额奖励，大大调动了企业进口甘草的积极性。从进口地区来看，中亚的土库曼斯坦、乌兹别克斯坦、哈萨克斯坦和阿塞拜疆是我国甘草进口的主要地区。另外，我国从巴基斯坦、塔吉克斯坦和阿富汗也进口少量甘草。

针对甘草市场容量数据统计显示，2022年全球甘草市场规模达到26.15亿元，中国甘草市场规模达到8.92亿元。依据市场历史趋势并结合市场发展趋势，预测到2028年全球甘草市场规模将达到35.93亿元，在预测反测期间市场规模将以5.25%的年复合增长率变化。[①]

（二）甘草质量标准与炮制加工

1. 甘草的质量标准

中药材及中药饮片质量是确保临床用药安全有效的重要物质基础，其质量好坏直接影响治疗效果。[②] 甘草现行质量标准以化学药模式，与安全性和有效性关联不大，难以有效地评价和控制其内在质量。中药甘草具有品种繁多、来源复杂等特点，而现行质量标准主要是参照化学药模式，通过定性定量测定指标性成分的方法而制定。《中华人民共和国药典》中检测了甘草酸和甘草苷两种含量指标，而欧洲药典、美国药典和日本药典只规定了甘草酸一种含量指标。[③] 然而，对于在中医理论指导下使用的甘草而言，首先，单纯地检测两种化学成分既难以有效地监控其质量，更难以反映其安全性和有效性，无法准确地评价和控制其内在质量。其次，甘草具有补脾益气、清热解毒等诸多功效，其主要活性成分包括皂苷、多糖以及黄酮等多种化学成分，[④] 由于其化学成分的多样性导致甘草传统功效的物质基础尚未明确，其作用机制有待于进一步揭示。另外，甘草还有诸多的炮制品，就目前的质量标准而言，还导致了生甘草与炙甘草的专属性特征不明，甘草饮片（生品、蜜炙品）之间专属性功效成分差异不明等问题，严重制约了甘草的大健康产

---

① 马帅、王诺、杨光、阙灵：《我国甘草及其制品进出境调查研究》，《中国中药杂志》2017年第11期。

② 马艳芹、周永峰、张蓉蓉等：《结合中药饮片质量现状探讨其解决策略》，《首都食品与医药》2018年第2期。

③ 吴亚超、张永洁、张文生等：《中国药典甘草质量标准与美、欧、日三国的对比分析》，《药物评价研究》2015年第5期。

④ 李薇、宋新波、张丽娟等：《甘草中化学成分研究进展》，《辽宁中医药大学学报》2012年第7期。

品应用及深入开发。

2. 甘草饮片生产及其炮制工艺

中药炮制是在长时间的临床实践过程中总结出来的宝贵经验。中药饮片经过炮制加工后其化学成分也会发生相应的变化。炮制过程中的各个环节如浸泡、干燥、切制、炒制、蒸制等操作失法或者炮制辅料使用不当等均可影响中药药效，甚至产生毒副作用，危及患者生命安危。[①]

甘草为中国最常用的中药饮片之一，但其质量现状并不乐观，并未形成健全的饮片生产及质量评价体系。甘草的主要炮制方法为蜜炙法：将炼蜜稀释后淋于甘草片上，拌匀、闷透，文火炒至金黄色，不粘手，取出、放凉。该工艺为传统工艺，不仅费时耗力，还会受到操作者炮制技术经验的影响，不易规模化生产。[②] 近年来，国家药品监督管理局发布多批次甘草不合格产品通告，生甘草饮片不合格率约为50%（其中主要为甘草酸、甘草苷含量不合格）。[③] 甘草饮片生产绝大多数以传统手工为主，全国自动化生产企业不足1/3。[④] 对于甘草炮制质量问题，国外报道较少，国内学者及本项目组前期开展了一些甘草药材品质评价、品质形成、物质基础及甘草饮片炮制等相关研究，但成果均较零散且未形成技术工具。上述问题直接导致了甘草饮片及深加工等产品的加工方法和技术现代化程度及生产效率较低，炮制工艺不规范及产品质量不稳定。生甘草与炙甘草缺乏快速有效的鉴别与评价方法，而完善甘草饮片及深加工产品质量标准将助力甘草品质的提升。因此，中国迫切

---

① 刘凤娄：《浅谈影响中药饮片质量的几种因素》，《华北国防医药》2007年第2期；金世元、王琦：《中药饮片炮制研究与临床应用》，化学工业出版社，2003，第11页。

② 王元清、江明星、王智等：《细辛炮制品HPLC指纹图谱定性与有效成分定量分析研究》，《中药材》2015年第7期；刘佳、费宇彤、钟赣生等：《十八反中甘草大戟反药组合临床同用文献的文献特征分析》，载《第五届全国中医药博士生学术论坛论文集》，2014；王世华：《甘草炮制方法对甘草苷和甘草酸含量的影响》，《中国医院用药评价与分析》2017年第6期；宋梦晗、吴鹏、张学兰等：《HPLC法比较远志3种炮制品中8种有机酸》，《中成药》2016年第7期；史辑、黄玉秋、耿彤彤等：《星点设计—效应面法优选制巴戟天炮制工艺》，《中国中医药信息杂志》2016年第12期。

③ 邓哲、焦梦姣、章军等：《相对质量常数用于甘草饮片等级评价研究》，《中国中药杂志》2017年第13期；耿家玲、康绍建、柴文英：《甘草、炙甘草饮片中甘草苷和甘草酸含量考察》，《中国药师》2011年第12期。

④ 张泰：《甘草炮制原理的初步研究》，硕士学位论文，山东中医药大学，2008。

需要攻克甘草药材品质形成机制、甘草饮片生产技术升级、饮片质量控制标准化评价体系健全完善等诸多技术难题，形成甘草饮片生产技术与质量评价成套技术工具，保障提升甘草饮片品质。

（三）甘草提取工艺与加工产业链现状

1. 甘草提取工艺现状

甘草是一种具有多种活性成分的中药，有效成分主要为三萜皂苷类物质、黄酮类物质和多糖类物质等。随着人们对甘草有效成分提取研究的不断深入，其有效成分提取分离方法也越来越多。常规方法包括溶剂提取法、超声提取法、超临界二氧化碳萃取法、微波法等。目前，甘草提取工艺仍多以传统工艺为主，亟待开发节能高效的提取工艺。水溶液提取法是最原始的提取方法，此法操作简便，提取设备要求低[1]，价格低廉，但其提取得率也较低[2]，提取液易腐败霉变，过滤困难、费时费力。目前国内外甘草活性成分提取普遍采用传统的回流提取法，该方法生产成本低廉，工艺简单，提取设备要求不高，收率较好，在工业生产中得到广泛应用。[3] 但该方法容易造成有机溶剂残留，影响产品质量，另外还存在高温提取破坏热敏性成分、能耗高、生产效率低等缺点。少数采用超声波提取法和微波辅助提取法等，虽有高效提取等优点，但规模小、推广应用非常难。活性成分分离普遍采用传统的溶剂萃取法和大孔吸附树脂法，[4] 存在生产效率低、污水量大、能耗高等缺点。新型的萃取技术有双水相萃取和固相萃取法，都处于实验室研究水平，推广应用非常难。因此，高效节能的提取工艺的开发对甘草产业的发展

---

[1] 张志东、唐琦勇、茆军等：《甘草黄酮提取方法研究进展》，《新疆农业科学》2006年第6期。

[2] 苑可武、白芳、杨波等：《甘草酸的提取和精制法概述》，《中国医药工业杂志》2002年第7期。

[3] 刘育辰、王文全、郭洪祝：《甘草有效成分的提取纯化方法研究进展》，《中成药》2010年第11期。

[4] 米靖宇、宋纯清：《大孔吸附树脂在中草药研究中的应用进展》，《中成药》2001年第12期；乔五忠、王艳辉、李美粉：《利用大孔吸附树脂精制甘草酸的研究》，《中成药》2006年第6期。

十分必要。

2. 甘草加工品及其产业链发展

目前，现有的甘草生产企业多以饮片加工为主，提取及深加工企业较少。甘草生产企业科研实力较低，生产、经营规模不大，缺乏有力的市场竞争力，大部分企业仍以出售原药材为主，产品优势不突出。[①] 而甘草制品又多以粗加工为主，新颖的大健康产品开发严重不足。目前，国外对甘草的研究主要集中于其深加工产物的生物活性作用评价方面。国内，甘草资源的深加工和利用仍处于简单的原料加工阶段，除个别大型企业外，大部分企业对甘草中有效成分的开发、生产仅限于初级粗加工，产品科技含量低，造成甘草资源的严重浪费。[②] 近些年，对于甘草的大健康产品的开发更是少之又少，十分有必要对以甘草为原料的深加工功能性大健康产品进行深入研究与开发，以提高甘草制品的资源附加值，提升甘草产业链的整体生产力水平。

（四）甘草产业链的技术提升

1. 栽培技术的提升

（1）甘草规范化栽培技术

目前，甘草的野生资源遭到严重破坏。政府和种植企业虽然加大了甘草的人工种植力度，但中药的质量受到多种因素的影响，如种苗的来源、种植地的生态环境、加工方法等，盲目地引种栽培将影响甘草药材的质量。因此，需要对甘草进行生态适宜性研究，结合甘草人工栽培技术，寻找安全可靠的种植区域，保证甘草的产量和质量。药用植物全球产地生态适宜性区划信息系统（GMPGIS）是国际上第一个专业化的药用植物产地适宜性分析系统。[③] 目前，中国基于该系统可对甘草产地适宜性进行研究，通过系统定量化、可视化的结果，分析药材合理的引种及生产布局区域，指导甘草药材的人工种植。

---

① 蔺海明：《甘肃省中药材产业现状与发展》，《中国现代中药》2011年第6期。
② 李守谦：《甘肃省甘草产业发展存在的问题与建议》，《甘肃农业科技》2013年第11期。
③ 吴明丽、胡志刚、李西文等：《基于GMPGIS的地乌全球产地生态适宜性分析》，《世界科学研究—中医药现代化》2016年第8期。

甘草药材原植物在种间仅有细微的差别，这使甘草药材分类较困难。传统的理化鉴定、显微鉴定等鉴定方法，存在对仪器要求较高，操作较为复杂等问题，并且对于差异不显著的近缘物种，采用传统的鉴定检验方法进行分类鉴定存在着巨大的困难。[①] 因此，急需一种操作方便、检测高效、易于标准化的甘草来源物种鉴定方法。DNA 条形码（DNA barcoding）是一种基于DNA 序列进行生物物种鉴定的技术，该技术具有所需供试品量少、不受物种个体形态限制、实验结果稳定且特异性强，具有极高的可重复性等优势。[②]将 DNA 条形码技术应用于甘草的鉴定中，无疑是对传统甘草鉴定方法的一个巨大补充，可以加快对甘草物种的鉴定效率，保证药品质量。

明确甘草药材质量形成机制也是保证栽培甘草药材质量的关键环节之一。由于植物具有复杂的初级及次级代谢产物，其分布在各器官组织中均具有特异性，在植物的生长发育不同阶段，代谢物具有高度的动态性，难以进行分析。《中华人民共和国药典》（2020 年版）虽然对甘草药材做了含量的规定以进行质量控制，但现代研究发现不同产地、不同栽培方式的甘草其有效成分含量都有较大差异。由于甘草的代谢产物种类繁多（黄酮类、皂苷类等）、化学结构差异大，传统的高效液相色谱法不能较好地分离多种复杂的化合物。[③] 随着科技的不断发展，植物代谢组学作为植物代谢物分析的强大的检测分析工具应运而生，该技术不仅可同时对大量代谢物进行定性定量分析，明确植物在不同环境下的代谢物的变化规律，也可研究同一植物不同部位或不同生长发育时期的代谢物种类及含量的变化。[④] 目前，甘草的研究中采用植物代谢组学技术筛选和鉴定不同生态型、不同干旱胁迫及盐胁迫条件下甘草次生代谢物差异的生物标志物，以中药的整体观和多靶点为切入点，

① 汤欢：《兰科重要药用植物 DNA 条形码鉴定及其生态适宜性》，博士学位论文，四川农业大学，2016。

② 张馨元、赵超越、侯和胜等：《四种中药材 DNA 提取方法的比较》，《中国生化药物杂志》2015 年第 7 期。

③ 张鲁、崔洁、王文全等：《甘草属植物地上部分化学成分和药理作用研究进展》，《中药材》2018 年第 6 期。

④ 刘谦、李熙：《采用植物代谢组学技术检测不同产地甘草活性成分的含量》，《亚太传统医药》2019 年第 6 期。

初步解析不同生产方式、不同栽培条件下甘草质量差异成因及其药材品形成机制，揭示甘草酸生物合成和代谢途径，开展种植甘草综合质量评价，为提高栽培甘草的甘草酸含量提供科学依据。

因此，本项目组通过 GMPGIS 技术为甘草适宜栽培区提供指导，运用 DNA 条形码技术建立甘草基原快速检测体系，鉴定甘草基源。深入开展提高栽培甘草质量的关键技术研究，集成各项技术措施，建立定向培育优质甘草的规范化生产技术体系，将促进甘草大健康产业的持续稳定发展。

（2）甘草栽培专用肥和调控剂的研发

化学肥料是种植业中使用最广泛的肥料种类，但如尿素等化学肥料具有实际利用度低、氮元素损失严重、污染环境、特异性低的问题。[1] 目前，水稻、小麦等农作物已开发出专用肥，并得到一定的推广和使用，但药用植物种植专用肥研究还处在起步阶段，不能满足社会的发展和市场的需求变化，越来越多的研究发现药用植物专用肥在提升药材品质方面具有非常重要的作用。[2] 为保证甘草质量，要重视科学施肥，开展甘草专用肥研究，更好地促进甘草植株生长，提高甘草产量。在明确甘草药渣基本成分的基础上，利用发酵技术筛选甘草药渣最佳固体发酵工艺等技术，并根据综合研究结果研制一种"甘草微生物有机复合专用肥"产品，并通过大田试验进行再验证，旨在提高甘草酸和甘草苷含量，使栽培甘草达到《中华人民共和国药典》标准。

（3）物质基础及质量评控

近年来，中药质量评价的提升一直是中药现代化研究的关键环节。由于中药自身成分的复杂性以及药效物质基础研究的滞后性，当前主要参考化学药评价模式所建立的指标性检测评价体系已无法满足人们对中药安全性和有效性日益增长的需求。特别需要指出的是，中药往往具有多种功效或用途，而不同的功效或用途所对应的药效物质、起效浓度（含量限度）往往是不尽相同的，显然其质量评价指标和标准也应不同，但目前以功用为导向的中药

---

① 张姣：《商洛连翘种植区土壤养分分布特征及缓释专用肥肥效研究》，硕士学位论文，西北农林科技大学，2018。
② 李贵轸：《商洛南五味子缓释专用肥配方研究》，硕士学位论文，西北农林科技大学，2018。

质量标准研究还几乎是一个空白。因此，有必要回归中药质量控制的初心和本源，以保障中药的有效性和安全性为根本目标，构建功用导向的中药质量评控方法和关键技术，提高中药质量评控的水平。

"找成分，测含量"是目前中药质量控制研究的主要方式，定量标准与安全性、有效性之间难以建立直接或必然的联系。[①] 为寻求中药药效物质与质量控制标准研究的突破，现代研究多以中药谱—效关系为切入点，建立基于目标成分敲出/敲入的中药谱—效关系与量效关系研究模式：以目标成分"敲出"研究辨析中药关键药效组分，实现质控指标"找得准，测得准"；以目标组分"敲入"研究确定目标组分的量（毒）效关系，制定科学合理的药效组分限量范围，实现质控指标"定得准"。针对甘草补脾益气、清热解毒等传统功效的物质基础不清以及作用机制不明等问题，以甘草不同活性成分物质群和重要组成成分为研究对象，首先采用谱效相关的方法初步判断物质基础，其次基于甘草效应成分的敲出/敲入，进一步探讨并验证其物质活性，从而得到甘草的物质基础；结合甘草的临床功效深入探讨其作用机制，推动甘草质量控制从指标性成分向关键药效组分转变、含量标准从样本数量决定型向药效决定型转变。

因此，构建功用导向的甘草质量评价方法，使甘草的质量控制模式从单一的化学评价模式走向综合和多元的整合评价模式，初步实现甘草品质标准、临床药效以及"碎片化"评价难题的有效突破，推动以临床效用为导向的甘草标准整合创新研究。[②]

2. 甘草饮片生产技术升级与质量评鉴及等级研究

针对甘草饮片生产工艺落后、自动化程度低、深加工方法和技术现代化程度及生产效率较低、炮制工艺不规范及产品质量不稳定等问题，利用现代自动化、信息化、数字化等技术手段，研发适于甘草特点的优质饮片生产技术，构建现代化的中药饮片生产模式，研发适于甘草特点的优质饮片炮制生

---

① 肖小河、金城、鄢丹等：《中药大质量观及实践》，《中草药》2010 年第 4 期。
② 熊吟：《中药品质整合评价方法研创——以黄连为例》，硕士学位论文，北京中医药大学，2015。

产技术，建立节能减排、环保高效的生产技术体系和炮制自动化生产线，形成工艺规范化、生产自动化、质量标准化的甘草饮片生产全过程质量控制标准体系。[①]

随着中国中药检测技术的不断提升，中药饮片质量标准也在不断完善发展。针对甘草饮片质量标准的提升，选择不同来源和规格的甘草药材和饮片样品，基于其外观形态与指标成分，采用中药质量常数等级评价方法，建立甘草综合性量化等级评价标准。研究不同等级药材和饮片与甘草核心功效相关生物活性差异，探讨等级与活性之间的关系，形成基于活性的甘草等级评价标准。分析不同基源、道地与非道地产区、野生和栽培甘草的质量特征，构建功用导向的质量评价体系。利用现代仪器分析技术，揭示生甘草与炙甘草专属性特征，构建生甘草与炙甘草快速有效的鉴别与评价方法，制定商品规格和等级标准。

3. 环保高效甘草活性成分提取分离技术研究

目前，国内对甘草的提取方法仍存在成本高、能耗高、工业化难等问题。中国学者开发的具有自主知识产权的天然植物有效成分喷雾提取装置及利用高压喷雾逆流法提取天然植物有效成分的装置及方法，有节能减排、效率高等特点，将绿色环保的理念贯穿甘草活性成分的提取、分离和分析过程中，建立高效环保的高压喷雾逆流提取技术，并开发出环保、节能的可高效分离甘草皂苷、黄酮和多糖三类成分的生产方法及工艺。

4. 大健康产业开发

基于传统中医配伍理论研发以甘草为主要成分的食品与化妆品配方，通过现代药理学研究验证其对应功效，结合现代先进生产技术手段，完成甘草相关大健康产品的研发上市；整合国内长期从事甘草产业链相关高校院所、医疗机构和生产企业，吸收先进技术并提升产业化水平，开展产学研深度合作。构建集生产、研发和技术成果转化于一体的产学研平台和联合团队，促进甘草产业健康持续发展。

[①] 李智、于泳：《气相置换法加工甘草饮片的工艺研究》，《黑龙江医药》2006年第2期。

（五）展望

甘草作为中国重要的中药资源，急需进行大规模产业链的发展，并利用现代生物技术研究甘草质量形成调控机理及其调控产品，遴选优良种源，集成定向培育技术体系；揭示甘草核心功效的物质基础及功能因子，升级全产业链技术水平，开发系列大健康产品，完善药材及产品质量标准体系，加快中医药大健康产业的发展。

参考文献

1. 李明、张新慧编著《宁夏栽培中药材》，黄河传媒出版集团、阳光出版社，2019，第57~87 页。

2. 李学禹：《甘草属新分类系统与新分类群的研究》，《植物研究》1993 年第 1 期。

3. 杨昌友：《对于甘草属的新分类系统评论》，《植物研究》1999 年第 3 期。

4. 高雪岩、王文全、魏胜利等：《甘草及其活性成分的药理活性研究进展》，《中国中药志》2009 年第 21 期。

5. 段天璇、于密密、刘春生等：《HPLC 法同时测定甘草指纹图谱暨甘草苷、甘草酸含量》，《中成药》2006 年第 2 期。

6. 国家药典委员会：《中国药典》，中国医药科技出版社，2020，第 297~298 页。

7. 中华中医药学会：《中药材商品规格等级：甘草》。

8. 边佳红、王丽、张晓雨等：《甘草产业链的现状与技术提升》，《天津中医药大学学报》2020 年第 1 期。

9. 马驰：《我国甘草资源退化状况分析和保护恢复对策》，硕士学位看完，兰州大学，2019。

10. 李海华、青梅、于娟等：《甘草的研究进展》，《内蒙古医科大学学报》2015 年第 2 期。

11. 马帅、王诺、杨光、阙灵：《我国甘草及其制品进出境调查研究》，《中国中药杂志》2017 年第 11 期。

12. 马艳芹、周永峰、张蓉蓉等：《结合中药饮片质量现状探讨其解决策略》，《首都食品与医药》2018 年第 2 期。

13. 吴亚超、张永洁、张文生等：《中国药典甘草质量标准与美、欧、日三国的对比分析》，《药物评价研究》2015 年第 5 期。

14. 李薇、宋新波、张丽娟等：《甘草中化学成分研究进展》，《辽宁中医药大学学报》2012 年第 7 期。

15. 刘凤娄：《浅谈影响中药饮片质量的几种因素》，《华北国防医药》2007 年第 2 期。

16. 金世元、王琦：《中药饮片炮制研究与临床应用》，化学工业出版社，2003，第 11 页。

17. 王元清、江明星、王智等：《细辛炮制品 HPLC 指纹图谱定性与有效成分定量分析研究》，《中药材》2015 年第 7 期。

18. 刘佳、费宇彤、钟赣生等：《十八反中甘草大戟反药组合临床同用文献的文献特征分析》，载《第五届全国中医药博士生学术论坛论文集》，2014。

19. 王世华：《甘草炮制方法对甘草苷和甘草酸含量的影响》，《中国医院用药评价与分析》2017 年第 6 期。

20. 宋梦晗、吴鹏、张学兰等：《HPLC 法比较远志 3 种炮制品中 8 种有机酸》，《中成药》2016 年第 7 期。

21. 史辑、黄玉秋、耿彤彤等：《星点设计—效应面法优选制巴戟天炮制工艺》，《中国中医药信息杂志》2016 年第 12 期。

22. 邓哲、焦梦姣、章军等：《相对质量常数用于甘草饮片等级评价研究》，《中国中药杂志》2017 年第 13 期。

23. 耿家玲、康绍建、柴文英：《甘草、炙甘草饮片中甘草苷和甘草酸含量考察》，《中国药师》2011 年第 12 期。

24. 张泰：《甘草炮制原理的初步研究》，硕士学位论文，山东中医药大学，2008。

25. 张志东、唐琦勇、茆军等：《甘草黄酮提取方法研究进展》，《新疆农业科学》2006 年第 6 期。

26. 苑可武、白芳、杨波等：《甘草酸的提取和精制法概述》，《中国医药工业杂志》2002 年第 7 期。

27. 刘育辰、王文全、郭洪祝：《甘草有效成分的提取纯化方法研究进展》，《中成药》2010 年第 11 期。

28. 米靖宇、宋纯清：《大孔吸附树脂在中草药研究中的应用进展》，《中成药》2001 年第 12 期。

29. 乔五忠、王艳辉、李美粉：《利用大孔吸附树脂精制甘草酸的研究》，《中成药》2006 年第 6 期。

30. 蔺海明：《甘肃省中药材产业现状与发展》，《中国现代中药》2011 年第 6 期。

31. 李守谦：《甘肃省甘草产业发展存在的问题与建议》，《甘肃农业科技》2013 年第 11 期。

32. 吴明丽、胡志刚、李西文等：《基于 GMPGIS 的地乌全球产地生态适宜性分析》，《世界科学研究—中医药现代化》2016 年第 8 期。

33. 汤欢：《兰科重要药用植物 DNA 条形码鉴定及其生态适宜性》，博士学位论文，四川农业大学，2016。

34. 张馨元、赵超越、侯和胜等：《四种中药材 DNA 提取方法的比较》，《中国生化药物杂志》2015 年第 7 期。

35. 张鲁、崔洁、王文全等：《甘草属植物地上部分化学成分和药理作用研究进展》，《中药材》2018 年第 6 期。

36. 刘谦、李熙：《采用植物代谢组学技术检测不同产地甘草活性成分的含量》，《亚太传统医药》2019 年第 6 期。

37. 张姣：《商洛连翘种植区土壤养分分布特征及缓释专用肥肥效研究》，硕士学位论文，西北农林科技大学，2018。

38. 李贵轸：《商洛南五味子缓释专用肥配方研究》，硕士学位论文，西北农林科技大学，2018。

39. 肖小河、金城、鄢丹等：《中药大质量观及实践》，《中草药》2010 年第 4 期。

40. 熊吟：《中药品质整合评价方法研创——以黄连为例》，硕士学位论文，北京中医药大学，2015。

41. 李智、于泳：《气相置换法加工甘草饮片的工艺研究》，《黑龙江医药》2006 年第 2 期。

酸枣产业发展报告

刘景玲　周自云　许宏亮　程雪妮　梁宗锁*

摘　要： 酸枣为鼠李科（Rhamanaceae）枣属（Zizyphus）植物。酸枣（*Ziziphus jujubavar . spinosa*）的干燥种子酸枣仁具有安神助眠、养肝宁心、敛汗生津之功效。其甘、酸，味平，归心脏、脾肝、胆经，用于治疗神经衰弱、失眠、多梦、盗汗、虚烦不眠、惊悸怔忡、津少口干、体虚多汗等症。酸枣仁是我国卫生管理部门最早收录在既是食品又是药品物种目录的品种之一，具有显著的药理活性和保健功效。随着经济社会的发展，睡眠障碍人数持续增加，酸枣仁由于其天然绿色、副作用小的特点需求量大增，其产业不断壮大。本报告综述了酸枣仁药理活性、化学成分组成和酸枣整体的综合开发利用现状及酸枣产业现状分析，同时也对酸枣产业未来发展趋势进行了展望，并提出完善酸枣全产业链、保障酸枣产业健康全面发展应采取的具体措施。最后分析了酸枣产业发展中的企业情况，以期让读者更好地了解酸枣产业。

关键词： 酸枣　酸枣仁　酸枣产业　酸枣品牌

---

* 刘景玲，主要开展药用植物规范化生产与炮制加工以及环境因子调控药用植物有效成分研究；周自云，西北农林科技大学安康中药材试验示范站站长；许宏亮，天津天士力现代中药资源有限公司种植研发经理，主要开展药材新品种选育、种子及药材质量研究；程雪妮，主要从事生化与作物种质资源研究；梁宗锁，浙江理工大学生命与医药学院院长，浙江省钱江学者特聘教授，教育部新世纪优秀人才，国务院政府特殊津贴专家。

一 酸枣与健康

酸枣（*Ziziphus jujubavar. spinosa*）为鼠李科（Rhamanaceae）枣属（*Zizyphus*）植物。酸枣原产于我国，古称棘或樲，又叫"野枣"，山东称"角针"，河南称"硕枣"或"山枣"。酸枣资源蕴藏巨大，现广泛分布于陕西、山西、河北、山东、河南五省。其种子酸枣仁作为中药材应用已有 2000 多年历史。在《神农本草经》中，酸枣仁位列上药第 23 位。经载："补中益肝，坚筋骨，助阳气，皆酸枣仁之功也。"《本草纲目》中记载，枣仁"熟用疗胆虚不得眠、烦渴虚汗之症，生用疗胆热好眠，皆足厥阴少阳药也"。酸枣仁含有皂苷类、黄酮类、生物碱类、三萜类、甾体类、脂肪酸类多种化学成分，具有养心补肝、宁心安神、敛汗生津的功效。现代药理学研究发现，酸枣仁具有抗惊厥、抗焦虑、镇静催眠、养心安神等药理作用，是治疗失眠等病症的核心中药材。酸枣果肉含有大量维生素 E、维生素 C、多糖以及丰富的微量元素，具有明显的镇静和催眠活性，并且具有抗衰老与养颜的作用；其叶含有黄酮类成分和皂苷类成分，具有抗氧化、抗肿瘤、保护肝脏、抗心律失常等多种药理作用，所含有的芦丁是治疗冠心病的良药；酸枣花期较长、芳香多蜜，可作为良好的蜜源植物。

综上所述，酸枣各主要部分均具有不同的营养价值或药用价值。大数据显示，中国有将近 5 亿人存在不同程度的睡眠问题，具有镇静安眠功效的传统中药材酸枣仁市场需求量逐年攀升。目前，国内酸枣仁的年需求量约为 1 万吨，未来 3~5 年可望达到 3 万吨，产值 600 亿元以上，以当前国内的酸枣仁产量来看，已远不足以满足需求，有一半依赖进口。同时，以日本、新加坡、马来西亚等为代表的海外市场，对中国酸枣仁也有着旺盛的需求，酸枣产业发展潜力巨大。

二 酸枣最新研究进展

（一）酸枣的营养价值

酸枣的果实、种子、花、根皮、树皮、托刺等均可入药，而以种子（酸枣仁）应用最广。酸枣仁呈扁圆形或扁椭圆形，长5~9毫米，宽5~7毫米，厚约3毫米，表面紫红色或紫褐色，平滑有光泽，有的有裂纹。一面较平坦，中间有一条隆起的纵线纹，另一面稍突起。一端凹陷，可见线形种脐，另一端有细小突起的合点。种皮较脆，胚乳白色，子叶2，浅黄色，富油性，气微味淡。

酸枣果肉营养丰富，其营养物质的含量远远超过了大枣。新鲜的酸枣中含有大量的维生素C，其含量是大枣的2~3倍，有"维生素C之王"的美称。研究表明，酸枣果肉含有丰富的可溶性总糖、各种有机酸（草酸、苹果酸、柠檬酸、乙酸）、矿物元素（钙、磷、铁、镁、锌、硒等），还含有18种氨基酸（8种人体必需氨基酸）、维生素B_1、维生素B_2、维生素C、β-胡萝卜素及环磷酸腺苷（cAMP）以及31种微量元素，包括人体必需的9种微量元素。果实成熟后既可制干，也可鲜食。由于果实中的含酸量较高，在加工时各种维生素不易被破坏，保持了酸枣制品较高的营养价值，因此用它制成的食品具有很好的滋补强健作用。目前有研究机构选育出果大、可食率高、酸甜适口的鲜食酸枣品种以及含酸量和出汁率高的饮料加工专用品种等。以此作为原料生产出酸枣汁、酸枣露、酸枣酒、酸枣香精、酸枣果醋、酸枣果酱、酸枣糕等，还可以从酸枣果实中提取食用果胶、色素等；果核壳可加工成活性炭，并为优质燃料。吴树勋等对酸枣进行研究时发现酸枣果肉可增进食欲，提高学习记忆功能和抗缺氧能力。郎杏彩等药理实验证明酸枣果肉具有很好的降血脂和增强免疫的功效。

（二）酸枣的药用价值

酸枣果实及全株都具有较高的药用价值，它是最早入药的200多种植物之一。酸枣的各部位均可入药。酸枣药用始载于《神农本草经》，被列为上品，从汉代就开始药用，距今已有近 2000 年的药用历史。在《中华本草》中酸枣仁又名棘、山枣、野枣等，《本草纲目》将其列为上品。酸枣仁的功效始载于汉代《神农本草经》，主"烦心不得眠"。我国古代医药典籍对酸枣仁的描述有"主心腹寒热、邪结气聚、四肢酸痛、湿痹。久服安五脏、轻身、延年"（《神农本草经》），"其仁甘而润，故熟用疗胆虚不得眠、烦渴虚汗之症，生用疗胆热好眠，皆足厥阴、少阳药也"（《本草纲目》），"主治烦心不得眠、脐上下痛、血转、久泄、虚汗、烦渴，补中，益肝气，坚筋骨，助阴气，令人肥健"（《名医别录》）。酸枣仁为中医常用安神良药，具有养肝宁心、敛汗生津之功效。其甘、酸，味平，归心脏、脾肝、胆经，用于治疗神经衰弱、失眠、多梦、盗汗、虚烦不眠、惊悸怔忡、津少口干、体虚多汗等。酸枣仁中的化学成分主要有三萜和三萜皂苷类、黄酮类、氨基酸类、脂肪油及生物碱等化合物，其中以三萜皂苷类的酸枣仁皂苷 A 和酸枣仁皂苷 B 最为重要。这两种化合物也是评定酸枣仁质量的指标性活性成分。

1. 酸枣叶和花粉的药理作用

酸枣叶有明显的中枢神经系统抑制作用，并对冠心病有较好的疗效。酸枣叶与酸枣仁具有同样强度和性质的中枢抑制作用。用酸枣叶水提物灌小鼠胃连续 5 天发现，酸枣叶对小鼠的自主活动次数和强度均有抑制作用，酸枣叶与硫喷妥钠或戊巴比妥钠中枢抑制作用有协同性，酸枣叶还可降低大鼠协调运动。酸枣花粉可制成多种高级营养品，具软化血管、增大肺活量、增强造血功能和免疫功能、改善皮肤细胞新陈代谢以及治疗前列腺炎、动脉硬化等功效。

2. 酸枣果肉的药理作用

酸枣果肉味酸、性平，具有养心安神、补中益气等功效，可治疗阳痿、贫血、腹泻、心悸、失眠、盗汗、血小板减少等疾病，对高血压、血管硬化等具有一定的疗效。酸枣果肉还具有抑制中枢神经的作用，与硫喷妥钠或戊巴比妥钠中枢抑制作用有协同性。此外，酸枣果肉还有降血脂作用。酸枣果肉饲喂家兔发现，实验组动脉粥样硬化兔的血清胆固醇、低密度脂蛋白

（Low Density Lipoprotein，LDL）和甘油三酯水平明显低于对照组，高密度脂蛋白（High Density Lipoprotein，HDL）和 HDL/LDL 值均高于对照组，冠状动脉粥样硬化明显减轻。

3. 酸枣树皮和根的药理作用

酸枣树根亦有与酸枣仁类似的镇静催眠、镇痛和抗惊厥作用，树皮有止泻及防治皮肤烧伤、烫伤之功效，托刺具有消肿、去溃脓和止痛等作用。刘珏珏等分析酸枣根水煎液对离体蛙心的作用及对实验组冠状动脉硬化家兔心电图的影响，表明酸枣根具有明显加强心肌收缩力和增加心血输出量的作用，提高耐缺氧能力。酸枣根水煎剂能使小鼠活动明显减少，增加硫喷妥钠或戊巴比妥钠中枢抑制作用。

4. 酸枣仁的药理作用

酸枣仁已被原卫生部列为药食同源药材，被广泛应用于药品和保健食品中。它是我国传统中药的一种，医疗保健功效明显，是中医常用的心神安宁药，具有补肝宁心、敛汗生津的功效，对失眠焦虑有很好的疗效。

酸枣仁的主要药理作用有镇静、抑制中枢神经兴奋、抗惊厥、保护神经元细胞损害、促进睡眠、增强学习记忆能力、增强免疫力、降血脂、降血压、抗辐射、抗心肌缺血、抗炎、抑制应激性溃疡、兴奋子宫、预防急性高原反应、抗肿瘤、镇痛以及对烫伤有明显保护作用等。现在已经知道酸枣仁皂苷 A 能抑制氨基丁酸受体。据史料记载，酸枣仁用于镇静催眠已经有很悠久的历史。随着现代实验手段的发展，对酸枣仁作用机制及活性成分的研究逐渐深入，认为对镇静、催眠起主要作用的是黄酮类和皂苷类化合物。

黄酮类物质是酸枣仁主要的有效成分之一。许多研究已经表明，黄酮类化合物具有显著的生理、药理活性，除具有抗菌、消炎、抗突变、降压、清热解毒、镇静、利尿等作用外，在增强心血管功能、防癌、抗癌、增强免疫力、延缓衰老及治疗慢性前列腺炎等方面也有显著效果，如槲皮素和芦丁等具有扩冠作用，水飞蓟素具有保肝作用等，因此引起了人们的广泛关注。袁昌鲁等认为黄酮碳苷是酸枣仁中催眠镇静的有效成分之一。郭胜民等研究发现酸枣仁总黄酮能够减少小鼠的自发活动，协同戊巴比妥钠的中枢抑制作用，拮抗苯丙胺的中枢兴奋作用。其中枢抑制作用呈一定的剂量依赖性，说明黄酮类物质可能为酸枣仁中枢抑制作用的有效成分。同时，从酸枣仁的乙醇提取物中分离得到阿魏酸，阿魏酸有抗氧化和自由基消除作用、降血脂及心血管调节作用。在临床上用阿魏酸钠（80mg/d）治疗冠心病，总有效率为90%，认为阿魏酸可能为酸枣仁降血脂作用的有效成分之一。

皂苷类物质是酸枣仁主要有效成分之一。酸枣仁对心血管系统的作用主要表现在抗心肌缺血及降血脂等方面，有效成分为酸枣仁皂苷。任风芝等研究酸枣仁总皂苷对家兔凝血酶诱导的血小板聚集和产生血栓烷 B2 的影响，发现酸枣仁总皂苷对缺氧的保护作用与抗血小板聚集和减少血栓烷 B2 的生成有关。陈兴坚等把酸枣仁总皂苷加入大鼠心肌细胞的培养液中，发现浓度达到33μg/ml 时能明显减少缺氧缺糖、氯丙嗪和丝裂霉素 C 所致心肌细胞释放乳酸脱氢酶，在整体动物和细胞水平上均有抗心肌缺血作用，表明酸枣仁总皂苷对上述损伤有保护作用。袁秉祥等在研究酸枣仁时发现，酸枣仁总皂苷对正常饲养和高脂饲养大鼠的血脂和血脂蛋白胆固醇有良好的调理作用，可通过降低血压和调理血脂、血脂蛋白抑制动脉粥样硬化的形成和发展。白晓玲等研究表明，酸枣仁总皂苷能减少缺血脑组织含水量及丙二醛（MDA）含量，使脑组织中 SOD、CK 及 LDH 活性增高、乳酸含量下降、脑神经细胞损害减轻，对缺血性脑损伤具有保护作用。杨丽萍综述酸枣仁皂苷 A（jujuboside A，Ju A）在镇静安神、改善睡眠、神经保护、改善记忆、心脏保护、抗氧化、抗炎及抗肿瘤等方面具有广泛的药理效应。随着药理学研究方法和技术的更新，Ju A 的药代动力学、药理作用及相关分子机制不断被发现和深入研究。董晓娜总结了酸枣仁皂苷 B（jujuboside B，Ju B）的药理作用的研究进展。Ju B 具有镇静催眠、抗肿瘤、抗血小板和抗炎等多种生物活性，显示了这种植物化学成分对失眠、肿瘤、冠状动脉疾病、气道炎症和肝损伤等疾病的潜在治疗作用。

酸枣仁与多种镇静催眠药也有明显的协同作用。酸枣仁与戊巴比妥钠在延长睡眠方面有协同作用和降低协调运动的作用。以小鼠改良抖笼实验法证明酸枣仁可明显抑制小鼠的自主活动次数和强度，并对苯丙胺中枢兴奋作用也有明显抑制，降低大鼠的协调运动，明显延长戊巴比妥钠阈剂量的小鼠睡眠时间以及增加戊巴比妥钠阈下催眠剂量的入睡动物数。近年来的药理研究还表明，酸枣仁乙醇提取物在增强免疫功能方面也有一定的作用。酸枣仁以复方制剂的形式在临床中的应用范围很广，用于治疗失眠的复方有酸枣仁汤、复方酸枣仁安神胶囊、安眠散、百合地黄汤、眠得安煎剂、安神汤、苦参酸枣仁汤、酸枣仁合剂等，促进学习记忆的复方有酸枣仁汤、酸枣仁合剂等，治疗神经衰弱的复方有加味酸枣仁汤、益气养血安神汤、酸枣仁合剂、酸枣仁汤等，治疗心血管方面的复方有养心安神汤、复律汤、定悸汤、枣地归麻汤、益气化痰汤、酸枣仁汤、酸枣仁汤加味等。

酸枣仁从五代开始即有"睡多生使，不得睡炒熟"的记载，但研究证实，酸枣仁生、熟皆有明显的镇静催眠作用，二者并无差别。作为镇静催眠作用的成分有两类，即酸枣仁皂苷和黄酮苷类。对生熟两种酸枣仁进行化学成分比较，两者的有效成分也基本没有质的变化。我国临床应用酸枣仁通常有三种方法：炒用、生用、生炒各半用。虽然生、炒酸枣仁均可供临床应用，但王健等认为以炒酸枣仁应用为佳，因为炒酸枣仁中酸枣仁总皂苷的含量明显高于生酸枣仁，其中酸枣仁皂苷 A 的含量差别较大，酸枣仁皂苷 B 的含量差别较小，这说明炒酸枣仁中酸枣仁皂苷易于煎提。酸枣仁炒制也未引起油脂、皂苷和黄酮等各类化合物质的变化。

三　酸枣的化学成分研究进展

（一）酸枣果肉的营养成分

酸枣果肉含有丰富的可溶性糖（34.81%）、各种有机酸（草酸、苹果酸、柠檬酸、醋酸）、无机元素（钙、磷、铁、镁、锌等），还含有 17 种氨基酸（7 种人体必需氨基酸）、维生素 B_1、维生素 B_2、维生素 C、β-胡萝卜素及 cAMP。

（二）酸枣叶的化学成分

1967 年苏联学者报道用两种方法从酸枣叶中分离出芦丁，含量为 1.50% ~

1.60%。李兰芳等利用纸层析及氨基酸自动分析仪对酸枣叶氨基酸进行了定性、定量分析，酸枣叶提取液含总氨基酸28.21mg/100g，检出11种氨基酸（其中7种人体必需氨基酸）；还利用薄层扫描法测定不同生长期叶中总黄酮及芦丁含量，发现叶中至少有4个黄酮类化合物，但以芦丁为主，含量最高（10月）可达2.26%。另据报道，酸枣叶含有Yuziphine、Yuzinine等6种异喹啉类生物碱。

（三）酸枣根、根皮化学成分

曾路等总结了国内外学者对酸枣根及根皮中生物碱的研究，指出根、根皮中含有mauritine-A、mauritine-D、adouetine-X、frangularine等十四元环肽生物碱，amphibine-H、mucronine-D、nummularine-A、nummularine-B、jubanine-A、jubanine-B等十三元环肽生物碱。我国台湾地区学者Lee Shoeisheng等对酸枣根皮中化学成分进行了系统研究，共发现7个黄酮类化合物：quercetine、（+）-dihydroquercetine、（+）-dihydrocaempferol、quercetine-3-o-glucoside、2-hudrox-ynaringenin、rutin及quercetin-3-o-（2G-β-Dxylopyranosyl rutinoside）；4个儿茶素类化合物：（-）-gallo-catedin、（-）-epigallocatechin、（-）-catechin、（-）-epicatechin；2个酚酸类化合物：P-hydroxybanzoic acid、protocatechuic acic；7个三萜类化合物：betulin、betulinic acid、ursolic acid、ceanothic acid、2α-hydroxyur-solic acid、-sitosterol-（3-o-β-glucoside）、stigmasterol-（3-o-β-glucoside）；3个三萜酯类化合物：2-o-proto-catechuoylaliphitolic acid、2α-hudroxypyracrenic acid、3-o-protocatechuoylchulceanothic acid及1个酯类化合物24-o-feruloyllinoceric acid。

（四）酸枣仁的化学成分

1. 三萜皂苷类

酸枣仁中所含的皂苷类成分被一致认为是酸枣仁镇静催眠作用的有效成分。到目前为止，从酸枣仁中共分离出9个三萜皂苷类化合物：酸枣皂苷A（jujuboside A）、酸枣皂苷B（jujuboside B）和酸枣皂苷B1（jujuboside B1）、酸枣仁皂苷 A1（jujubaside A1）、酸枣仁皂苷 C（jujubaside C）、乙酰酸枣仁皂苷 B（acetylju-baside B）、原酸枣仁皂苷 A（protojujuboside A）、原酸枣仁皂苷 B（protojujuboside B）和原酸枣仁皂苷 B1（protojujuboside B1）。

2. 三萜类

酸枣仁中三萜类成分主要有白桦脂酸（betulinic acid）、白桦脂醇（betu-tin）、麦珠子酸（alphitolic acid）、美洲茶酸（ceanothic）、oleanonic acid、maslinic acid、3-O-trans-p-coumaroyl maslinic acid、3-O-cis-p-coumaroyl maslinic acid。

3. 黄酮类

至目前为止，从酸枣仁的水提物中共分离、鉴定了 12 个黄酮类化合物，如当药素（swertisin）、斯皮诺素（spinosin）、酸枣黄素（zivulgarin）、6″'-阿魏酰斯皮诺素（6″'-feruloyl Spinosin）、6″'-芥子酰斯皮诺素（6″'-sinapoyl Spinosin）、6″'-对-香豆酰斯皮诺素（6″'-p-coumaroylspinsin）、2″-O-葡萄糖基当药素（2″-O-β-D-glucoylswertisin）、2″-O-葡萄糖基异当药素（2″-O-glucoylisoswertisin）、芹菜素-6-C-β-D-吡喃葡萄糖（apigenin-6-C-β-D-glucopyranoside）、葛根苷（puerarin）等。

4. 生物碱类

酸枣仁中的生物碱类包括欧鼠李叶碱（frangufoline）、荷叶碱（nuciferine）、原荷叶碱（nornuciferine）、去甲异紫堇定（norrisocorydine）、右旋衡州乌药碱（coclaurine）、N-甲基巴婆碱（N-methylasimilobine）、酸李碱（zizy-phusine）、5-羟基-6-甲氧基去甲阿朴啡（caaverine，5-hydroxy-6-methoxynoraporphine）、安木非宾碱（amphibine）、酸枣仁环肽（sanjoinenine）、木兰花碱（magnoflorine）。此外，还有观音莲明碱（lysicamine）和 juzirine。

5. 脂肪酸类

酸枣仁中脂肪酸类约占 32%，其中不饱和脂肪酸（主要有油酸、亚油酸和棕榈酸）占总量的 90% 以上。油酸中含有 8 种脂肪酸：亚油酸（44.23%）、油酸（43.96%）、棕榈酸（4.85%）、花生烯酸（2.84%）、硬脂酸（2.19%）、花生酸（0.98%）、亚麻酸（0.32%）、山芋酸（0.91%）。可皂化部分有41个组分，其中鉴定了24个化合物，如己酸甲酯（$C_7H_{14}O_2$）、庚酸甲酯（$C_8H_{16}O_2$）、辛酸甲酯（$C_9H_{18}O_2$）、壬酸甲酯（$C_{10}H_{20}O_2$）、2，4-葵二烯醇-1（$C_{10}H_{16}O$）、葵酸甲酯（$C_{11}H_{22}O_2$）、十一烷酸甲酯（$C_{12}H_{24}O_2$）、2-丁基-辛醇-1（$C_{12}H_{26}O_2$）、十四烷酸甲酯（$C_{15}H_{30}O_2$）、十五烷酸甲酯（$C_{16}H_{32}O_2$）、9，12-十八碳二烯酸甲酯（$C_{19}H_{34}O_2$）、9-十八碳烯酸甲酯（$C_{19}H_{36}O_2$）、十八烷酸甲酯（$C_{19}H_{38}O_2$）、9，12，15-十八碳三烯酸甲酯（$C_{19}H_{32}O_2$）、11-二十一烷烯酸甲酯（$C_{21}H_{42}O_2$）、二十一烷酸甲酯（$C_{22}H_{44}O_2$）、二十烷酸甲酯（$C_{21}H_{42}O_2$）等。

6. 氨基酸类

酸枣仁含有天冬氨酸、苏氨酸、丝氨酸、谷氨酸、脯氨酸、甘氨酸、丙氨酸、半胱氨酸、缬氨酸、异亮氨酸、亮氨酸、酪氨酸、苯丙氨酸、组氨酸、甲硫氨酸、赖氨酸、精氨酸等17种氨基酸，总含量可达到2.74%。

7. 微量元素

酸枣仁中微量元素有K、Na、Ca、Zn、Fe、Cu、Mn、Ni、Se、Mo。

8. 其他成分

酸枣仁中还含有胡萝卜苷、阿魏酸、维生素C、植物甾醇、酸枣多糖及重要的生物信息物质cAMP和cGMP等，cAMP最高可达500nmol/g，是已报道的含cAMP高等植物中的10倍。

四　酸枣行业发展现状

酸枣耐旱、耐瘠薄，在我国分布广泛且分布地域相对稳定，主要分布于高原沟壑、低山丘陵、土石山区的荒坡、岸畔、梯田埂、道旁隙地、耕地地头，适于荒山野地开发种植并且可以保护水土。酸枣现今分布区域、生境与古代本草记载基本一致，以我国陕西、山西、河北、山东、河南五省为主。长期以来，酸枣基本处于野生状态，但近年在河北邢台和陕西延安已有规模化的商品酸枣栽培基地，主要用于提供饮料加工和药用酸枣仁原料。全国酸枣树面积约为 6 万公顷，其中河北种植面积最大，约占全国总面积的 40%，主要分布在邢台市信都区和内丘县。随着市场需求的旺盛和地方政策的支持，人工种植和野生抚育酸枣面积逐渐扩大，截至 2022 年底，河北省酸枣种植面积达到 34.9 万亩，产量达到 1.13 万吨，年加工酸枣 18 万吨，产出酸枣仁 4000 吨左右，加工量占全国市场的 70% 以上。近年，失眠严重影响中国人的睡眠质量，作为天然绿色中药材的酸枣仁由于其镇静安神的显著功效受到了人们的青睐，酸枣仁价格大幅度上涨，从 2017 年的 165 元/公斤上涨到 2022 年的 950 元/公斤，2023 年酸枣仁价格达到 980 元/公斤。据不完全统计，优质酸枣仁目前全国年产量仅约为 1 万吨，而市场需求量约 1.5 万吨，未来 3~5 年可望达到 3 万吨，产值 600 亿元以上，因此，酸枣仁市场潜力巨大。

酸枣过去均为野生资源，种质资源较为杂乱，甚至一棵酸枣树上有多个品种。随着人工种植酸枣的推进，种植户联合当地农业科学院不断培育出许多优良品种，如邢台酸枣培育出邢酸 3 号、邢酸 8 号、太行 1 号和太行 2 号等，这些优良品种具有果实饱满、药用价值高、可食率高、裂果率低等特点。通过选择性育种和繁殖技术，高产、抗病虫害新品种的推广将极大地促进酸枣产业的发展。除了生鲜消费，酸枣还可以进行深加工，制成酸枣饮料、果酱、蜜饯等产品，增加其附加值和市场竞争力。在健康中国战略背景下，消费者对健康食品和传统农产品的需求也在增加。河北某企业比较了酸枣产品的亩产效益，表明鲜食酸枣的效益达到酸枣仁的十余倍，酸枣作为一种营养丰富、具有药用价值的水果，受到越来越多消费者的青睐，市场上有关酸枣类的产品供不应求且逐年上涨，酸枣全产业链开发能极大增加农民收益，综合开发利用潜力巨大（见表 1）。

表 1　不同酸枣产品的每亩效益分析（以河北某企业酸枣产品为例）

项目	丰产期（年）	亩产量（千克）	售价（元/千克）	亩收入（元）	亩成本（元）	亩收益（元）
酸枣仁	4	40	180	7200	2750	4450
鲜食酸枣	4	1000	60	60000	5750	54250

然而，酸枣产业仍面临一些挑战，如种植技术不稳定、市场推广不足、品质监管不严格、保护和利用酸枣种质资源意识不强、采收加工不规范导致药材品质下降、副产品开发利用程度低等问题。未来，需要进一步加强科研支持、加强品牌建设、完善营销渠道等，推动酸枣产业的可持续发展。酸枣品牌建设取得了一定的进展，邢台酸枣仁和灵石酸枣仁不断获得国家地理标志保护产品、国家农产品地理标志登记保护产品、第四批中国特色农产品优势区和国家地理标志证明商标等国家商标，极大地推动了酸枣产业发展（见表2）。

表 2　我国酸枣仁产品获得国家商标情况一览

产品名称	产地	商标名称	注册（认定）单位	年份
延安酸枣	陕西省延安市	国家地理标志保护产品	国家质量监督检验检疫总局	2005
邢台酸枣仁	河北省邢台市	国家地理标志证明商标	国家知识产权局	2019
邢台酸枣仁	河北省邢台市	第四批中国特色农产品优势区	农业农村部	2020
灵石酸枣仁	山西省晋中市	国家农产品地理标志登记保护产品	农业农村部	2021

五　酸枣全产业链发展趋势及具体措施

从酸枣产业全产业链的长度、宽度和厚度上着手，完善酸枣全产业链，保障酸枣产业全面健康发展，是行业未来发展的必然趋势。首先，通过加快酸枣产业整体加工方式由初级加工向精加工的转变，提高其加工产品的附加值。其次，从酸枣产业全产业链发展的宽度着手，不断拓宽酸枣产业全产业链的宽度，提升酸枣的综合利用水平，使酸枣产业的整个生产、加工、流通、贸易环节与其产品功能有效地衔接和扩充。最后，要将着眼点放在酸枣产业全产业链发展的厚度方面，对此要不断提升酸枣产业全产业链发展的规模，从全产业链各个环节着手，以提高其市场竞争力。保障全产业链条的完整性是推动酸枣产业全面发展和转型的主要动力，对此必须根据各地实际情况，在现有基础之上拉长酸枣产业全产业链条的长度，逐渐拓宽宽度，不断增加厚度，促使全产业链条之间可以进行充分有效地衔接，最终实现产业链蓬勃发展并带动乡村振兴。

（一）保护种质资源，选育优良品种并繁育，建设优质酸枣生产示范基地

1. 酸枣种质资源调查和保护

开展系统的酸枣种质资源调查并构建核心种质，可有效实现酸枣新品种选育和酸枣资源保护。酸枣资源庞大的变异类群及丰富的遗传资源，为开展酸枣的高效育种、优异基因筛选、种质资源调查及优良种质开发利用提供了保障，根据不同来源酸枣的生态生理变化及其适应性（主要为抗病性、抗寒性、抗旱性）、遗传表现及变异程度，筛选部分适合本地生长、抗性强的酸枣新品种，为酸枣产业链全面发展提供基础。

2. 酸枣良种选育和酸枣良种基地建设

优良品种是优质高产的基础，大力推进品种更新换代和结构调优是提高产业效益的关键。从全国各地酸枣资源中筛选优良酸枣种质，选出分别适合于鲜食、药用、食药兼用的优良酸枣种质资源。在此基础上，建立种质资源库和选育优质品种，为保障酸枣优质资源长期稳定发展和基础研究提供丰富的种质和研究材料。进一步通过筛选，发掘出优良种质。定期收集各种优质酸枣种子，并进行科学管理与贮藏，筛选优良品种，培育高产、优质、有效成分含量高的新品种。将选育出的优良品种和株系，通过嫩枝扦插、组织培养等现代化育苗技术，生产出优良酸枣苗木，建设现代化酸枣优质种苗基地，在道地产区建设种质资源圃，扶持有资质、有能力的企业建立百万株酸枣种苗基地。

3. 建立半野生抚育酸枣基地

酸枣野生以灌木为主，也可见少量小乔木和大乔木。在酸枣道地产区对酸枣进行半野生抚育，可将酸枣大田栽培和野生采集的优势有机结合起来，实行半野生抚育模式，构建自然生态群落，解决当前酸枣更新周期长、大田生产投入高、药材质量差等难题，实现生态环境保护、资源再生和综合利

用以及酸枣药材生产的三重并举。通过低成本、有效地扩大野生酸枣抚育面积，实现规模化、相对集中化管理，为酸枣资源的可持续利用提供资源保障。

4. 推广规范化种植，建设优质酸枣示范生产基地

酸枣规范化生产的关键环节包括栽培前（基地选择、品种确定与优良品种选育）、栽培中（种子生产、移栽、整地、施肥、排灌水、松土除草、修剪、搭架和遮阴等各种田间管理关键技术，病虫草害综合防治与采收等）和栽培后（产地加工、包装、储藏与运输等）三个重要环节。规范化生产关键技术体系的建立依托于系统的科研试验，最终依靠培训体系来贯彻和执行到生产中。通过规范化栽培技术的推广和示范，推进酸枣仁药材的标准化生产；强化产品质量监管；加强生产过程监管，确保其质量优、产量高。此外，可通过"企业+基地+农户"的方式发展定制药园，通过订单的方式带动当地农户种植酸枣，鼓励中药生产企业采购定制药园种植的中药材，在公立中医医疗机构优先采购以定制药园中药材为主要原料生产的中药饮片和药品，构建中药材产销对接新型发展模式。质量是定制药园的生命线，通过实施标准化种植、全过程溯源，生产高质量酸枣药材。

5. 发展农业机械化，提升生产效率

鼓励企业、合作社联合研发和推广适用于酸枣生产、采收、加工、病虫害防控的育苗机、移栽机、播种机、采收机等高效实用机械化设施设备，提高药材生产效率。例如，河北邢台酸枣育苗精量播种机械取得突破，实现施肥、搅拌、起垄、铺渗灌管、铺膜控草、膜上打孔、气吸单粒精准播种、镇压、覆土等10道程序一次性完成作业，酸枣仁种子用量从传统的每亩播种量2公斤左右降到0.5公斤，仅酸枣仁种子一项每亩就节约成本800~900元；10道程序一次性完成作业，苗期最耗费人工的施肥和控草作业，变得智能操作、简单易行。酸枣育苗实现机械化作业，大大提高了生产效率。

（二）构建储运体系，打造高标准仓储和物流基地

在酸枣加工地区引入酸枣脱肉机、破壳机、色选机等初加工设施设备，

以及机械脱水装置、烘干机等酸枣肉综合利用配套设施，加强采收、净选、干燥、包装、贮藏等设施建设，并配套现代化加工装备，实现清洁化、连续化、自动化、标准化加工，建成集初加工、包装、仓储、质量检验、现代物流配送等于一体的酸枣产地初加工区。

1. 构建中药现代流通体系

建设全国范围的酸枣市场网络，发展药材种植、加工、包装、仓储、质量检验、追溯管理、电子商务一体化的现代物流服务。加强物流（包装、仓储、养护、运输行业）标准化技术体系建设，构建全产业链生产技术规范与质量体系。建设以酸枣主产区为中心的中药材产地仓，集中收储"定制药园"产品，对接中药制药企业，解决药企对接零散基地没有充足药源、基地产品销售价格低的问题，实现基地和药企之间直接交易。提升仓储物流能力，在河北、陕西、山西等酸枣主产区建立酸枣仁集中产区和交易区，支持建设集初加工、仓储、包装、物流于一体的综合性仓储物流基地。

2. 全面提升中药材贸易水平

依托中药产业园区、中药种植基地、中药制造企业，加强对入市交易中药材质量监测管理，建立健全中药材重点品种生产流通全过程质量管理和质量追溯体系。鼓励中药企业在国内外举办中药产品展销、交流活动，全面展示酸枣品牌和产品。

3. 大力发展中药电子商务

以互联网、大数据等现代化信息技术为依托，建设中药材科技创新平台、中药材产业信息化平台、中药材物流服务平台、中药材金融服务平台、中药材人才资源培训平台。积极整合优势资源，激发市场活力，不断形成完善的中药材电子商务销售和管理网络。进一步完善酸枣全产业链大数据监管与服务平台，延伸建设陕西、河北、河南、山西、山东五个区域性分中心（平台），支持引导种植基地以及中药饮片、中成药生产流通企业入驻平台，逐步实现重点品种全程可追溯、产业数据汇总分析、产销形势预测、产销对接服务等一系列监管服务功能，促进"线上交易、线下流通"。

（三）培育"中国酸枣"品牌，提升一批区域公用品牌，开发一批品牌产品

开展"中国酸枣"地理标志和区域公用品牌的申报、认证工作，打响知名度。重视打造特色酸枣类品牌，发挥其现有品牌功能，根据相关政策着力塑造更具辨识力、精确度的新型品牌形象。同时，要把附加值高、效益更好的酸枣品牌作为全产业链中的特色品牌，扩大特色酸枣品牌的市场影响力，酸枣产业龙头企业也应该与高校或者科研团队加强合作，开发新产品，提升自身品牌的影响力，充分发挥龙头企业的示范作用，带动整个产业的全面发展。

1. 中药材产地初加工

依托酸枣产区，配套建设一批以清洗、分选、保鲜、晾晒、干燥、切制、分级、烘干、包装、储藏等为主的药材产品初加工基地和初加工点。发展中药材初加工企业，引导企业对中药材进行规范化的产地初加工，推动在酸枣产区建设产地加工与饮片生产一体化基地。引进从事中药材饮片加工企业，支持中药生产企业研制中药配方颗粒、超微饮片、定量压制等新型饮片质量标准，并在医疗机构临床推广使用。

2. 加快中药提取业发展，全面提升中药制造业

依托当地资源优势，发展药材深精加工产业，开发标准化中药提取物，满足市场不断增长的需求。积极发展超声波提取、微波辅助提取、大孔树脂吸附纯化、膜分离技术等新一代天然植物提取分离技术。鼓励中药生产企业技术创新，引进新装备、新技术，采用新工艺、新材料，开发新产品、新剂型，建设自动化生产线、数字化车间、智能化工厂，加快调整产品结构，改进生产技术工艺。引进酸枣精深加工企业，逐步培育一批地方中成药制造龙头企业。

3. 加快新产品开发进程

积极推进企业与科研院所深度合作，依托我国丰富的药食同源药材资源和文化传统，开发适合人们健康需求的保健品、饮料、特色小食品、旅游商品，满足周边旅游市场增长需求。在产区附近建立中药材旅游商品营销中心和研发中心，提升中国酸枣商品影响力。

酸枣药食两用价值突出，符合"健康中国"建设要求。党的十九大报告明确提出，实施健康中国战略，坚持中西医并重，传承发展中医药事业。酸枣药食同源，其果肉、仁、核、木、叶等皆有较高的利用价值。酸枣仁是名贵中药材，具有养肝宁心、镇静、安神等功效，是亚健康人群的理想调理药物；果实能健脾；树皮和根皮可治疗神经官能症；树叶可提取酸叶酮，对冠心病、痛风等病症有较好的疗效；果核壳可制活性炭；枣花是很好的养蜂蜜源；酸枣树木材质地坚硬、纹理细腻，是木器制造及雕刻加工的良材，具有极高的经济价值，酸枣产业具有巨大的发展空间。

六　酸枣行业发展案例

（一）延安制药股份有限公司

延安制药股份有限公司的前身是曾为抗日战争、解放战争作出过重大贡献的原八路军制药厂，新中国成立后恢复为延安制药厂，1998年改制为延安常泰药业有限责任公司；为了继承光荣传统，弘扬延安革命精神，树立陕北中药企业的崭新形象，2016年改名为"延安制药股份有限公司"。公司是陕北一家集中药材、中成药、中药饮片产、供、销、出口于一体的产、学、研综合性现代化中医药高新技术企业。公司占地262亩，员工360人，主要生产中药、中成药、中药饮片等10个剂型60个品种。年生产能力2.5亿元，总资产近1.8亿元。公司的注册商标"常泰""仙术""鸿雁"被评为"陕西著名商标"，其中，公司"常泰"牌商标于2012年被评为"国家驰名商标"。公司核心产品"心神宁片"多次被陕西省人民政府授予"名牌产品"。公司两次被国家发展和改革委员会授予"国家高技术产业示范工程"实施单位，被科技部评选为"科技星火龙头企业""国家高新技术企业"，被陕西省人民政府授予"省守合同重信用企业""省中药材基地建设先进单位""省技术创新示范企业""省农业产业化重点龙头企业""省民营科技企业"等多项荣誉称号，连续多年被延安市委市政府授予"明星企业""中小企业成长工程重点企业""A级纳税人"等多项荣誉称号。

公司十分注重产品研发和科技创新，与多家高校和科研单位建立了长期的合作关系，进行产品开发。利用高科技开发当地优势药材资源——酸枣仁，以酸枣仁为主要成分的"心神宁"产品的销售收入连续三年占到全公司销售收入的一半，成为享誉全国的改善人们睡眠、提高睡眠质量的良药；建成了6万亩酸枣GAP种植基地，使延安酸枣成为国家地理标志保护品种。公司是酸枣仁国家指纹图谱和心神宁片质量控制标准的贡献单位，其实施的《中药原料酸枣仁优质种源繁育及其规范化种植高技术产业化示范工程》酸枣仁综合利用开发这一"国家高技术产业化示范工程"项目，对全国中药现代化起到了示范作用；酸枣组培快繁技术这一高技术含量项目为陕北加快山川秀美建设、调整地方产业结构和带动当地经济建设作出了突出贡献。

（二）禾木丽园农业科技股份有限公司

禾木丽园农业科技股份有限公司成立于2015年6月11日，位于河北省保定市，注册资本2703.04万元，资产总额2.74亿元，是一家集技术研发、基地建设、生产加工、品牌打造于一体的酸枣全产业链农业高科技企业。公司致力于酸枣产业新技术、新产品、新工艺的开发和推广，以建设大健康产业、大智慧农业为契机，以强大的基因库为基础，以两大研发中心为主线，深入研究和开发药食同源系列产品，深耕中国独有的酸枣细分市场，将产品和品种推到全国，成长为世界性的酸枣产业领航者。

公司是全球酸枣行业的领军者，自成立以来获得了多项重量级的社会荣誉，得到了社会的广泛认可。公司是保定市农业产业化重点龙头企业、中国果品流通协会常务理事单位、河北省酸枣产业协会会长单位。公司首席技术顾问毛永民教授曾参与制定了多部枣栽培技术规章、枣产品质量等级等地方标准和国家标准。

公司具备国际领先的研发实力。公司基因库储备充足，有3000余个品种，新品种保护4项；知识产权种类多，申请专利84项；具有专业的基因研发团队、产品开发团队、皂苷提取开发团队和生物制药研发团队；与高校进行技术合作，建设联合开发中心，如河北农业大学中国枣研究中心、河北大学医学院以及天津生物医药联合研究院。

公司率先实现了酸枣规模化生产。目前在酸枣产业领域还没有形成大规模的人工生产能力，酸枣供应主要依靠野生产品，该公司率先实现了人工种植，人工种植的利润每公斤 110 元，而野生酸枣利润仅为每公斤 15 元。

公司除了具有优良的酸枣原材料，在产品创新方面也成绩斐然。公司成立品种研发中心，与科研院所合作取得新品种保护 4 项，完成酸枣仁基因测序工程；建立产品研发中心，开发酸枣系列产品 200 余种，如优质酸枣仁、酣然酸枣仁复方口服液、酣恋固体饮料、酸枣叶茶饮、酸枣面和酸枣壳活性炭；市场主打的核心产品为酣然酸枣仁植物蛋白乳和酣享酵素酸枣汁，并获得了消费者的广泛好评。2018 年公司以酣然和酣享两大饮品为核心产品，二者收入合计占比达 88%。随着业务的拓展，产品逐渐多元化，酸枣仁和复方口服液市场逐渐打开，形成以酸枣仁产品、功能性饮品和农业休闲观光为三大支撑的收入体系。

参考文献

1. 梁宗锁：《中国酸枣资源与开发利用》，科学出版社，2020。
2. 王文青、王赟、王建忠：《大健康背景下加快我国酸枣仁产业发展的策略》，《中药材》2023 年第 7 期。
3. 董晓娜、李梦婷、谷慧阳等：《酸枣仁皂苷 B 的药理作用研究进展》，《中国中药杂志》2023 年第 16 期。
4. 刘政：《榆林市红枣产业发展现状与对策研究》，硕士学位论文，西北农林科技大学，2020。
5. 宫丽、解军波、赖长江生等：《酸枣仁及其副产物综合利用的研究进展》，《中国实验方剂学杂志》2021 年第 3 期。
6. 纪志伟：《基于全产业链视角下河北省枣产业发展研究》，硕士学位论文，河北农业大学，2019。

桑产业发展报告

钟雪松　王金辉　杨　璐*

摘　要：　桑（*Morus alba* L.）为蔷薇目（Rosales）、桑科（Moraceae）、桑属（*Morus* Linn.）的多年生落叶木本植物。桑属植物的枝、皮、叶、根、果、附属物均可入药，属药食同源植物，据《本草纲目》记载，桑可以祛风湿，治风寒湿痹、脚气、浮肿、肌体风痒；根皮可以泻肺平喘、利水消肿，治肺热咳嗽、水肿喘息、小便不利。现代药理学研究证实，在中医方面，桑树中活性物质有祛风除湿、清热解毒、活血化瘀、补肝益肾及明目聪耳等作用，现在西医方面有降血脂、降血糖、抗病毒、抗肿瘤、抗氧化、杀菌消炎等多重功效。本报告综述了桑资源功效与健康，分析了桑产业发展现状，提出了目前桑产业发展存在的问题和改进意见，同时也对桑产业未来发展趋势进行了预测，并提出为了促进桑产业的发展应加大桑资源综合利用率，加强对种植户的管理和引导，从而减少桑资源浪费现象。

关键词：　桑资源　果桑产业　桑葚加工　蚕桑产业

---

* 钟雪松，主要研究方向为食品加工与安全，参与蓝靛果和桑葚加工及其活性成分研究；王金辉，教授，博士生导师，主要致力于中药和天然药物中药效成分的研究与开发、中药有效成分代谢和动力学研究、中药炮制及饮片质量规范化研究、中药创新药物的研究与开发以及基于基因组学、代谢组学的中药复方配伍机制研究；杨璐，博士，研究员，主要从事药用植物资源选育和品质评价、桑品种选育和综合利用、林草标准化研究。

一　桑资源功效与健康

桑（*Morus alba* L.）为蔷薇目（Rosales）、桑科（Moraceae）、桑属（*Morus* Linn.）的多年生落叶木本植物，桑树树冠宽阔，枝叶茂盛，夏季树叶翠绿，天气转凉，树叶变黄，美不胜收，具有良好的观赏价值。桑树不仅能够吸收有毒气体，释放氧气，抵抗烟尘，而且成活率较高，我国各省市普遍适宜种植，由于其良好的观赏价值和其行道景观树适用性，十分适于城市、重工业区和农村绿化。桑属植物的根、茎、叶、果实、种子及其附属产物均可入药，已被列入药食同源名录。《本草纲目》《神农本草经》《本草图经》《新修本草》等均对桑属植物的药用价值加以描述。现代药理学研究证实，在中医方面，桑树中活性物质有祛风除湿、清热解毒、活血化瘀、补肝益肾及明目聪耳等作用；在西医方面，有降血脂、降血糖、抗病毒、抗肿瘤、抗氧化、杀菌消炎等多重功效。

（一）基本营养作用

1. 桑叶

桑叶是被原卫生部确认的药食同源食品，被国际食品卫生组织列入"人类 21 世纪十大保健食品之一"，成为人类绿色新食品源。各国学者对桑叶进行了大量研究，发现桑叶营养价值非常高，生长期约含 75%水分、25%干物质及多种生理活性物质。每 100 克干桑叶中，含有 6.15%~9.80%的脂类、15%~34%的蛋白质、25%的可溶性碳水化合物。此外，还含有 B 族维生素、维生素 C、维生素 E、维生素 A 等十几种维生素，人体所需的 18 种氨基酸，甾体，三萜类化合物，丰富的钙、钾、铁等矿物质及植物雌激素等多种功能成分。同时，大量研究表明，桑叶中还含有多种有机酸、黄酮类化合物、生物碱、贰类化合物和桑叶多糖等，这些化合物对身体有多种保健作用。研究发现，桑叶中粗蛋白含量高达 15.31%~30.91%，部分品种蛋白质含量接近于大豆，高于燕麦、奶粉等的蛋白质含量。

2. 桑葚

桑葚是桑树的果实，含有丰富的碳水化合物、蛋白质和维生素，与其他水果相比，桑葚中维生素 E 的含量是苹果的 2~10 倍，锰是苹果的 2~10 倍，锌是苹果的 2~10 倍，硒是苹果的 5~20 倍、葡萄的 10~40 倍，是"天然富硒之王"。桑葚营养丰富，维生素 C 含量和微量元素钼含量高，为"百果之首"。此外，桑葚中还含有花青素、黄酮类、多酚类、桑葚多糖、白藜芦醇、芦丁、生物碱及 1-脱氧野尻霉素（1-deoxynojimycin，DNJ）等活性成分，被医学界誉为"21 世纪的最佳保健果品"。作为功能性食品的原料，国家已将桑葚列入"第三代水果"和国家药食同源名录。

3. 桑白皮

桑白皮中分离出的生物活性物质主要为含异戊烯基的苯并呋喃类化合物、二苯乙烯类化合物，含异戊烯基和含香叶基的黄酮类化合物、Diels-Alder 型加合物。桑白皮中有香豆素类成分，主要包括伞形花内酯、5，7-羟基香豆素等。此外，桑白皮的水提物中含有大量的多羟基生物碱类化合物、多糖类化合物、酚酸类物质、甾体、萜类、生物碱、挥发油和大量的脂肪族类化合物等。

4. 桑黄

桑黄属多年生大型药用真菌，又被称为桑上寄生、桑黄菰、桑黄菇等，因其主要寄生或腐生于桑树而得名。我国目前已发现野生桑黄有 11 种，主要分布在西藏、四川、云南、黑龙江、吉林、陕西等地。我国从 1996 年开始进行桑黄的人工驯化，到现在人工栽培桑黄取得了一定的进展。近年来，关于桑黄功能成分和生物活性的研究引起了学者们的广泛关注，其主要功能成分为多糖、黄酮、萜类和甾醇类。现代药理研究表明，桑树桑黄中的主要成分及其含量，其中水分含量为 15.2%，粗蛋白含量为 5.4%，粗纤维含量为 6.8%，粗脂肪含量为 0.3%，灰分含量为 4.6%，无氮浸出物含量为 67.7%；此外，桑黄还富含钾、钙、钠、镁、铁等矿物质，其中钾和钙元素含量分别达到 130.6μg/g 和 118.1μg/g。研究表明，包括桑树桑黄子实体在内的 6 个不同树种（桑树、暴马丁香树、黑桦树、杨树、松树和白桦树）桑黄的多糖、黄酮、总三萜三种主要活性成分的含量，在桑树桑黄子实体中的含量分别为 3.84%、5.12% 和 2.2%，均高于其他 5 个树种桑黄中的多糖（1.35%~3.16%）、黄酮（0.68%~2.7%）和总三萜（0.32%~1.01%）含量，虽然桑黄来源广泛，但含量差异较大，而桑树桑黄含量相对较多。

5. 桑枝

现代药理学研究表明，桑枝中含有黄酮类、生物碱、氨基酸、萜类、香豆素类等活性成分，具有降血脂、降血糖、降血压、防止动脉粥样硬化、抗炎等药理活性。随着桑属资源价值逐步被证实，桑树活性物质的研究逐渐成为热点领域，但是大多针对桑叶来进行，而以桑枝为材料的研究则甚少，桑树作为蚕桑产业的物质基础，其主要是利用叶片，而桑枝条往往被作为产业废弃物。桑枝含有多种化学成分，其中粗蛋白为 5.44%，灰分为 1.57%，冷水可溶性固形物为 5.12%，热水可溶物为 6.46%，纤维素为 51.88%，木质素为 18.81%，半纤维素为 23.02%。另外，桑枝中还含有多种药理活性成分，桑枝中提取物黄酮具有抗炎抗菌、降血压和降血糖的作用；桑枝多糖具有促进小鼠肾皮质中 SIRT1、FOXO1 蛋白表达及激活 CAT、线粒体呼吸链复合物 I、III 以及 Mn-SOD 含量的作用，从而阻滞氧化应激反应，起到保护糖尿病小鼠肾脏损害的作用。有学者对广东桑种、鲁桑种、白桑种和鸡桑种共 98 份桑树品种资源进行了 DNJ 的测定，所得结果为白桑种中 DNJ 含量最多，达到 0.59 ± 0.31mg/g。

（二）桑资源药理作用

1. 降血糖

桑叶含有多种降血糖成分，如黄酮类、生物碱和多糖等，体外实验和动物研究均表明，桑叶提取物可能具有降低人体餐后血糖的潜力。桑叶中 DNJ 等生物碱可有效地竞争性抑制 α-糖苷酶，可以抑制蔗糖、麦芽糖等双糖的分解、消化以及葡萄糖的吸收、转化，调节血糖水平，具体可分为降低餐后血糖、抑制肝糖原分解、改善胰岛素抵抗等功能。DNJ 直接参与调节葡萄糖转运、糖酵解、糖异生相关酶基因的表达水平或活性，抑制肠道壁葡萄糖转运吸收，促进肝脏葡萄糖代谢速率，达到降低血糖、血脂等目的。研究表明，使用桑叶多糖干预能够显著降低糖尿病小鼠的血糖。用链脲佐菌素诱导糖尿病大鼠，发现桑叶多糖在胰岛素合成、释放过程中参与细胞内信号传递，且作用后能增加胰岛素分泌，从而达到降血糖的效果。现代药理研究表明，桑叶多糖可通过清除自由基来保护和修复胰岛 β 细胞，显著降血糖和抑制血脂升高，具有多项调节治疗 Ⅱ 型糖尿病的作用。中医临床应用研究证实桑葚也具有降血糖活性。采用自拟糖宁方（该方剂主要成分包括桑葚子、黄芪、人参、苍术等），对 310 例 Ⅱ 型糖尿病患者进行临床观察，发现该方剂不仅能有效控制糖尿病，并对糖尿病所引发的一系列并发症，如视物模糊、尿蛋白、手足麻木疼痛等也有显著的治疗效果，该方剂与西药适当配合，对部分 Ⅰ 型糖尿病疗效较好。25 例糖尿病患者口服桑葚子为主药的五子汤 15 天后，其高黏稠血症显著降低，总有效率达到 84%。以桑葚子和山楂配制的复方颗粒（芦丁是其主成分）治疗 Ⅱ 型糖尿病，在 98 例患者中，抑制率达 87.76%。鲜榨桑葚汁含胡萝卜粥治疗非胰岛素依赖型糖尿病，发现在 25 例患者中，该食疗的抑制率达 88%。上述临床研究结果验证了桑葚具有降血糖活性。固态发酵桑黄菌丝体提取物（PLPE）一方面能够干预并降低高脂饲料和剂量链脲佐菌素诱导的 Ⅱ 型糖尿病（T2D）大鼠肝脏组织中果糖-1，6-二磷酸酶（FBPase）和葡萄糖-6-磷酸酶（G6Pase）的基因表达量，抑制肝脏糖异生和肝糖原分解过程；另一方面能够加快葡萄糖的糖酵解利用速率。目前，有关桑叶降血糖的研究虽已初步证实其具有降血糖的功效，但实验对象还仅局限于动物范围内，尚需临床试验进一步明确桑叶降血糖的作用机理。

2. 降血脂

桑叶生物碱 DNJ 亦具有降血脂功能，它可以通过激活 AMPK（激活性蛋白激酶）抑制白色前脂肪细胞分化生成脂肪，并且以含有 DNJ 培养液粉末（CBP）形式摄入 DNJ，可通过调节脂质代谢和胰岛素信号传导的脂肪细胞基因表达，来阻止高脂饮食（HFD）诱导的代谢紊乱的发展，从而达到降低血脂功能的目的。桑叶中含有谷甾烷（78.0mg/100g）、β-谷甾醇（77.8mg/

100g)、菜油甾醇（8.3mg/100g）和豆甾醇（6.0mg/100g）等植物甾醇。这些植物甾醇能降低肠道对胆固醇的吸收。建立高脂酒精膳食小鼠模型，研究发现桑葚花色苷提取物可以改善小鼠棕色脂肪组织的形态学改变和功能抑制。建立高脂血症模型大鼠，发现桑葚多糖具有降血脂、改善血液黏聚状态及抗脂质过氧化作用。从桑白皮中提取出的桑根酮 C、D，桑酮 C、G，桑色素和桑辛素对胰脂肪酶表现出中强度的抑制作用，为桑白皮的降血脂作用提供了依据。桑黄总三萜提取物在 80mg/mL 时体外结合甘氨胆酸钠、胆酸钠、牛黄胆酸钠的能力为同剂量考来烯胺的 50.93%、43.06% 和 52.14%，表现出较好的体外降血脂活性。

3. 抗氧化

桑资源中多酚类化合物主要来源于桑叶、桑葚、桑白皮和桑黄，其中桑叶和桑葚中多酚研究相对较多。桑叶中槲皮素等黄酮类物质、多酚类化合物、维生素 C 等成分具有较强的抗氧化活力。桑叶提取物能够较好地去除机体内部产生的 1，1-二苯基-2-三硝基苯肼（DPPH 自由基）和 ABTS 自由基，从而起到体外抗氧化、延缓衰老的效果。有研究表明，绿原酸是桑叶抗氧化的主要功能性物质，具有较强的清除机体羟基自由基和超氧阴离子的能力。桑叶中的黄酮类物质能有效地阻碍超氧自由基的连锁反应，维持体内自由基含量的动态平衡，可有效减缓神经细胞萎缩死亡，维持人体思维和记忆力，从而实现抗衰老的功效。桑葚花色苷具有较好的脂质体抑制和 DPPH、ABTS+自由基清除能力。桑葚中性多糖能够有效地改善 D-半乳糖诱导的氧化损伤，提高小鼠血清和肝组织超氧化物歧化酶、谷胱甘肽过氧化物酶和过氧化氢酶酶活性及总抗氧化能力，减少丙二醛水平，从而起到抗衰老作用。研究发现，桑葚经发酵后酚类物质组成变化及含量的增加使得抗氧化能力得到明显上调。乳酸菌发酵桑葚汁探究其抗氧化能力时发现，发酵能提高酚类物质的含量，并提高抗氧化能力。超声波辅助提取桑葚中白藜芦醇，其纯度为 68.54μg/g，研究发现桑葚中的白藜芦醇具备良好的 DPPH 自由基清除能力。2mg/mL 桑黄子实体提取物对羟基自由基的清除活性高于对照，并对黄嘌呤氧化酶有一定的抑制作用。

4. 抗病毒

桑叶中 DNJ 等生物碱类、黄酮类、GABA 及部分维生素等活性物质具有抗病毒功能。糖苷酶可在机体中参与多种生物反应过程，DNJ 通过抑制其活性，可抑制逆转录病毒活性和 HIV 病毒复制。DNJ 及其衍生物通过抑制 α-葡萄糖苷酶活性，抑制 gp120（HIV 病毒囊膜表面上的糖蛋白）合成和糖基化修饰，进而抑制病毒对宿主细胞的融合能力，避免宿主细胞感染病毒。DNJ 衍生物 N-丁基-DNJ 通过抑制正常 gp120 合成，抑制 HIV 病毒活性，阻止病毒进入 T 细胞，从而降低 HIV 的侵染性，可用于治疗 HIV 病毒感染。研究表明，桑白皮中有多个馏分对 HIV-1 LTR 均有较好的下调控活性，桦木酸也表现出了较好的活性，下调控率为 69.3%。此外，还发现各活性馏分中所含的黄酮类、香豆素类和甾体等化合物可能是具有抗 HIV 活性的主要物质。

5. 抗肿瘤

大量临床试验证明，桑叶提取物能够提升细胞凋亡因子表达量，抑制乳腺肿瘤细胞的增殖，从而起到抗肿瘤的作用。桑叶提取液能够显著抑制人早幼粒白血病细胞系（HL-60）的生长。桑叶提取物能有效抑制肿瘤组织内血管的生长，阻断肿瘤组织的营养吸收和转移，抑制肿瘤的增殖和转移。此外，有文献报道从桑叶黄酮中提取出的桑色素也具有防癌的作用，桑叶中的提取物桑色素能影响肿瘤细胞周期以及抑制 DNA 合成，进而抑制肝癌、宫颈癌、食管癌和胃癌等多种癌细胞的生长，降低癌症发生的概率。这与一些学者的研究结果有相似之处，将桑叶制成桑叶银纳米粒后进行抗癌活性实验，结果发现桑叶银纳米粒对宫颈癌、肝癌细胞及乳腺癌细胞具有良好的增殖抑制作用，尤其是对乳腺癌细胞抑制效果显著。

6. 杀菌消炎

研究表明，采用多种方式提取桑叶活性物质，提取物在体外显著抑制金黄色葡萄球菌、大肠埃希菌和枯草芽孢杆菌的生长，推测其主要成分为多酚和黄酮类化合物。桑葚提取物中白藜芦醇含量较高且白藜芦醇对 LPS 刺激 RAW264.7 细胞炎症因子具有调节作用，因此桑葚具有抗炎作用可能与含有白藜芦醇具有密切的关系。研究结果显示，桑葚提取物在 0.5~4.0mg/mL 内对细胞无明显毒性，能够有效地抑制 LPS 诱导的巨噬细胞产生 NO、PGE2 等炎症因子，且呈现剂量依赖性关系。桑叶中具有抗炎活性的活性成分有 12 种，如槲皮素、β-谷甾醇、山奈酚、叶酸等；抗炎靶点共 87 个，包括核内转录因子基因（JUN）、白介素 6 基因（IL6）、肿瘤坏死因子 α（TNF-α）、酪氨酸蛋白激酶基因（SRC）、干扰素基因（IFNG）等，涉及 MAPK 信号通路、C 型凝集素受体通路、Toll 样受体信号通路等与禽类抗炎相关的信号通路。

（三）美化城市，净化空气

桑树是速生木本植物，根系发达，枝叶繁茂，具有抗干旱、耐盐碱、净化环境、适应性强、易成活等特点。桑树在我国有约 4000 年的栽培史，并且栽培的范围很广。东北自哈尔滨以南，西北从内蒙古南部至新疆、青海、甘肃、陕西，南至广东、广西，东至台湾，西至四川、云南，以长江中下游各地栽培最多。桑树对温度要求不高，-30~40℃ 均能生长。桑树具有较强的耐酸碱性，在 pH 值 4.5~9.0 的范围内都能生长。桑叶还具有滞尘能力，使其成为一种良好的绿化树种。在新疆维吾尔自治区的克拉玛依市等还选择桑树作为行道树。桑树这一传统树种在 2003 年被评为全国城市园林景观"花木类"金奖。桑树树冠宽阔，枝叶茂盛，夏季树叶翠绿，天气转凉，树叶变黄，美不胜收，又由于其易成活、耐受性高、方便管理，是城市绿化的优选树种，桑葚能吸引鸟类，构建鸟语花香的自然景观。桑树随着四季更替展现多种色彩，变幻万千，亦可与其他树种混植风景林，打造多彩景观林。在居民新村、厂矿绿地都可以栽植，是乡村生态建设、城市街道公园等绿化的主要树种，为蚕桑多元化发展带来一个新的发展机遇，同时也还原了美丽的原始生态桑林。

桑叶具有较强的空气净化能力，能够吸收大气中的二氧化硫、氯气、氟化氢等污染物，每立方米桑林每天可吸收二氧化硫气体 20 毫升。桑树是多年生寿命较长的木本阔叶植物，生物量和储碳量较大，具有水土保持、防风固沙、涵养水源、净化空气等多种生态功能。将景观桑作为城乡园林景观树种，对改善人居环境、美化城乡、净化空气、促进城市和乡村生态文明建设等都会起到积极的作用。

桑树作为一种综合利用率高的景观树，有多个品种，如龙桑和垂桑等。龙桑作为观赏性品种，枝条均呈龙游状，这种自然弯曲扭转带来的美感，为景观绿化树种增添了新的品种，具有极高的观赏价值；龙桑新品种桑果产量高，可开发出高品位的营养保健和功能性食品；桑树叶片大、叶肉厚，产叶量高，具有很高的经济价值和开发前景；龙桑枝条自然弯曲，可制成手工艺品，不仅有利于桑树的可持续发展，而且综合利用前景广阔。而垂桑冠如伞状，枝条细长柔软，枝叶倒挂下垂，形如垂柳，始终呈圆柱形向外扩张生长，微风拂动，枝叶飘摇，婀娜多姿，姿态万千，引人入胜。

二　桑资源产业发展现状

（一）桑树种植现状

我国桑树栽培利用主要起源于中北部地区，约有4000年历史。桑树具有耐旱、耐盐碱、耐酸碱、温度适应性强、土壤适应性强等优点，在全国广泛栽培。同时，我国是桑树种植面积最广和桑树种质资源最丰富的国家，桑树种植面积超过400万公顷，主要分布在新疆、江苏、云南、广东、广西、陕西、四川、重庆等地。截至2020年，从桑园种植面积省区市分布来看，广西桑园种植面积298.2万亩，占全国的26%，居全国第一位；第二位的是四川，桑园种植面积230.9万亩，占全国的20.1%；第三位的是云南，桑园种植面积100万亩，占全国的8.7%；陕西、重庆、浙江、安徽、江苏、山东、广东桑园种植面积挤进全国前十位，桑园面积分别为82.7万亩、74.7万亩、44.5万亩、43.7万亩、43.6万亩、39.5万亩、34.8万亩，占比分别为7.2%、6.5%、3.9%、3.8%、3.8%、3.4%、3.0%。

（二）果桑产业发展现状

1. 各地区果桑产业发展现状

（1）湖北

果桑加工可极大地提高桑葚的附加值。湖北东漳实业有限公司与湖北怡莲蚕桑科技股份有限公司、四川省蚕业科学研究所联合进行了蚕桑资源综合利用研究，开发出桑葚酱、桑葚膏、桑葚酒等5个系列产品，极大地提高了桑资源的附加值。郧阳市金葚缘生态农业开发公司种植果桑500亩左右，年产各种桑果酒20多吨，随着采摘游的逐渐兴起，开设桑葚农家乐，研发桑叶宴席，丰富产品，延伸桑葚产业链。现在桑葚系列的产品近20个，预计年利润在150万元左右。宜昌枝江市问安镇朱家湾村花果飘香家庭农场主要种植台湾桑葚，年产量在8万斤左右，桑葚品种有大十、白玉王和长果桑，主要以游客采摘为主，还制作桑葚酒、桑葚干和桑葚果酱等深加工桑产品，在实现个人创收的同时，也带动了村民实现就业增收，促进了农村经济的发展。近年来，湖北省农科院经作所已经建成湖北省桑树种质资源圃，因地制宜筛选了优质果桑品种，并初步探索建立果桑优质轻简高效栽培技术模式，为全省传统蚕业向生态多元蚕业转型发展提供了有力的科技支撑。近两年，全省果桑种植面积已发展到4万亩以上，一些企业还联合科研院所进行果桑资源综合利用研究，开发桑葚果酱、桑葚膏、桑果酒、桑叶茶等系列新产品，延伸产业链，提升种植效益。

（2）河南

河南果桑产业起步较晚，进入21世纪后才开始在部分县区试种。近年来，河南果桑种植规模化逐渐形成，主要集中在安阳林州、濮阳、禹州、汝州等地，总占地面积超过12000亩，总产值超过5000万元。其中，河南省濮阳市城乡一体化示范区班家村桑葚采摘园紧扣乡村振兴战略主题，以"抓党建、促发展、打造美丽乡村"为主题，围绕市场需求，积极调整优化农业种植结构，提出"调整产业、调优产品、调大规模"的发展理念，在全村及周边推广桑果种植，取得了明显成效。班家村目前桑葚种植面积约1500亩，带动周边村庄东店当、西店当、顺河、北豆、后范庄种植桑葚，总面积约5000亩。班家村村委会兜底收购，成立村集体经济合作社，探索桑葚精深加工项目，与河南省农科院合建桑葚加工厂，加工桑果酱、桑葚酒等系列产品，带动群众就业，促进农民增收。2019年，禹州市鸠山镇按照"因势利导、长短结合、发扬特色、一村一品"的产业发展思路，引进种植果桑500余亩，采取"村集体+公司+农户"的模式，注册成立了"禹州市西学农业开发有限公司"，专人管理，统购统销，按比例分成。2021年，村两委又牵头注册成立了合作社，村集体以土地入股，占股30%，村民以土地或资金的形式入股，占股70%。按照农户自愿、双向选择原则，村民可以自己种植管理，也可委托合作社统一管理，收益按比例分配，实现桑葚、桑叶、桑枝、桑根、桑寄生等桑资源产品综合利用，实现利润最大化，带动该村剩余劳动力100余人就业。全省现有果桑深加工龙头企业十多家，研发产品有桑叶茶、桑葚干、桑葚膏、桑葚酒、桑葚饮料、桑葚醋、桑葚果酱等，广泛应用于休闲食品、保健食品、生物制药等领域，市场前景喜人。

（3）四川

近年来，四川省果桑产业布局初步形成，但是目前桑葚种植量产率地区差异明显，绵阳、南充、成都等地区量产率较高，而攀枝花等地相对较低；未成形零星散户种植较多，量产率相对较低。全省规模以上果桑基地县（市、区）达20余个，成片进行规范管理的果桑种植面积超过11万亩，占全国总产量的60%，居全国第一位。四川省桑葚产业链已基本形成，果桑种植、桑葚加工、桑葚产品流通及副产品利用的生态闭环产业模式已初具规模。攀枝花四喜农业发展有限责任公司聚焦桑葚精深加工及高值化利用，紧邻桑葚主产区，引进国内领先桑葚精深加工原汁线和原浆线，扩建冷藏库及速冻库近1000平方米，新增十万级无菌车间，年生产规模从5000吨扩大到15000吨，突破季节的限制，实现桑果保鲜全年供应。同时以"公司+基地+农户"经营模式，建立了1个面积300亩的示范基地，连片带动周边6600户农户发展果桑产业。不断扩大加工规模，延伸桑果加工产业链，市场稳定，有效地促进了农村规模化果桑产业经济发展，带动果农人均增收5600

元。近年来，南充市嘉陵区立足现有资源优势和良好的产业基础，坚持"立桑为业、多元发展"，加快推动桑产业由"栽桑养蚕"向栽桑养人、单一利用—多元开发、农业主导—三产联动转变，全力做强产业链、创新链、利益链"三大链条"，擦亮中国桑茶之乡、中国蚕丝被之乡、国家桑茶生产标准化示范区"三张名片"。目前，嘉陵区已建成桑园 6.5 万亩，其中果桑 1 万亩、蚕桑 3 万亩、茶桑 2.5 万亩。"十四五"期间，全区桑产业全链总产值有望突破 300 亿元。目前，四川省果桑产业的发展已成为助推蚕农增收和蚕桑产业可持续发展的新动能。

（4）新疆

新疆是中国桑树资源特别是古桑资源分布最广、数量最多的地区之一。从古至今，新疆地区人们就有鲜食桑葚的习惯，目前新疆吐鲁番、若羌、库车、精河县和二二一团等地都有种植。吐鲁番是新疆桑葚成熟最早的地方。目前全市桑树种植面积 5.5 万亩，年产桑葚超过 1900 吨，桑葚深加工产业发展潜力巨大。吐鲁番市正进一步推进桑葚多元化利用，尽快实现建成一元多品的桑葚加工产业链。同时，依托桑葚大力发展旅游，加快构建"桑—果—游"模式，打造桑葚季旅游品牌，带动周边经济的发展。2023 年 5 月，"甜蜜之城吐鲁番，满城摇落桑葚雨"2023 吐鲁番桑葚季在吐鲁番市高昌区盛大开幕。高昌区亚尔镇、吐鲁番天山圣果农业有限公司、吐鲁番市欧佰电子商务有限公司等 13 家单位、企业签订了桑葚产品的购销协议，总签约量 1400 余吨。2017 年，在十二师自然资源和规划局协助和科学布局下，吐鲁番七十度阳光农业科技有限公司在二二一团成立，公司依托二二一团独特的气候条件，以及紧邻吐鲁番市的区位优势，因地制宜，通过"企业+基地+农户+研发+营销"模式，建成了 1150 亩桑树种植和桑树资源综合开发利用产业基地，全力打造了桑产业链与文化链，实现了桑资源的综合利用，带动了农民增收，仅 2023 年上半年就带动 3000 余人次职工实现收入 60 万元。

（5）陕西

自古以来，陕西就是中国古代丝绸之路的起点，丝绸之路绵延万里，占据优越的地理位置，为企业提供了更舒适的贸易条件。与此同时，陕西是世界上最好的果桑种植区之一，起源于北纬31°，硒含量丰富，具有得天独厚的条件。现如今，果桑种植发展强劲，并将继续扩大果桑种植规模。政府政策扶持、技术支持，持续发展桑资源产品综合利用产业，提供各种就业机会，调动农民积极性。此举不仅增加了农民的收入，还提高了当地农民的生活水平，为振兴当地农村地区作出了重大贡献。目前，安康果桑种植面积超过2000亩，建成桑果采摘园6个、桑果加工基地4个、桑茶桑菜加工企业10余家。近年来，安康在挖掘土地资源的基础上，实现从单一的栽桑养蚕模式向复合型现代蚕桑产业和果品综合产业方向转变，提高果桑种植水平，加强发展鲜果加工业，形成果桑种植、收获、加工、销售一条龙和一二三产业融合发展的新格局，为乡村振兴提供了一个新的途径。

2. 果桑产品加工产业发展现状

（1）果桑产品加工进展

桑树全身都是宝，根、茎、叶、果实、种子均能发挥其价值，然而在食品加工领域，主要以桑葚和桑叶为主，开发诸如桑葚干、桑葚果汁、桑葚果酱、桑葚酒、桑葚醋、桑葚酵素和桑叶茶等桑产品。一亩田养殖专业合作社于2020年引进桑葚种植，现种植规模达20余亩，品种包括无籽十大、白玉王等，亩产量可达1500斤。企业加大对桑叶茶的产品开发力度，桑叶茶受到了消费者的热捧，每斤售价达280元。公司计划在桑葚果全部采收后，扩大桑叶茶生产规模，预计一年可生产桑叶茶近10吨，产值达2000万元。2016年攀枝花市鲜桑果外销、果汁加工和桑果干等累计销售1.6万吨（折合鲜果），实现销售收入8100万元，全市蚕茧、桑果综合产值已突破2.2亿元。截至目前，四川省共有果桑加工企业10余家，研发和生产的桑果汁饮料、桑葚浓缩汁、桑葚干红、桑葚干、桑葚醋等10余种桑果系列产品已部分投放市场。全省初步形成年加工能力2万吨、年产值10亿元的果桑产业配套加工体系。

（2）桑果加工现状

桑葚酵素。酵素（Jiaosu）是以动物、植物、菌类等为原料，经微生物发酵制得的含有特定生物活性成分的产品；同步实施的QB/T 5323—2018

《植物酵素》中规定，以可用于食品加工的植物为主要原料制得的可供人类食用的酵素称为食用植物酵素（edible plant Jiaosu）。韦仕静采用乳酸杆菌发酵桑葚干果粉混合苹果汁，根据总糖和总酸变化情况，获得桑葚酵素最优发酵工艺，开发了一种能降血脂、促消化、润肠通便的植物食用酵素。郭伟峰采用醋酸菌发酵桑葚酵素饮料，得到最优工艺条件为菌种接种量 10%，初始糖度 14°Brix，在 30℃发酵 24 小时，此条件下，SOD 酶活力提高 123%。唐敏发现在发酵过程中，自然发酵和复合发酵制备酵素产品，其 pH 值、多糖、多酚含量基本相同，而黄酮含量则有很大不同，且复合发酵抗氧化效果优于自然发酵。侯银臣制备桑葚酵素，设置初始 pH 值 6.00，接种 1.60%复合乳杆菌发酵剂，发酵 17 小时，所得桑葚酵素中 DPPH 自由基清除率能达到 96.82%。张莉通过四种发酵方法制备蓝莓—桑葚复合酵素，探索其抗氧化作用，发现混菌发酵方式效果最佳，可显著提升发酵液总酚含量，提高抗氧化活性。

桑葚果酒。桑葚果酒是桑葚加工常见的产品之一，但存在稳定性不强、色泽不饱和、香味单一等问题。杨璐等对比 5 种不同类型澄清剂发现，60g/L 果胶酶处理的桑葚果酒香味最佳，能够较好地保持果酒的稳定性，生产优质桑葚果酒。刘阿文研究发现，在 18℃时，接种 0.08%酵母发酵桑葚果酒，确定初始糖度为 26°Brix，硫代硫酸钠添加量 80mg/kg，发酵所得的桑葚酒口感柔和，澄清透亮，果香浓郁，具有桑葚的典型风味，功能性成分损失更少。王超萍优化了一种红曲桑葚酒的发酵工艺，采用红曲霉和酵母混合液态发酵桑葚最优工艺为发酵温度 18℃，发酵 pH 值 3.6，分别接种 8%红曲霉、10%酵母菌，所得桑葚酒的酒精度为 12.9%，有较好的食品保健功效。

桑葚干。果干是市场上常见的增加水果附加值、延长货架期的加工产品，但存在干燥时营养成分损失严重、产品品质差等问题。王世优等对比冷冻干燥、热风干燥以及自然干燥三个工艺，以桑葚维生素 C 含量、总糖含量、复水比和感官评价为指标，发现冷冻干燥效果最优，热风干燥 60℃效果次之，自然干燥品质相对较差。黄子建发现在渗透剂浓度 15%、超声功率 190W、超声温度 50℃、超声时间 1 小时的条件下，超声辅助渗透处理不仅可缩短20%的真空干燥时间，而且所得桑葚干色泽呈紫黑色，硬度适中，口感酥脆，果香味浓郁。

桑葚果醋。桑葚果醋具有促进消化、护肤养颜、软化血管、降低血脂和血压等独特的保健功效。徐辉艳用10%的AS1.41醋酸菌接种，80r/min持续搅拌，33℃温度下发酵，得到的桑葚果醋发酵效果最佳。余永建以桑葚果汁接种10%的沪酿1.01号醋酸菌，在31℃温度下，以0.15mL/min的通气量进行通气，从而得到质量高、成本低的桑葚果醋。

桑葚果汁。新鲜的桑葚含水量在80%左右，更适合加工果汁产品。目前，市场上的桑葚果汁可分为鲜榨果汁和混合果汁两种。桑葚原汁由桑葚鲜果直接压榨或采用干果复水后压榨而成，其味道较为清淡，价格很高，多出现在高档酒店，市场上很少见。许雪莹等用0.04%果胶酶，在pH值3.5、45℃条件下处理3小时，可将桑葚的出汁率从原来的52.8%提高到70%，提高了17.2个百分点。马慧等利用桑叶和桑葚复合加工一种调味型果汁，所得桑葚复合饮料酸甜可口，颜色紫红，具有桑葚和桑叶特有的香气。曹德玉等研发一种桑葚—甜橙复合果汁，经调味后，得到一种颜色紫红、甜酸适口、口感淳厚的桑葚甜橙复合果汁饮料。桑葚果汁颜色亮丽，富含花青素，目前大众市场仍属空白，前景广阔。

桑叶茶。桑叶可以和人参相提并论，有"人参热补、桑叶清补"之美誉，故被称为"植物之王"。陈永丽等采用响应面法优化桑叶茶发酵工艺，发现当桑叶的水分含量为70.7%，接种6.23%米曲霉在27.9℃发酵6天时，桑叶茶的水浸出物含量达62.72%，游离氨基酸含量是未发酵干桑叶的4倍。何建新等研究大曲—多菌种耦合—发酵桑叶茶的品质，获得最佳工艺为叶子含水量65%，大曲接种量8%，初始糖度6%，发酵温度30℃，规范化综合得分为0.996±0.02，与理论规范化综合得分1.0105±0.01接近。同时，所制桑叶茶的氨基酸、总酚和黄酮含量相对较高。

鲜制桑果饮料。每当桑葚大量上市时，往往占据着各大水果店的"C位"。因为桑葚天然特殊的果香，桑葚饮品也逐渐出圈。沪上阿姨、喜茶、奈雪、古茗等品牌也纷纷推出桑葚饮品，成为夏季茶饮的热销产品。

（三）蚕桑产业发展现状

1. 重庆

重庆市万州区甘宁蚕种场始建于 2003 年，栽培有无核大十、红果二号、白玉王、台湾长果桑等优质品种。自 2009 年起，结合万州大瀑布、甘宁故乡、何其芳故居、瀼渡电站等当地旅游资源，开展"观亚洲一瀑、品精美桑葚"等系列活动，在重庆率先发展成"桑—果—游"模式，除品桑果、游桑园外，还可领养蚕宝宝、品桑葚酒、饮桑叶茶，开辟了蚕桑知识文化长廊，方便游客了解我国深厚的蚕桑文化，又相继推出了手作蚕丝被、桑叶面条、桑葚面条等产品，丰富游客体验。自 2011 年举办第一届桑葚采摘节起，甘宁果桑的人气和名气逐年暴增，这里已成为市民春季踏青、采摘体验、亲子活动、品农家菜、乡村旅游的好地方。

近年来，越来越多的桑葚采摘园已经开始建立"桑—果—游"的发展模式，加快推进一二三产业融合，打造区域桑产业旅游和加工品牌，利用桑产业带动经济和文化的共同发展，促进乡村振兴。

2. 湖北

湖北省英山县桑和平面茧专业合作社开始探索"三种三养"的高效生态蚕桑示范基地，即建设集种桑、种药、种菜、养蚕、养鱼、养鸡于一体的生态蚕桑体系，实现了每亩桑园超万元的收益，蚕农种蚕养桑的综合效益获得大幅度提高。"三种三养"是农、林、牧、渔相结合模式的初步尝试，在此基础上，又提出了"从一棵桑升级为'七个一'［即一杯茶、一片药、一桌菜、一杯酒（醋）、一床保健被、一台戏、一日游］"战略，随着这一模式的进一步完善和推广应用，蚕桑产业已经逐步成为促进英山县经济发展和乡村振兴的支柱产业，不仅促进人民增收，而且带动经济发展，提高人民生活水平，为构建和谐美丽新农村贡献一份力量。

3. 四川

四川省是全国重要的蚕桑丝绸发源地和蚕桑丝绸生产基地，蚕桑丝绸产业在全国占有重要地位。蚕茧、蚕丝质量全国领先，产量居全国第二位，绸绸产量居全国第一位。"十三五"期间，全省 19 个市、95 个县，超过 100 万人从事丝绸业，总产值 1777.5 亿元，比"十二五"期间增长 20%。凉山、绵阳、宜宾等地成为我国高质量茧丝原料供应基地。2020 年，全省种植面积超过 230 万亩，蚕茧及其相关产品、蚕丝及其相关产品、丝绸及其相关产品产量分别为 83000 吨、9421.8 吨和 1.8 亿米，分别占全国的 19%、12.1% 和 17.6%。蚕丝及其相关产品产量位居全国前列，是名副其实的丝绸大省。目前，四川安泰茧丝绸集团有限公司实现年产优质干茧 1000 吨，产丝 500 吨，产绸 150 万米，茧丝总产值 5 亿元。近年来，广安市借着蚕桑丝绸产业，助力脱贫攻坚和乡村振兴，建设高标准蚕桑养殖基地，建成优质桑园 7 万亩，总产值突破 12 亿元，人均增收 5000 元以上，构建起"桑—蚕—茧—丝—绸—旅"的全产业链条，传统桑蚕茧产业"破茧重生"，铺就了乡村振兴新"丝路"。

4. 云南

沾益有着悠久的蚕桑养殖传统，是云南省优质蚕茧基地县（区）。近年来，沾益区积极引导农民发展蚕桑产业，通过"公司+合作社+基地+农户"模式，将生态优势转化为经济优势，让传统蚕桑焕发出新活力，着力高标准栽桑养蚕，建成高标准桑园 9 万余亩，实现一年三批次养殖，走出了一条促进农民增收、助力乡村振兴的新"丝"路。2023 年，种桑 9.2 万亩，中低产桑园改造 3000 亩，预计养蚕 9.3 万张，预计产茧 382.6 万公斤，实现产值 1.91 亿元。截至 6 月底，实施春蚕饲养 21000 张，比上年同期增加 664 张，增长 3.3%，占全年计划的 22.6%；产鲜茧 84 万公斤，由于持续干旱影响与上年同期相比下降 2 万公斤，降幅为 2.3%。据统计，春茧收购价格在 60～65 元/公斤，平均收购均价为 62.41 元/公斤，实现蚕茧产值 5242.44 万元，与上年同期相比增加 765.47 万元，增长 17.1%。因蚕茧市场价格高位运行，大大激发了蚕农的栽桑养蚕热情。

5. 山东

20 世纪七八十年代，山东省桑园面积基本在 1.33 万～2.00 万公顷区间，蚕茧产量在 1.00 万吨左右；20 世纪 90 年代开始快速发展，2002 年桑园面积达到历史最高的 12.45 万公顷，2006 年蚕茧产量达到历史最高的 6.97 万吨，占全国的 8.5%。传统的植桑养蚕是典型的劳动密集型产业，随着经济的发展，劳动力价格逐年攀升，传统的运作模式越来越限制了产业盈利，东部老牌产区的植桑养蚕规模开始下调。尤其是 2006 年 4 月，商务部下发了《关于实施"东桑西移"工程的通知》后，广西、云南等西部蚕区蚕桑产业发展速度进一步加快，而江苏、浙江、山东等地则呈现整体持续下滑状态。2011~2019 年山东省桑园面积基本稳定在 3.00 万公顷左右，蚕茧产量在 2.00 万吨左右，蚕种产量在 155 万~200 万张区间，发种量在 43 万~60 万张区间；近几年，由于疫情、中毒等原因，产业规模又有所下降，2022 年，全省桑园面积 2.23 万公顷，蚕种产量 195.00 万张，省内发种量 27.80 万张，蚕茧产量 1.00 万吨。

6. 贵州

毕节市蚕桑产业主要集中在七星关区、大方县、织金县、纳雍县、赫章县、威宁县等 6 个县区，主要栽种桑树品种有农桑 12 号、农桑 14 号等嫁接良桑和桂桑 2 号、桂桑优 12 号、桂桑优 62 号等优良杂交桑，均为目前国内推广的优良品种。目前，毕节市桑园面积 6713.33 公顷，其中七星关区 2766.67 公顷、赫章 1913.33 公顷、纳雍 1193.33 公顷，占毕节桑园总面积的 87.48%。另外，毕节市有连片 6.67 公顷以上桑园基地 43 个，总面积 1646.67 公顷。毕节市主要蚕种有贵蚕 4 号、贵蚕 7 号、贵蚕 10 号、华康 2 号、华康 3 号、两广二号、菁松×皓月、781×7532 等，都是丝质优、产量高、抗性强的优良品种。2022 年毕节市发种量 1.87 万张，产茧量 601.7 吨，鲜茧平均价格约 50 元/公斤，质量好的达 60 元/公斤，总产值约 3000 万元。

（四）桑枝总生物碱及其制剂产业发展

20 世纪 90 年代初，中国医学科学院北京协和医学院药物研究所的谢明智研究员和申竹芳研究员团队首次提出从中草药宝库中寻找 α 葡萄糖苷酶抑制活性物质，最终发现，桑枝提取物在离体酶学水平具有很强的抑制作用。为进一步挖掘桑枝降血糖的物质基础，联合药物研究所刘玉玲研究员带领的药学团队，于 1999 年正式立项展开了对"桑枝降血糖有效部位及其制剂"的系统研发工作，最终发现并确定了桑枝的总生物碱有效部位，命名为桑枝总生物碱。2020 年 3 月 17 日，国内首个作用于 α 葡萄糖苷酶的原创天然降血糖药物"桑枝总生物碱片"获批上市，成为我国近十年来首个获批的糖尿病中药新药。

三 桑资源产业存在的问题及改进意见

（一）存在的问题

1. 缺乏整体规划

我国果桑产业作为新兴产业，缺乏政府的规划引导和扶持，虽然种植面积已初具规模，但多数都是个体户经营，与标准化、规模化和产业化相差甚远。而且，在果桑种植方面缺乏标准化技术指导，各地区桑种栽培、桑树养成、桑园管理、病虫害防治等方面有较大差异，导致整体经济效益不高，严重影响果桑产业的发展。

2. 桑葚是浆果类水果，缺乏保鲜加工条件

桑葚属于浆果类水果，鲜果含水量超过 80%，果皮脆薄，易造成机械损伤，不易保鲜和贮运。成熟桑葚保存期极短，若不及时保鲜或加工，容易造成严重的浪费。目前，我国果桑产业仍处于以鲜果销售为主的阶段，深加工产品不多，每年 4~6 月桑葚大量上市，由于缺乏龙头企业带动发展桑葚精深加工产业，加工能力不足，又由于桑树种植多为个体经营，缺乏集约化和专业化，没有先进的鲜果保鲜设备，往往造成严重浪费，造成果农经济损失，严重打击了果农积极性，影响了果桑产业的发展。

3. 桑果产品单一，果桑产业化程度不高

目前，我国果桑产业仍处于以鲜果销售为主的阶段，深加工产品不多，以休闲观光采摘为主进行消费的方式开发利用程度不够，仅有少数种植区能够实现，桑葚的精深加工能力不足，研发产品仅限于桑葚果汁、桑葚醋、桑葚酒等初级产品，产品种类单一，核心竞争力不足，大众认可度不高，市场

竞争力较弱，进一步导致果桑产业化程度低。

4. 蚕桑劳动力严重匮乏，与高新技术产业结合不够

目前，随着城镇化进程的加快构建，大多数年轻人选择离开家乡外出务工，导致农村劳动力匮乏，又由于蚕桑养殖相对来讲枯燥乏味，普遍不是年轻人的第一选择，蚕桑从业人员老龄化明显，从业人员文化水平不高，往往更加信任传统的蚕桑养殖模式，对现如今的数字生态蚕桑养殖模式接受度不高，直接或间接导致蚕桑产业标准化建设进程缓慢。同时，由于一些蚕农对桑园监管力度不够、养蚕设施应用不足，造成农户养蚕技术水平和生产效益难以提高。

5. 蚕桑资源开发不够，综合利用能力不足

目前，大多数蚕桑产业发展仍然停留在传统栽桑养蚕的层面上，桑叶、桑枝、桑葚、蚕沙、蚕蛹等资源没有得到有效开发，产业附加值还未得到充分体现。蚕桑资源综合利用率不高，产业链条欠长欠宽，高附加值的终端产品少，有影响力的知名品牌少，市场开拓能力欠佳，对产业发展的带动力不强。

6. 组织化程度低

我国虽然桑树资源丰富，但大多都零星分散，没有形成规模，示范带动能力有限。就全国来看，个体种植户多且分散，缺乏专业的合作社或者企业组织引导，组织化生产和经营程度低，果农了解市场信息滞后，应对市场、抵御风险的能力较弱，桑葚滞销现象时有发生，严重影响了果农发展果桑产业的积极性和主动性。

（二）改进意见

1. 统一规划，合理布局

目前，果桑产业发展处于初级阶段，是蚕桑产业发展进程的一个重要转折点，实现桑资源综合利用的新的飞跃。为了充分挖掘果桑产业市场潜力，进一步拓展桑果市场，延伸桑资源产业链，加快构建桑资源综合利用发展模式，在发展上要做好统筹规划，科学制定，建设果桑优势发展区域。根据地

域特征，逐步建立果桑生产基地，按照绿色、生态、无公害农产品的要求，建立高标准化果桑产业基地，壮大生产规模，辐射带动周边农户发展；培育集中连片果桑示范园，并与休闲观光旅游、采摘、蚕桑文化等进行紧密结合，结合"桑—果—游"模式，发挥果桑多元化功能，以此带动果桑产业的进一步发展。

2. 政府引导产学研联动，解决桑葚贮存问题

支持科研部门与企业建立长久的合作机制，加快桑葚相关产品研发，充分挖掘桑葚的价值，转化实验室成果，实现产学研联动，通过产品带动果桑产业发展。政府引导建设专用冷库，临时贮存桑葚鲜果，减少桑葚浪费。

3. 扶持龙头企业，拓展桑葚加工业

发展桑葚加工业可以有效地带动果桑产业的发展，根据目前桑葚加工企业少而不强的现状，扶持打造龙头企业势在必行。要按照典型引进、龙头带动、扶持一批的思路，发展壮大一批果桑加工企业，支持其建设桑葚加工生产线，全面提高桑葚加工能力，形成具有一定规模和实力的果桑产业集群，带动更多农户发展果桑产业。支持企业抓好桑葚产品品牌培育，积极申报农产品"三品一标"（无公害农产品、绿色食品、有机农产品和农产品地理标志）等，提升产品的知名度和美誉度，提高市场竞争力和产业带动力，加快推动果桑产业的发展。

4. 定时开展宣讲课堂，实地走访，切实解决农户问题

鼓励专家以及本专业学生走出课堂，走进农村，走进桑田，定期开展桑树培育以及蚕桑养殖、果实深加工等方面的宣讲课堂，指导农户做好桑树管理工作。引进专业人员驻村，实地勘察，切实解决农户问题，带动农户积极性。

5. 强化主体培育，做好桑资源综合利用

目前，我国桑资源深加工产品包括桑葚酒、桑叶茶、桑葚果酱、桑叶制剂、蚕丝被等，受到消费者的青睐，但中国蚕桑资源非常丰富，发展还远远不够。应该专注于开发不同类型的商业模式，包括桑园套种、桑枝食用菌、桑园养殖、桑旅结合等，并专注于开发桑资源产品，如茶、果酱、饮料、酒

等。并深入挖掘桑树生态治理、医药领域以及蚕丝在丝蛋白材料、医学领域的功能，形成新产品业态，延伸产业链，提高产品附加值，推动农户增收，推进产业增效，打造最大、最强的桑果品牌。

6. 加快构建桑产业联动体系

以桑树种植户为起点建立区域合作社，以点带线、以线带面，建立"户+村+市+省"的桑产业联动体系，采用"互联网+"的模式，设立门户网站，方便普通种植户查询信息，避免信息滞后现象发生。建立种植户和企业对接平台，加快构建一站式服务平台，避免出现由信息不对等而引起的桑资源滞销浪费现象。

四　桑资源产业发展前景与展望

（一）由粗放型向智慧型方向发展

政府积极引导促进企业、科研机构和高校展开精诚合作，合理构建智慧桑葚产业示范基地。通过建设高水平的桑树种植基地、使用高新技术节省劳动力、构建智能桑产业云平台等方式，着力提高产业自动化水平，不仅可以降低劳动强度，也可以提高经济效益。示范基地的高效运行，必将引导我国桑产业向智慧型桑产业发展。

（二）由分散经营向规模化经营方向发展

种桑养蚕方式历来都是农户分散经营，各自为战，随着蚕桑产业规模的不断扩大，这种方法无法适应现代蚕产业发展的要求，存在的问题逐渐显露，如病虫害防治不统一，交叉感染严重；从业人员老龄化严重；传统养殖方法已经不适用于现阶段蚕桑产业的发展，种养成功率较低，这一系列的问题都制约着桑产业的发展。鼓励精通技术和资本的专业人士从事蚕桑栽培和繁殖，建设流转桑园，建立标准蚕房，使用新技术和新设备，以获得更高的经济效益。因此，合作社模式将成为我国蚕桑产业的新方向，能为桑产业的未来发展奠定良好的基础。

（三）延伸产业链，由粗加工向精深加工方向发展

虽然我国桑树种植面积广，桑树种质资源丰富，但是目前大多还停留在鲜果售卖和初级农产品加工阶段，造成了严重的桑资源浪费，阻碍了桑产业发展进程。开展桑资源加工专项活动，实现从桑树种植到桑叶、桑果采收全过程资源综合利用，开辟林下种植，蚕桑、桑叶、桑果产品转化，打造全链条桑资源利用途径。支持企业研发桑资源产品，结合桑资源产品诸多药理和营养作用，发挥其药食同源的作用，进一步研发包括桑葚饮料、桑葚酵素、桑葚果酒、桑葚茶、桑叶茶、桑叶提取物保健食品和药品、丝绸、蚕丝被等桑资源产品，延伸桑产品产业链，打造桑产品品牌企业。

五 桑资源产业案例

（一）吉林桑黄生物科技集团有限公司

世界桑黄看中国，中国桑黄看吉林。如今，和龙市的桑黄撑起了富民大产业，成了乡村振兴"金疙瘩"。吉林省延边朝鲜族自治州和龙市八家子镇，地处黄金纬度北纬42°、长白山腹地，四季气候分明，降雨量充沛，野生树木资源丰富，是绝佳的桑黄产地，被誉为"桑黄小镇""吉林省桑黄之乡"。八家子镇桑黄产业基地建成275栋新型农产品大棚，培植120多万个桑黄菌椴；吉林桑黄生物科技集团有限公司通过推进精深加工、提高产品附加值、拉长产业链条、拓展销售市场，发挥农业产业化龙头企业带动作用。以东西部扶贫协作为契机，创办福洞镇桑黄种植基地等扶贫车间4个，吸纳贫困人口从事桑黄加工，实现稳定就业增收。同时，与林业部门配合统一委托采购、分配、运送柞木、枝丫等优质生产原材料；与森工集团旗下各林业局联合，逐步扩大产业规模，全力打造全球规模最大、体系最全、技术最优的桑黄种植加工基地，力争发展到万栋菌棚3000万袋规模水平。

（二）四川山未果业有限公司

"山未果业"位于"黄金产区"攀枝花市盐边县。盐边这座城市的灵

魂，封着千年蚕桑文化沉淀下来的厚重，千百年来始终坚持着"原生态"桑树种植模式，桑叶喂蚕、桑果食用，百分之百保证了桑产业链无公害、绿色、有机食品的定位；"山未果业"种植云桑 2 号树种，味甜芬芳，果实饱满，纤维少，出汁多，被誉为"大山里的黑珍珠"，花青素含量居全国首位。不仅如此，还因为只采清明前后的桑葚，全年采摘期仅有 15 天，山未桑葚更是名副其实的大自然的"限量款"。

进入 21 世纪以来，盐边县引进良种品桑，"人均百株桑，富养一张蚕"成为盐边北部种桑乡镇、村组的流行语。2015 年，山未集团在盐边县惠民镇全资投建攀枝花四喜农业发展有限责任公司，建立了第一家以桑葚为原料的精深加工厂，引进国内领先桑葚深加工原汁线和原浆线两条生产线，年加工桑葚鲜果 1.5 万吨。2016 年中国蚕学会授予盐边县"中国果桑之乡"荣誉称号。2018 年，组建四川山未果业有限公司，专注桑葚系列产品市场营销、品牌打造和渠道建设，以市场拉动盐边县源产地经济发展。公司采用"公司+基地+农户"的经营模式，累计带动周边 6600 户农户发展果桑产业，带动农户户均增收 5600 元，全年人均可支配收入 12590 元，高于全县农民人均可支配收入 24.37%。作为聚焦桑葚深加工及高值化利用的企业，不仅擘画着攀枝花盐边县桑葚产业的振兴与发展蓝图，更肩负着让更多农民过上好日子、让农产品走出去的伟大使命。

（三）广州宝桑园生态科技有限公司

花都宝桑园是全国蚕桑文化的"旅游名片"，是华南地区最大的蚕桑示范基地之一，也是广东省农业科学院蚕业与农产品加工研究所下属的科研试验示范基地和科技成果转化平台。花都宝桑园始建于 2001 年，占地 800 亩，建设 500 亩桑树多元化种植展示区，建有 2000 平方米的农产品加工区、桑叶茶及桑叶菜生产区，1000 平方米的蚕桑科普馆；2020 年，花都宝桑园与广州市璞生活信息科技有限公司协作启动"互联网+科普型文旅"运营模式，通过"农科+文旅"向大众传播桑叶、桑果的医药和科学价值；2021 年以"花漾花都 果漫春华"为主题的宝桑园第 16 届果节在广州花都宝桑园举行。目前，在科技成果的赋能下，花都宝桑园可实现从 10 月到次年 5 月都有挂果，解决了桑葚成熟期集中，桑果鲜果食用期短的难题，让人们在寒冷的冬日也能感受桑果的美味。

（四）广东宝桑园健康食品有限公司

广东宝桑园健康食品有限公司专注于蚕桑资源的综合开发，始终秉承"弘扬蚕桑文化，助力健康中国"的宗旨，坚持"绿色天然、药食同源、全民健康"的理念，以广东省农业科学院蚕业与农产品加工研究所为技术依托，致力于助推健康中国建设和现代农业发展。广东宝桑园健康食品有限公司法定代表人马晓波，参股企业有广东省农业科学院蚕业与农产品加工研究所、中天和创投资有限公司、攀枝花宝桑园健康食品有限公司等企业。2020 年，中天和创投资有限公司百分之百控股成立中禾宝桑生物科技有限公司，法定代表人马晓波。因广东宝桑园健康食品有限公司股权结构，形成产学研联动的发展经营模式，实现从桑树种植、科学研究、产品开发、桑果加工全链条产业化经营。中禾宝桑作为桑蚕产业转型升级、创新发展的领跑者，致力于立桑为业，顺应健康消费新趋势，建立宝桑园〔"非浓缩还原"（NFC）100%桑果汁〕、植然乐（天然植物饮品）、亲果蔬（纯天然水果与蔬菜混合饮品）、桑加 1（桑葚复合果汁、桑葚休闲食品）四大品牌，助推中国"桑蚕文化"品牌化发展。中禾宝桑赞助国家桥牌女队，见证亚运夺金圆梦时刻。2023 年 9 月 22 日，庆祝 2023 年中国农民丰收节系列活动在广州举办，宝桑园作为"广东省名优高新技术产品"和"绿色食品"认证机构受邀参加并被授牌"广东省重点农业龙头企业"。近年来，宝桑园发挥重点农业龙头企业示范带头作用，为乡村振兴贡献力量，推动桑产业现代化高质量发展。

（五）北京五和博澳药业股份有限公司

北京五和博澳药业股份有限公司成立于 2010 年，位于中关村科技园区大兴生物医药产业基地，系国家高新技术企业、北京市生物医药 G20 企业、创新型制药企业，立足系统集成"颠覆性创新"，聚焦糖尿病、恶性肿瘤、病毒感染等重大疾病防治，定位"现代天然药物"和"高端创新制剂"，专注全球独家自主知识产权创新产品，致力于打造具有国际影响力的中国品牌。2020年，刘玉玲教授和申竹芳教授领衔研发桑枝总生物碱按天然药物获批上市，用于治疗Ⅱ型糖尿病，成为近十年我国首个批准的糖尿病中药新药，获人民日报健康客户端、健康时报社主办的"第十三届健康中国论坛"十大创新药（国内）榜首，被评为中华中医药学会2020年度中医药十大学术进展，《药学学报》2020年度中国药学十大事件榜首。2022年8月20日，中国中医药信息学会内分泌分会2022年学术年会暨全国名中医林兰教授经验传承论坛在北京顺利召开，在大会分享会上北京协和医院田国庆教授在《糖尿病中药新药开发应用与前景》的报告中深入浅出地介绍了中西合璧的降血糖原创天然药物桑枝总生物碱片。2023年，作为我国首个原创降血糖天然药物，桑枝总生物碱片被写入全国中医药行业高等教育"十四五"规划教材《内科学》教科书。2023年9月14~15日，广西五和博澳亮相第7届中国—东盟药品合作发展高峰论坛，与东盟国家交流分享现代天然产物/创新中药研发前沿取得的成果，探寻与东盟国家的合作机会，为推动"桑枝总生物碱及其片剂"走进东盟国家打下了坚实基础。

参考文献

1. 马乐、吕云皓、江英：《新疆药桑有效成分及其功能研究进展》，《中国果菜》2023年第2期。

2. 黄越、黄传书、吴均等：《桑资源生物活性物质及其在食品领域应用研究进展》，《食品与发酵工业》2023年第23期。

3. 唐罗、陈晓霞、陈军等：《桑椹花青素加工稳定性及其应用研究进展》，《食品与发酵工业》2023年第24期。

4. 焦万琳、潘家婵、贝桐等：《桑叶发酵工艺及其应用的研究进展》，《广东蚕业》2022年第7期。

5. 李莎、王艳辉、杨加虎等：《桑叶发酵综合利用的研究进展》，《北方蚕业》2022年第

2 期。

6. 王小慧：《条件胁迫对桑叶生物活性成分的影响》，硕士学位论文，西北师范大学，2022。

7. 曾志兰、周建寅、刘康华等：《桑叶黄酮调控糖尿病模型小鼠心肌线粒体功能和纤维化进展的机制》，《现代生物医学进展》2022 年第 7 期。

8. 王明燕、韩好奇、付彤等：《桑叶的生物学功能及其在动物生产中的应用研究进展》，《中国畜牧杂志》2022 年第 5 期。

9. 赵曼娜：《不同种桑资源叶中生物活性成分的综合评价》，硕士学位论文，西北师范大学，2021。

10. 李来成、张士凯、许方舟等：《桑叶综合利用的研究进展》，《食品工业科技》2022 年第 2 期。

11. 孙波、周洪英、吴洪丽等：《桑枝综合利用研究进展》，《北方蚕业》2020 年第 4 期。

12. 张倩、张立华：《桑叶的化学成分及开发利用进展》，《湖北农业科学》2020 年第 15 期。

13. 汪荷澄：《新疆三种桑葚理化品质及挥发性成分分析》，硕士学位论文，塔里木大学，2020。

14. 余启明、黄泽强、张金华等：《桑叶与脂质代谢调节作用相关研究进展》，《粮食科技与经济》2020 年第 2 期。

15. 牟灿灿、卢红梅、陈莉：《桑葚果酒生产工艺研究进展》，《食品工业》2019 年第 8 期。

16. 刘春连：《桑叶的化学成分及降血糖作用的研究进展》，《农产品加工》2019 年第 9 期。

17. 冯淦熠、贺喜、杨浩然等：《桑叶多酚提取与体外抗氧化能力研究进展》，《饲料研究》2019 年第 2 期。

18. 俞燕芳、黄金枝、石旭平等：《我国桑叶食品开发研究进展》，《食品安全质量检测学报》2018 年第 7 期。

19. 黄安民、杨斯佳、虞璐琳等：《桑叶活性成分的研究进展》，《临床医药文献电子杂志》2017 年第 82 期。

20. 范浩、庄愉：《桑叶药食同源开发应用研究进展》，《现代农业科技》2017 年第 14 期。

21. 张国权、蔡晓燕、张延杰：《桑叶食品研究进展》，《农产品加工》2017 年第 13 期。

22. 刘青茹、王彬、周春江等：《桑叶理化成分及其加工技术研究进展》，《农产品加工》2017 年第 12 期。

23. 温建辉：《我国桑葚酒研究进展》，《晋中学院学报》2017 年第 3 期。

24. 崔秋英、邱长玉、林强等：《桑树高效扦插育苗技术的研究进展》，《广西蚕业》2016 年第 3 期。

25. 蒲彬、左少纯、吴丽莉等：《新疆桑树药食应用与产品开发研究进展》，《中国蚕业》2014 年第 4 期。

26. 徐立：《桑树植物化学成分及活性研究》，博士学位论文，西南大学，2006。

27. 刘利：《桑叶次生代谢产物研究》，博士学位论文，中国农业科学院，2005。

28. 周娟、梁波：《寻迹盐边桑产业发展之路》，《攀枝花日报》2023 年 4 月 24 日。

29. 李晓华：《太湖县果桑产业发展问题与建议》，《基层农技推广》2022 年第 7 期。

30. 李衍颖、谢成德：《盐边县果桑产业发展现状与对策》，《四川蚕业》2022 年第 1 期。

31. 张爱诚：《临清市桑产业促进现代农业经济发展的成效与思考》，《山西农经》2021 年第 18 期。

32. 罗国庆：《应用周年挂果技术助力广东省果桑产业发展》，《蚕学通讯》2021 年第 3 期。

33. 王腾飞、何超、何鹏等：《嘉陵新型桑业现代农业园区建设进展》，《四川蚕业》2021 年第 3 期。

34. 佟万红、曾益春、黄盖群：《四川省果桑产业的现状与发展建议》，《蚕学通讯》2021 年第 2 期。

35. 丁美雯：《汝州市焦村镇果桑产业综合开发研究》，硕士学位论文，河南农业大学，2021。

36. 毛业炀、刘泽听、龚自南：《南充市桑产业转型发展研究》，载《中国蚕学会 2021 年学术年会论文集》，2021。

37. 陈忠艺：《河南果桑产业的发展现状与对策建议》，《辽宁丝绸》2021 年第 2 期。

38. 谷风杰：《夏津县桑产业发展现状与建议》，《中国果菜》2021 年第 2 期。

39. 倪春霄、陆兆虎：《杭州市果桑产业的前景分析与发展建议》，《蚕桑通报》2020 年第 4 期。

40. 胡强：《推动川桑产业高质量发展　为乡村振兴贡献蚕桑力量——在全省蚕桑产业现场推进会上的讲话》，《四川蚕业》2020 年第 4 期。

41. 吴雪琴、陈一帆、莫晟琼等：《灵山县果桑产业分析及对精准扶贫见解》，《农业开发与装备》2020 年第 11 期。

42. 冯彦君、张憨、韩宇斌：《麦苗酵素发酵工艺的优化及其抗氧化功能》，《食品与生物技术学报》2018 年第 2 期。

43. 韦仕静：《桑葚酵素发酵工艺及花青素生物转化的研究》，硕士学位论文，华南理工大学，2018。

44. 王瑾、刘新利：《桑葚酵素生物活性的检测与研究》，《中国调味品》2018 年第 2 期。

45. 郭伟峰、王红梅、邹晓桐等：《桑葚酵素饮料的发酵工艺研究及其质量评价》，《食品研究与开发》2019 年第 5 期。

46. 唐敏、刘刚、王雪力等：《桑葚酵素复合与自然发酵的功效成分、感官评价与抗氧化活性比较》，《四川师范大学学报》（自然科学版）2022 年第 1 期。

47. 侯银臣、吕行、黄继红等：《发酵条件对桑葚酵素抗氧化能力的影响》，《河南农业大学学报》2019 年第 2 期。

48. 张莉、柏红梅、游敬刚等：《不同发酵剂菌种对蓝莓—桑葚复合酵素抗氧化活性的影响》，《食品科技》2021 年第 6 期。

49. 杨璐、范少丽、李宏等：《不同澄清剂对桑葚果酒品质的影响》，《新疆农业科学》2022 年第 4 期。

50. 刘阿文：《桑葚果酒发酵工艺条件及生理活性研究》，硕士学位论文，延边大学，2019。

51. 王超萍、蒋锡龙：《红曲桑葚酒的酿造技术》，《食品工业》2019 年第 2 期。

52. 王世优、濮永曦、王翔等：《综合评价不同干燥工艺对桑葚品质的影响》，《农业开发与装备》2021 年第 8 期。

53. 宋志姣、王世优、濮永曦等：《不同干燥工艺对桑葚花色苷含量和抗氧化性的影响》，《食品安全导刊》2021 年第 18 期。

54. 董建军、钟镝、高金溧等：《桑葚热风干燥特性试验研究》，《农业工程技术》2020 年第 24 期。

55. 黄子建：《超声辅助渗透处理对真空冷冻干燥桑葚品质的影响》，《福建轻纺》2021 年第 11 期。

56. 李艺：《桑椹汁合胡萝卜粥治疗糖尿病 25 例》，《浙江中医杂志》1999 年第 3 期。

57. 徐辉艳、濮智颖、王汉屏等：《桑葚果醋发酵工艺条件的研究》，《食品工业科技》2009 年第 2 期。

58. 余永建：《桑葚果醋液态深层发酵工艺的研究》，《中国酿造》2010 年第 11 期。

59. 许雪莹、杨小兰、李小丽等：《酶法制取桑葚汁的工艺研究》，《农产品加工（学刊）》2012 年第 4 期。

60. 徐丽萍、杜宝磊、李春阳等：《桑葚汁复合酶法制取工艺的优化研究》，《食品工业科技》2015 年第 18 期。

61. 马慧、侯伟伟、杨海燕：《桑葚叶果汁饮料的工艺研究》，《新疆农业科学》2013 年第 2 期。

62. 曹德玉、苑建伟、豆海港等：《桑葚甜橙复合果汁饮料的研制》，《农产品加工（学刊）》2014 年第 5 期。

金银花产业发展报告

黄　勇　郭玉海　崔旭盛　付　晓　杨太新　董学会*

摘　要： 忍冬是忍冬科忍冬属植物，因其极强的生态适应性而在全国广泛分布，习称金银花，素有"国药一枝花"之美誉，最早记载于东晋葛洪《肘后备急方》，是人们提高生活水平，实现膳食多样化的特色食物。本报告介绍了金银花清热解毒、疏风通络、消炎、抗氧化和抑菌抗病毒等功效对人体健康的调节作用，金银花产业在新品种选育、栽培技术、"忍冬菌菇"发现、金银花次级代谢物质以及新食品、保健品的研究进展。针对忍冬优良品种有待升级以及种植、产地初加工过程欠规范等问题，提出了忍冬品种升级换代、规范种植和产地初加工技术、制定产品标准、一二三产业融合发展等保障金银花产业高质量发展的建议。展望金银花产业未来，作为膳食平衡多样化的特色食物，具有数百亿元的市场前景。本报告选择山东、河北、湖北、广东的5家金银花产业较好的企业，分析了企业发展的情况、生产基地、主要产品和竞争优势，为金银花产业发展提供参考。

关键词： 忍冬　金银花　栽培技术　产业发展

*　黄勇，博士，河南农业大学中药材系副教授，主要研究方向为中药栽培与质量控制；郭玉海，博士，中国农业大学中药材研究中心教授，主要研究方向为药用作物栽培学；崔旭盛，博士，中国医药保健品有限公司高级农艺师；付晓，山东省平邑县农业农村发展服务中心研究员；杨太新，博士，河北农业大学中药材科学系主任，教授；董学会，博士，中国农业大学中药材研究中心主任，教授。

一　金银花功效与健康

忍冬（*Lonicera japonica* Thunb.）为忍冬科忍冬属植物，因其极强的生态适应性而在全国广泛分布。在外界环境刺激下，忍冬生产了含量较高的绿原酸（$C_{16}H_{18}O_9$），3，5-Z1-O-咖啡酰奎宁酸（$C_{25}H_{24}O_{12}$），4，5-二-O-咖啡酰奎宁酸（$C_{25}H_{24}O_{12}$）和木犀草苷（$C_{21}H_{20}O_{11}$）等主要次级代谢物质。忍冬的枝条和花蕾是常用中药材忍冬藤和金银花的来源，金银花具有极高的药用价值，不仅有清热解毒、抑菌、抗病毒和抗炎的功能，还对风热感冒、咽喉肿痛、关节疼痛、腮腺炎等症的治疗效果显著。

（一）预防和治疗疾病的作用

金银花具有清热解毒、疏散风热的功效。忍冬藤具有清热解毒、疏风通络的功效。传统用于治疗痈肿疔疮、喉痹、丹毒、热毒血痢、风热感冒、温病发热等症。现代研究表明，金银花含有黄酮类化合物、有机酸类化合物、挥发油类化合物、环烯醚萜类化合物等成分，具有抗菌、抗病毒、消炎等功效，广泛用于药品、保健品、食品、化妆品、动物饲料添加剂等。

1. 清热解毒、疏散风热，预防和治疗风热感冒和祛暑的功效

金银花性寒味甘，气味芳香，具有外散风热、内清热毒的功效。药理研究显示，绿原酸、木犀草苷和芳樟醇是金银花清热解毒、疏散风热的主要药用成分。金银花茶、凉茶、金银花饮料、金银花露等夏季常被用于清热解毒祛暑、治疗风热感冒。一种自制金银花露的简单方法是，取金银花50克，加水500毫升，浸泡30分钟后煎煮，先武火（即大火）5分钟后文火（即小火）共煎煮15分钟即得金银花露，加少许冰糖和橘皮即为味甜清香的金银花露。

2. 抑菌，预防和治疗细菌类感染性疾病的功效

药理研究显示，金银花绿原酸能破坏金黄色葡萄球菌、痢疾志贺氏菌、肺炎链球菌的细胞膜，使细菌失去细胞膜而死亡。金银花绿原酸对链球菌、

葡萄球菌、痢疾杆菌、大肠及绿脓杆菌、肺炎双球菌、百日咳杆菌、结核杆菌等均有抑制作用。常用于夏季肠道传染病、食物中毒等引起的泻泄、痢疾等疾病的治疗。

3. 抗病毒，预防和治疗病毒类感染性疾病的功效

药理研究显示，SARS-CoV-2 的 S 蛋白通过与血管紧张素转化酶 Ⅱ（ACE2）受体结合侵入人体，ACE2 是作用靶点。金银花绿原酸、咖啡酸及异绿原酸 A 能有效阻止 SARS-CoV-2 的 S 蛋白与 ACE2 蛋白结合，进而阻止 COVID-19 病毒对人的侵染。经过近三年抗疫实践检验，连花清瘟胶囊、"三药三方"对阻止 COVID-19 病毒对人的侵染，防治新冠肺炎发生具有良好疗效，其中金银花在抗病毒中起着重要作用。金银花绿原酸对禽流感病毒、流感病毒、单纯疱疹病毒、合胞病毒、腺病毒 3 型和 7 型及柯萨奇病毒 5 型等均有治疗功效。利用忍冬藤、金银花食物（茶、颗粒或粉等）这种特色食物特性调节人体生理功能，可预防和治疗多种病毒感染性疾病。

4. 抗炎，预防和治疗咽喉肿痛和口腔疾病的功效

药理研究显示，金银花酚酸类成分咖啡酸是细胞核转录因子 NF-κB 抑制剂，调节炎性介质释放。调控丝裂原活化蛋白激酶/胞外信号调节激酶信号通路，清除细胞内的活性氧簇、抑制 p38 级联磷酸化及上调核因子 κB（NF-κB）信号通路进而抑制 IL-8 产生。异绿原酸 A、异绿原酸 B、异绿原酸 C 具有显著抗炎活性。金银花成分绿原酸、木犀草苷、獐芽菜苷和獐牙菜苦苷等是金银花抗炎质量标志物，消炎退肿，清热解毒，抑菌杀菌，对口腔多种致病菌具有广谱抑菌及抗炎作用，是治疗咽炎、扁桃体炎的常用药物，尤其适用于红、肿、热、痛的急性发作期。金银花对肿瘤化疗、器官移植后长期使用免疫抑制剂以及 ICU 危重症等病人出现的口腔炎症与溃疡及口腔异味等多种口腔疾患的治疗有明显的疗效，可预防口腔溃疡的发生，促进口腔溃疡的愈合及减少口腔异味。用金银花液口服、含漱、超声雾化吸入等方法，具有预防和治疗口腔疾病、咽喉肿痛以及清咽的功效。

5. 预防和治疗皮肤病的功效

金银花具有预防治疗多种皮肤病的功效，常用于新生儿红疹（痱子）、

湿疹，小儿夏季疖肿、水痘等的治疗，疗效确切。用金银花、忍冬藤煮水晾凉后冲洗患处，具有良好疗效。

此外，金银花还有抗氧化、抗肿瘤、降血脂、降血糖、抗抑郁，调节免疫系统功能，提升白细胞的吞噬功能，恢复巨噬细胞功能，调节淋巴细胞功能等功效。

（二）营养成分

忍冬藤、金银花含有丰富的糖、淀粉、蛋白质、氨基酸、维生素 C 等物质，为人体提供了基本营养。忍冬藤、金银花还富含钙、镁、铁、锌、钾、锰等矿质元素，具有预防人体矿质元素隐形缺乏疾病，均衡人体营养素的作用。

（三）愉悦身心

忍冬是一种药、食、花兼用植物。在忍冬花序上的既有银花，也有金花，更有数十种芬芳气味物质释放，气味清香，沁人心脾，具有愉悦身心、改善焦虑情绪等功效。忍冬适合做盆景，容易做成各种艺术造型，在阳台、庭院或田间栽培忍冬，观察忍冬生长发育过程，体验金银花采摘，在劳动中感受金银花的美丽和芳香，品尝自制的金银花茶，可以调节人体生理功能、愉悦身心，在促进人体健康方面具有重要作用。

二 金银花产业研究新进展

（一）金银花新品种选育进展

新品种是稳定提高金银花质量的最重要措施。综观农业生产，新品种的选育和应用是主要农作物优质高产的前提和基础。因此，忍冬的品种选育是金银花产业的源头和基础。金银花的新品种选育经历了种质资源利用、农家品种筛选和新品种选育三个阶段。

1. 种质资源利用

忍冬为忍冬科植物，多年生半常绿藤本。因其极强的生态适应性，在全国广泛分布。忍冬在长期的演化过程中，植株的生物学特性及外部形态发生变异，形成了不同种质。有报道在全国已收集忍冬种质超过50余份，通过种质鉴定和评价有五枚花药、六枚花药种质，主干直立型、匍匐缠绕型种质，花蕾生长期长和单蕾重量大、花蕾生长期短和单蕾重量小种质，主干分枝有有限生长型、无限生长型等多个性状特异种质。不同种质间有的种质药用成分含量高，有的种质药用成分含量低，甚至低于《中华人民共和国药典》2020年版低限要求。选择优良种质是稳定提高金银花产量和品质的有效措施。

2. 农家品种筛选

在长期的生产实践中，金银花产区（特别是山东省平邑县）药农积累了丰富的良种选育经验，通过植株形态，枝条直立，缠绕或蔓生，节间长短和茎，叶花毛被的疏密，叶的形态、大小、色泽，花蕾形状、大小和色泽，年内现蕾开花茬数等鉴别依据筛选目标品种，将忍冬分为毛花系、鸡爪花系、线花系、麻叶系和秧花系5个种质类型。比较成熟和种植面积较大的主要有大毛花、小毛花、叶里齐、小鸡爪花、大鸡爪花、红裤腿、小裤腿、米花子、犄牛儿腿、细毛针、小线花、大麻叶、麻针、鹅翎筒、红梗子、秧花子、野生忍冬等17个农家品种。

典型农家品种。毛花系的大毛花农家品种，具有花蕾肥大、蕾期长、花期晚、二茬花少等优良性状，适合在无霜期短的地区种植，一年仅收一茬金银花，是主流传统、优良农家品种，19世纪70年代在河北、河南、湖北、安徽、江苏、江西等多地推广应用。河北巨鹿县堤村乡引进大毛花，后经修剪和驯化为树干直立的新品种"巨花一号"。鸡爪花系小鸡爪花农家品种，具有花蕾成对集中生于顶叶叶腋，三青期、二白期、大白期分明，一年可收获多茬花，适合在无霜期长的地区应用。

3. 新品种选育

（1）选择育种

《中华人民共和国药典》2020年版规定，金银花为忍冬科植物忍冬的花蕾和初开的花。忍冬特异种质，特别是农家品种为新品种选育提供了坚实的种质基础。农家品种和种质资源在不同空间的生产应用、自然演化、驯化栽培中，不断有自然变异发生，如芽变等。近年来，采用选择育种方法，育成了一批新品种，如北花 1 号、巨花一号、巨花二号、亚特、亚特红、亚特立本、中花 1 号、金丰 1 号、鲁丰一号、密银花 1 号、封花 1 号、豫金 1 号、豫金 2 号、豫金 3 号等。

（2）杂交育种

通过不同类型或基因型品种杂交，将不同亲本优良性状组合到杂种中，获得具有双亲优良性状的新品种，是植物育种应用最广泛、成效最显著的育种方法。采用杂交育种方法育成的新品种有百金 1 号等。

（3）多倍体育种

多倍体育种是采用秋水仙素等物质，使染色体加倍，人工创造种质变异，选育新品种的方法。多倍体植株较二倍体植株在形态上常表现巨型性。茎秆较粗壮，叶肉较厚，次级代谢物质合成显著提高、稳定提高金银花产量和品质。采用多倍体育种方法育成新品种有九丰一号等。

（4）诱变育种

采用化学物质或物理射线，人工创造种质变异，选育新品种的方法。用 $^{60}CO-r$ 射线诱变的方法育成新品种有华金 2 号、华金 3 号、华金 6 号等。

（5）分子育种

通过分析忍冬药物成分与 DNA 相关性，寻找控制药用成分合成关键酶基因，明确药用成分生物合成调控机制，采用分子标记辅助育种技术或采用分子生物学技术，对忍冬进行基因编辑，育成优质高产的新品种对忍冬品质育种意义重大，是未来发展的方向。

4. 忍冬新品种在生产上的应用

对金银花六大产区处于丰产期的品种分布调查分析显示，山东、河北、河南产区均有三个以上的新品种覆盖，甘肃、陕西、宁夏产区主要是应用北花一号（见表1）。随着新品种的生产应用并进入丰产期，新品种在金银花生产中的作用将逐渐凸显。

表 1　金银花产区忍冬品种分布调查

产区	调查地区	主要品种
山东产区	临沂市的平邑县、费县、蒙阴县、兰陵县、郯城县等，枣庄市的薛城区、山亭区等周边丘陵低山地区	大毛花、鸡爪花、线花、大麻叶、叶里齐、中花一号、北花一号等
河北产区	邢台市巨鹿县、广宗县、平乡县等，衡水市枣强县，邯郸市临漳县、馆陶县等	巨花一号、四季花、北花一号、巨花二号等
河南产区	郑州市新密市、南阳市、新乡市封丘县、濮阳市濮阳县等	四季花、密银花 1 号（芽变）、封花 1号、豫金 1 号、豫金 2 号、豫金 3 号等
甘肃产区	定西市通渭县等	北花一号等
陕西产区	渭南市蒲城县、澄城县等	北花一号等
宁夏产区	中卫市沙坡头区、中宁县等	北花一号等

农家品种大毛花，亩产量为 77.6 公斤，而新品种北花 1 号亩产量为 125.7 公斤，产量明显提高。农家品种大毛花绿原酸含量 3.0%，木犀草苷含量 0.054%，而新品种北花 1 号绿原酸含量 3.2%，木犀草苷含量 0.096%，药用成分含量明显提高。忍冬新品种的应用，对稳定提高金银花产量和品质的作用显著。

（二）金银花栽培进展

1. 忍冬栽培

忍冬的栽培技术发展大致经历了三个阶段。

第一阶段，压条、育苗、移栽。用忍冬压条法育苗、移栽，之后任其自然生长。压条育苗费工费时，金银花产量低而不稳。

第二阶段，扦插育苗、修剪、施肥。初采用种子育苗，因费工费力，种子育苗被生产淘汰。后采用扦插育苗，育的苗整齐、健壮，该项技术沿用至今。同时，针对忍冬营养枝条的无限生长及花枝的无限、有限生长等多种情况，采用忍冬修剪技术，改善个体结构和通风透光，提高了群体光合能力，减少了无效枝条等的营养消耗，而且调整了花枝的分布和数量。忍冬修剪还用在株型调整，将藤本忍冬修剪成树形忍冬，成为高产的植株结构，巨花一号忍冬新品种是成功案例。

第三阶段，近年来，忍冬新品种选育取得突出进展，采用选择性育种、杂交育种、诱变育种、多倍体育种等方法育成了多个特异性、一致性、遗传稳定性突出的新品种，特别是分子育种有新的进展，初步明确了与忍冬药物成分绿原酸相关的 HQT 基因等，为未来忍冬分子育种奠定了前期基础。新品种的生产应用，结合测土配方施肥、水肥药一体化、病虫害绿色防治、机械采收等优质高产稳产技术配套，金银花产量由数十年来的亩产几十公斤提高到亩产一二百公斤，忍冬花蕾质量稳定提高。

忍冬栽培技术的突出进展是集成了分别适用于丘陵山区和平原的两套忍冬优质高产稳产栽培技术体系。

丘陵山区忍冬栽培技术。在丘陵山区土壤瘠薄没有灌溉条件的旱地上，利用自然降雨栽培忍冬的技术。该技术主要应用在丘陵山区及南方荒漠化地区，密度为 445~800 穴（墩）/亩，穴（墩）距为 0.8~1 米，行距为 1~1.5 米，栽苗 5 株/穴。株型结构为自然圆头形和伞状形。自然圆头形，株高 1~1.2 米，冠径 0.8~1 米，主干 1 个，高 20 厘米左右，一级主干枝 2~3 个，二级主干枝 7~11 个，三级主干枝 18~25 个，结花母枝 80~100 个，在主干上自然均匀分布。伞状型株高 0.8~1 米，冠径 1.2~1.4 米，树冠呈伞形，主干 3 个，高 15~20 厘米，一级主干枝 6~7 个，二级主干枝 12~15 个，三级主干枝 20~30 个，结花母枝 80~120 个。该技术具有金银花亩产 50~60 公斤的技术性能。

平原忍冬栽培技术。在平原地区肥沃土地上，有良好灌溉施肥条件下，栽培忍冬的技术。该技术主要应用在平原地区，密度为 220 株/亩，具有亩产量 100~150 公斤、高产示范 200 公斤的技术性能。

2. 产地加工

金银花收获后，传统的干燥方法是晾晒。晾晒过程中药效成分含量会降低，遇到阴天下雨会发生霉变等问题。研制出了杀青和烘干技术，先高温杀青，将采摘的活体金银花做杀酶处理，有效降低多种酶对药物成分的转化作用。再将杀青后的金银花进行烘干干燥。高温杀青烘干技术的应用，使金银花品质较传统晾晒大幅度提高。

3. 忍冬寄生真菌——"忍冬藤菇"

在主产区山东临沂，发现忍冬的茎上长有一种"蘑菇"，菌盖平伏，半圆形、类扇形或不规则形，当地俗称"忍冬藤菇"或"银花蛾子"，用于治疗咽炎、喉咙痛等，效果显著。经鉴定，"忍冬藤菇"是一种真菌，为锈草菌科茶藨子叶孔菌。对该药用真菌的生物学、生药学、化学成分、药理学及初步临床研究，显示该药用真菌含有多糖、甾体和有机酸等多种成分，具有消炎、止疼和抗癌等功效，具有很好的开发利用价值。该发现为忍冬的菌物转化开辟了一条新的生产途径。

4. 全程追溯体系

忍冬种植和产地加工技术的不规范导致金银花质量不高，重金属、农药残留和黄曲霉素等有害物质含量超标，严重影响了金银花的品质。近年来，大力推进忍冬生产规范化，制定了忍冬规范化种植（GAP）、忍冬栽培技术规程、金银花产品质量与分级标准及全程可追溯体系等一系列国际标准、行业标准、团体标准、地方标准和企业标准。国家市场监督管理总局、农业农村部、国家中药材标准化与质量评估创新联盟及中国中药协会大力推进的中药材 GAP、"三无一全"（产品无重金属、农药残留、黄曲霉素等真菌毒素含量超标及全程可追溯体系）认证等，从全程监管角度，促进了忍冬生产过程环节的规范化和产品质量的稳定提升。

（三）金银花产品

随着金银花化学成分和功效研究的进展，金银花被广泛用于食品、保健品、配方颗粒、药品、化妆品、饲料添加剂、金银花提取物等系列产品的开发。

以金银花为原料的食品。金银花在国内有作为食品原料的使用历史，如金银花粥、金银花菜、泡茶、泡酒等。近年来，金银花蜜糖食品、金银花发酵茶、金银花凉茶、金银花礼品茶、金银花含片、富硒金银花含片、金银花酒、金银花茶、金银花饮料、金银花啤酒、金银花露、金银花颗粒剂等金银花特色食品类产品逐步丰富起来，并快速走向市场、走向餐桌和走向大众生活。

以金银花为原料的饮品有王老吉、加多宝，金银花露、金银花水、金银花乳酸菌等。

以金银花为原料的保健品。近年来，随着金银花化学成分及功能的逐步明确，开发了一批具有清咽润喉、免疫调节、美容祛斑、润肠通便、抗疲劳等保健功效的保健品。通过保健食品处方数据库检索，金银花的国产保健品有 160 种。

以金银花为原料的药品。金银花具有清热解毒、疏风散热、抑菌抗病毒等功效，被用于热毒宁、连花清瘟胶囊、"三药三方"等 200 多个药品。

近年来，金银花凉茶、金银花露等产品在金银花食疗方向的拓展和引领作用凸显。此外，还开发了金银花牙膏、金银花香烟、金银花饲料添加剂、双抗素及饲料伴侣，以及植物源农药等产品。

三　金银花产业现状、存在的问题及建议

（一）金银花产业发展现状

我国忍冬利用历史悠久，最早记载于东晋葛洪《肘后备急方》。自 20 世纪 50 年代忍冬野生变栽培以来，忍冬种植业取得长足进展。忍冬栽培面积发展到百万亩，金银花 1~2 万吨。金银花加工业主要是中成药企业、饮片企业、饮料企业及花草茶企业等。目前，金银花加工业的年需求量在 1 万吨左右。中成药企业需求量最大，花草茶也有一定用量。随着金银花食疗产业的拓展，金银花产业呈快速发展趋势。

（二）存在的问题及改进建议

1. 忍冬优良品种有待升级。

近年来，忍冬新品种选育取得较大进步，新品种数量达数十个，对金银花产量和品质稳定提升起到了积极作用。但是，与玉米、水稻、小麦等作物品种相比，忍冬新品种在增产、优质和抗逆性等方面存在巨大差距。忍冬仅

有少数新品种经过良种管理部门认定或鉴定，多数新品种甚至没有经过认定或鉴定，仍处于农家品种阶段。忍冬生产上，仍迫切需要产量性状、品质性状优良，抗逆性好的新品种。

2. 忍冬栽培技术研发和推广力度有待提升。

近年来，忍冬栽培技术也取得了一定的突破，形成了忍冬高产优质稳产的技术体系，但仍未在生产上大面积推广应用。全国忍冬近百万亩种植仍以小农户和企业为主。按照农业农村部"品种培优、品质提升、品牌打造和标准化生产"的三品一标要求，建议在忍冬种植业加大科技投入。在全国大力推广忍冬优质高产稳产栽培技术，发挥栽培技术对稳定提高金银花品质的作用，彻底扭转金银花质量差、品质不稳定的局面，生产出高产优质的金银花产品。

3. 产业融合发展水平有待提升

在农业领域，忍冬不仅药食兼用，更是药食花兼用。作为一种园艺植物，不仅具有金花银花美丽花朵，更有数十种精油类挥发物质，淡淡清香，沁人心脾，具有愉悦身心、减轻压力、改善焦虑情绪的功效。因此，忍冬种植业除了生产金银花原料，一二三产业融合发展也是一大发展趋势。建议在山东、河北、河南等主产区，建立忍冬观光农业、观光工业和服务业融合发展区，提高忍冬一二三产业融合发展水平，进而加大品牌打造力度和金银花科普力度，全面促进金银花产业加速发展。

四 金银花产业发展前景

面对中国和世界人口老龄化加速趋势，金银花的清热解毒、抗病毒等功效，契合了"健康中国"指引下社会对健康的需求。因此，金银花具有巨大的市场潜力和广阔的发展前景。目前，忍冬种植业已发展到近百万亩，金银花总产1万~2万吨的规模。随着新品种应用和优质高产稳产技术大面积推广，按平均亩产50公斤产量计算，具有年产金银花5万吨的能力，足以支撑当前金银花产业发展的原料供应。以金银花为原料的食品、大健康食品、饮料业、保健品、药品、动物饲料添加剂等已具数百亿元产业规模，特别是金银花食疗（特色膳食）、动物饲料添加剂等产业的快速发展，金银花具有千亿元规模产业的潜力。

五 金银花产业案例

（一）九间棚投资控股有限公司

1. 公司简介

九间棚投资控股有限公司于 2013 年成立，注册地位于山东省临沂市平邑县，是一家集农业、中医药、乡村旅游、机械制造四大产业板块于一体的综合性集团公司，金银花种植、初加工，金银花食品、饮品、中药饮片、中成药品、日化品等系列产品研发、生产和销售一体化的山东省高新技术企业，同时是国家 AAAA 级景区、全国农业旅游示范点和全国脱贫攻坚先进集体。

2. 公司主要产品

金银花茶、金银花含片、金银花酒、金银花鲜花饼、金银花凉茶、金银花牙膏、金银花洗洁精、银翘解毒颗粒和银翘解毒丸等。

3. 公司生产基地

公司有金银花饮料生产线 1 条、金银花茶茶厂、金银花酒厂及万亩金银花标准化种植基地和有机金银花基地。

4. 公司竞争优势

公司位于金银花主产地核心区，生产优质金银花，具有质量优势。公司生产的金银花茶、金银花含片、金银花酒、金银花鲜花饼、金银花凉茶产品具有很高的质量。金银花鲜花饼为独家产品，企业竞争优势突出。

（二）山东中平药业有限公司

1. 公司简介

山东中平药业有限公司由中国中药控股有限公司、平邑财金投资集团有限公司和山东保利药业有限公司于 2018 年共同投资创建，公司位于山东省临沂市平邑县，总投资 5 亿元，是一家从事中药资源、中药材、中药饮片、中药大健康业务的公司。公司已通过药品 GMP、GSP 双认证和食品 SC 双项（饮料、代泡茶）认证，是全国最完善的金银花全产业链体系企业之一。

2. 公司主要产品

"青甍"牌金银花鲜花露，以及金银花、丹参、黄芩、山楂等药材，中药饮片 560 余种，小包装饮片 200 余种。

3. 公司生产基地

公司有金银花鲜花露生产线 1 条，年产"青甍"牌金银花鲜花露 6000 吨，以及金银花等药材、饮片加工、包装生产线，中药材趁鲜加工，生产工业饮片、医疗饮片、精制饮片。拥有国家级区域性良种繁育基地、2.3 万亩药材 GAP 标准化种植基地，通过"三无一全"基地认证。

4. 公司竞争优势

公司位于金银花产地核心区，基地通过"三无一全"认证，生产优质金银花，具有质量优势。

（三）河北旺泉食品有限公司

1. 公司简介

河北旺泉食品有限公司成立于 2017 年，坐落在河北省邢台市巨鹿县，总投资 5000 万元人民币，是一家从事饮料的生产、销售等业务的公司。

2. 公司主要产品

公司主导产品为"金银花开"银花植物饮料，以及"金银花水"植物饮料、"杞动人生"枸杞复合果蔬汁饮料、"三生有杏"杏果汁饮料等。

3. 公司生产基地

公司建有年产 2 万吨全自动全封闭三合一无菌灌装生产线。能够分别进行高中低不同档次的罐、瓶灌装生产。生产车间达到十万级净化标准，空气通过三级过滤，生产工艺用水全部通过二级反渗透。年加工金银花干品 100 吨、枸杞干果 200 吨、鲜杏 900 吨。公司所在地河北巨鹿县是我国三大金银花主产区之一，拥有 13 万亩左右金银花种植基地。其中，丰产期金银花面积全国最大，为 6 万亩左右。

4. 公司竞争优势

公司位于金银花产地核心区，推广应用巨花一号、巨花二号、巨花三号新品种，生产优质金银花，具有质量优势。拥有年产 2 万吨全自动全封闭三合一无菌灌装的先进生产线，"金银花开"银花植物饮料、"金银花水"植物饮料，在金银花食品领域，企业具有较强的竞争优势。

（四）湖北午时药业股份有限公司

1. 公司简介

湖北午时药业股份有限公司成立于 1997 年，公司坐落在湖北省安陆市碧涢路 137 号，注册资本为 1 亿元人民币，是一家从事药品生产、药品零售、药品批发、食品生产、饮料生产、食品销售、保健食品生产、药品互联网信息服务等业务的公司，是国家高新技术企业、全国重合同守信用企业。

2. 公司主要产品

金银花露、午时茶颗粒、抗病毒口服液、葡萄糖钙锌口服溶液、间苯三酚粉针剂为全国畅销品种，强力枇杷颗粒为独家医保产品。公司是国内金银花露行业的龙头企业，占全国金银花露 75% 的市场份额。

3. 公司生产基地

公司拥有 12 万平方米现代化生产基地和现代化 GMP 标准厂房及配套的公用设施、检验室、实验室等。拥有上百台先进生产设备，以及配套的食品、保健品、保健食品、医疗器械检验和实验设备。具有生产中西药品、保健食品、医疗器械的能力，年生产能力为片剂 20 亿片、颗粒剂 5000 吨、胶囊剂 10 亿粒、糖浆剂 1 亿瓶、煎膏剂 5000 吨。

4. 公司竞争优势

公司金银花露和午时茶颗粒多次荣获"湖北名牌产品"称号，公司是午时茶颗粒的研发者、国家标准起草者。

（五）广州王老吉大健康产业有限公司

1. 公司简介

广州王老吉大健康产业有限公司成立于 2012 年，坐落在广东省广州市南沙区南沙街港前大道南 162 号 1305 单元。百年中华老字号品牌——"王老吉"的传承者，王老吉凉茶在中国乃至全球都享有盛名，品牌价值 1080亿元，是中国凉茶行业中市场份额、销售规模、品牌影响力领先的行业领导者。

2. 公司主要产品

公司产品主要有王老吉系列、荔小吉系列、刺宁吉系列、核桃露、生榨椰汁和植物蛋白饮片等。金银花是王老吉系列产品的一种原料。

3. 公司生产基地

王老吉公司拥有近 60 家加工厂、4 大自有生产基地、6 大创新产业基地，满足全国产能供应；拥有山东临沂金银花、河南确山夏枯草等 11 个标准化种植基地。

4. 公司竞争优势

王老吉品牌始于 1828 年，拥有近 200 年的历史，是中国传统凉茶文化的代表。"怕上火，喝王老吉"，品牌知名度高、影响力大。2022 年销售额600 亿元，金银花年需求量 5000 吨。

参考文献

1. 崔旭盛、马召、田清存等：《忍冬不同器官有效成分分析》，《北方园艺》2017 年第21 期。
2. 崔旭盛、朱艳霞、牛晓雪等：《巨鹿县金银花生产标准操作规程》，《中国现代中药》2012 年第 8 期。
3. 秦祎亭、朱艳霞、郭玉海等：《河北巨鹿金银花生产现状与发展建议》，《中国现代中药》2012 年第 2 期。
4. 张永清、程炳松：《我国金银花资源及其利用》，《中国野生资源》1991 年第 3 期。

5. 周凤琴、李佳、冉蓉等：《我国金银花主产区种质资源调查》，《现代中药研究与实践》2010 年第 3 期。

6. 张永清：《中国金银花产业现状、存在问题与促进措施》，载《首届中国金银花节暨高峰论坛会议论文》，2011。

7. 中共平邑县委党史研究中心、平邑县地方志史研究中心、平邑县农业农村局编《平邑金银花志》，方志出版社，2020。

花椒产业发展报告

王小晶　徐怀德　寇莉萍*

摘　要：　花椒作为我国传统的调味品之一，在我国分布广泛，具有较
高的食用价值、药用价值和生态价值。加快花椒产业发展，
对于促进农业增效、推动乡村振兴等发挥着重要作用。本报
告详细论述了花椒领域最新研究进展、我国花椒产业现状以
及存在的问题和发展对策，并提出花椒产业发展的具体措
施：开展花椒良种选育和示范基地建设，开展花椒轻简高效
栽培关键技术集成与示范，开展花椒绿色采收处理关键技术
集成与示范，开展花椒精深加工和高值化利用集成与示范，
实施花椒全产业链智联物流一体化示范，创新花椒全产业链
一体化经营协作发展模式，以期为促进花椒产业发展和提高
产业综合效益提供参考依据。

关键词：　花椒　全产业链　品牌建设　产业现状

花椒（*Zanthoxylum bungeanum* Maxim.）属芸香科（Rutaceae）花椒属
（*Zanthoxylum* L.）植物，因果皮有细小突出的油点呈斑状形似花而得名。花
椒既具备食用价值，又具备药用价值，由于其特殊的麻香味道，被列为"八
大调味品"之一。同时，花椒含有多种活性成分，如挥发油、生物碱、酰胺
和黄酮等，具有祛风湿、止痛和驱虫、抗氧化、减肥、降血脂和调节肠道菌

---

* 王小晶，博士，甘肃农业大学食品科学与工程学院讲师，主要从事农产品贮藏保鲜与高值
化利用、功能因子稳态等研究；徐怀德，西北农林科技大学食品科学与工程学院教授，博
士生导师，中国经济林加工利用分会会长，中国标准化委员会辛香料分委会委员，主要从
事果蔬贮藏与加工及综合利用方面的教学科研工作；寇莉萍，副教授，博士生导师，中国
经济林协会加工利用分会理事，主要从事果品蔬菜贮藏加工教学及科研工作。

群等多种药用价值。花椒在我国分布广泛，其作为我国优势特色农产品，在农业增效、农民增收、产业扶贫和乡村振兴等方面发挥了重要作用。本报告对当前我国花椒最新研究进展及产业发展现状进行了深入分析，并针对存在的问题提出了具体的措施，旨在为花椒产业高质量发展提供参考。

一 花椒最新研究进展

（一）花椒中主要成分及相关研究

1. 挥发油

挥发油是花椒的主要呈香物质，也是生产花椒精油以及评价花椒香气程度必须检测的指标，其主要由芳香族化合物（苯的衍生物）、脂肪族（烃、醇、醛、酮、酯）和萜类化合物（含氧衍生物）组成。不同品种花椒中所含香气成分的种类和相对含量有所差别。红花椒的香气成分以烯类物质为主，如 γ-萜品烯、α-依兰油烯、α-松油烯、β-合金欢烯和大根香叶烯等，还有少量的醇类物质，香气类型为清香型。青花椒的香气类型属浓郁型，醇类化合物是其主要的呈香物质，生物碱类、酰胺类、芳樟醇、醛类和酯类化合物等是大多数青花椒所共有的香气成分，而 β-水芹烯和 D-柠檬烯等只在少数的花椒品种中存在。

花椒挥发油具有抗菌、杀虫、抗氧化、治疗癌症、抗炎镇痛和局部麻醉等作用，广泛应用于医疗、食品和农业等领域。[①] 花椒挥发油的得率、组分以及生物活性因提取工艺的不同而有所差异。传统的挥发油提取方法有水蒸气蒸馏法和溶剂提取法，工艺步骤简单，但能耗大，容易造成有机溶剂残留。此外，超声波提取、微波辅助提取以及超临界 CO_2 萃取等现代工艺提取的挥发油得率高，但工艺复杂且对设备要求高。因此，探索新的提取方法、优化提取工艺对保留更多的生物活性成分尤为重要。近年来，采用萃取技术与顶空吸附以及气相色谱质谱联用的方法提取挥发性成分，在提高提取物浓

---

① 郭晓宏、郭一丹等：《花椒的营养价值和贮藏保鲜技术研究进展》，《中国果菜》2022 年第 8 期。

度的同时，缩短了操作时间，还可以及时地分析出挥发性物质的种类及含量，将成为未来提取工艺发展的方向。

2. 酰胺类

花椒中的酰胺类化合物又称花椒麻素，是呈麻味的主要物质，多数为链状不饱和脂肪酰胺。其中以山椒素为代表的不饱和脂肪酸酰胺类化合物，具有强烈的刺激性，其含量和种类组成直接决定了花椒的感觉属性、麻感强弱和麻感持续时间。花椒中的麻味物质组成不同，产生的麻感也不同，例如δ-、γ-和α-山椒素使人有燃烧的感觉，羟基-α-山椒素使人感觉到刺痛，β-山椒素使人感到麻木等。目前，关于酰胺类物质分子结构与麻感强度间构效关系的研究相对缺乏，也尚未建立花椒麻度的标准化测定方法。酰胺类化合物可以通过甲醇提取、超声波辅助提取或超临界 CO_2 萃取后经过系列硅胶柱层析或分子蒸馏得到。但酰胺类物质具有低水溶性和易于降解的特性，使其在分离纯化、结构鉴定和性质检测等方面具有一定的难度，亟须建立高效的酰胺类成分分离、纯化和鉴定技术。

3. 黄酮类化合物

花椒中的黄酮类化合物含量高、稳定性好，多数被用作天然抗氧化剂和食品添加剂。花椒果皮中的主要色素成分花青素就是黄酮类色素。黄酮类色素的含量决定着花椒果皮的着色程度。有研究表明，天竺葵素-O-己糖苷-O-鼠李糖苷-O-己糖苷、天竺葵素 3，5-二葡糖苷、芍药苷-O-己糖苷、花青素-O-丁香酸和芍药苷-3-O-葡萄糖苷是成熟果皮中的关键花青素;[1] 花色素合酶基因和类黄酮-葡萄糖黄酮 3-O-葡萄糖基转移酶基因能显著促进花色苷的形成，促进果皮变红。[2] 目前，黄酮类化合物的提取和纯化方法相对较多，但由于较高的成本和复杂的工艺，难以实现工业化大规模生产。

[1] Chen X., Wei Z. Q., Zhu L., Yua X., Wei D. N., Peng W., Wu C. J., "Efficient Approach for the Extraction and Identification of Red Pigment from *Zanthoxylum Bungeanum* Maxim and Its Antioxidant Activity," *Molecules*, 2018, 23 (5): 1109.

[2] Zheng T., Zhang Q., Su K. X., Liu S. M., "Transcriptome and Metabolome Analyses Reveal the Regulation of Peel Coloration in Green, Red Chinese Prickly Ash (*Zanthoxylum* L.)," *Food Chemistry: Molecular Sciences*, 2020, 1 (2): 100004.

4. 脂肪酸

花椒不同部位中脂肪酸的种类和含量有所差异，同时也因花椒品种和地理差异的影响而不同。花椒种子包含 9 种脂肪酸，分别是棕榈酸、棕榈油酸、硬脂酸、反油酸、油酸、亚油酸、亚麻酸、花生酸和二十烯酸，其中棕榈酸、油酸、亚油酸和亚麻酸的含量较高。[①] 花椒中的多不饱和脂肪酸亚油酸和 α-亚麻酸是人体的必需脂肪酸，也是评价油脂营养价值的重要指标，能预防心脑血管疾病、保护视力、增强人体免疫力，具有抗炎、抗氧化和延缓衰老等生理功能，在医药和食品等领域的应用前景广泛。提取脂肪酸的方法有植物油浸提法、冷榨法、微波辅助提取、超临界 CO_2 萃取、亚临界萃取技术以及水酶法等。

5. 氨基酸

花椒中含有除色氨酸之外的 7 种必需氨基酸，可作为植物蛋白源，与动物蛋白形成互补，满足人体更多的氨基酸需求。除此之外，还含有 10 种半必需和非必需氨基酸，分别为甘氨酸、丝氨酸、谷氨酸、天冬氨酸、丙氨酸、脯氨酸、精氨酸、酪氨酸、半胱氨酸和组氨酸，营养丰富。[②] 其中，脯氨酸含量最高，为 1.06%～1.52%，脯氨酸含量越高，代表花椒抗干旱能力和适应环境能力越强；半胱氨酸和蛋氨酸为花椒的第一限制性氨基酸。在花椒所含的氨基酸中，一部分作为非游离氨基酸组成蛋白质，另一部分处于游离状态，对花椒的滋味影响大。因此，花椒不仅可作为调味品，具备优良蛋白质的花椒种质还可作为一种新型植物蛋白源。

6. 微量元素

不同品种、产地和花椒不同部位中所含微量元素的种类和数量不同，普遍含有 Ca、Fe、Mn、Zn 和 Cu 等 13～16 种微量元素，其中铁元素的含量相对较高，能提高人体的免疫防御系统，预防脑血管疾病；硒的含量相对较低。[③] 也

---

① 郭晓宏、郭一丹等：《花椒的营养价值和贮藏保鲜技术研究进展》，《中国果菜》2022 年第 8 期。

② 李美凤、陈艳等：《花椒中氨基酸含量分析》，《轻工科技》2016 年第 4 期。

③ 王香爱：《火焰原子吸收光谱法测定凤县花椒中的微量元素》，《中国调味品》2014 年第 11 期。

有报道指出，花椒中含有少量的重金属铅和镉，随着人们食品安全意识的提高，花椒及花椒制品中有害金属的危害和风险评估体系应该被建立。[①]

7. 其他成分

可溶性糖含量可以用来判断花椒的抗寒能力，环境温度较低时，花椒水解淀粉成可溶性糖能力增强，表现为抗旱能力加强。花椒中的蛋白质含量丰富，不同部位中含量有明显差异，其果皮中含量相对较高，花椒籽中的含量虽低但类型多样。此外，花椒中富含清蛋白和球蛋白，是人体优质的营养蛋白源。

目前，关于花椒活性成分的研究多集中在植物化学和药理活性的探索上，而对其构效关系的研究尚不深入，相关医药品的研制与开发还处于起步阶段，其保健功能和药用价值尚未得到充分利用，因此开发潜力巨大。

（二）花椒贮藏过程中的品质变化

新鲜花椒在采摘后由生长发育阶段进入成熟衰老阶段，花椒仍会进行各种生理活动。花椒采后在贮藏过程中，易被微生物污染而腐烂变质；不适宜的温度、湿度、O_2 含量和光照等都会导致果皮褐变，感官品质下降；油腺破坏，香气成分散失；新陈代谢加快，致使营养物质流失严重，失去食用和药用价值，造成巨大的经济损失。因此，深入了解花椒商品价值，剖析贮藏过程中造成花椒品质裂变的原因，开展花椒的保鲜研究，有利于降低经济损失，为农民创益增收。

1. 营养成分

采摘后的花椒在氧气充足时，进行有氧呼吸，消耗原始有机质，导致营养物质流失；在缺氧或供氧不足的条件下，经无氧呼吸产生乙醇、乙醛、乳酸等，这些物质的大量积累会使花椒产生异味，毒害其生理组织，使其腐烂变质。此外，花椒还会通过蒸发作用散失水分，导致果实萎蔫失重，品质下降。

2. 颜色

花椒果皮颜色由多种色素类成分共同决定，其中果皮的绿色主要与叶绿素含量有关，黄色主要与槲皮素等黄酮类色素含量有关，红色与花青素有

---

① 杜凌、陈应福、侯娜：《基于微量元素分析的花椒种质资源评价》，《种子》2018 年第 9 期。

关。随着贮藏时间的延长，花椒的生命活动减慢，花青素的合成能力下降，果皮颜色逐渐变暗，商品价值降低。青花椒的颜色变化主要由叶绿素决定。新鲜青花椒在贮藏过程中，叶绿素会逐渐降解，使花椒由青绿色变为褐色，而油腺被破坏会加速褐变的发生。[1] 花椒在贮藏时需避光或加入色素保护剂；叶绿素被多酚氧化酶酶解，也会使花椒褐变，而褐变程度与多酚含量显著相关，快速干燥有利于护色。

3. 香气与麻味物质

花椒中的香气成分稳定性差，容易挥发。芳樟醇作为青花椒主要的呈香物质，在贮藏过程中先增加后减少，其余香气成分含量多数呈下降趋势。花椒采后其生理活动并未停止，与香气成分代谢相关的酶也会随之变化。[2] 因此，在花椒贮藏过程中，采用低温密封避光贮藏对挥发油保存效果较好。

花椒的麻味物质会因组织结构破坏而加快损失速度。麻味的主要呈味物质不饱和烷基酰胺在低温时能得到很好的保存，高温时则降解较快，主要是由高温加速氧化反应的进程所导致的。因此，采用铝箔进行真空包装，能有效地隔绝氧气，避免光线照射，阻止麻味物质的散失。

4. 微生物

鲜花椒在种植过程中会发生病害，而病原菌残留会影响花椒的贮藏品质。贮藏过程中的花椒被细菌、霉菌、酵母菌污染时，会出现白色的霉点、病斑，产生腐败气味，使花椒品质下降，造成一定的经济损失。从贮藏的干花椒中分离出 17 种真菌，以曲霉属为优势菌属。目前，有关鲜花椒在贮藏过程中的微生物侵染情况鲜有研究，有待进一步系统研究。

（三）花椒贮藏保鲜技术

1. 低温保藏

果蔬贮藏保鲜中应用最普遍的方法是低温贮藏法，合适的低温能使果蔬

---

[1] 郭晓宏、郭一丹等：《花椒的营养价值和贮藏保鲜技术研究进展》，《中国果菜》2022 年第 8 期。

[2] 罗凯、张琴等：《不同贮藏条件下花椒香气成分及代谢关键酶活性的变化规律》，《中国食品学报》2022 年第 8 期。

组织逐渐进入休眠状态，减慢生理生化反应，并抑制微生物的繁殖。花椒对温度敏感，最适宜的贮藏温度是 $-4\sim0℃$，在此温度下，花椒中的脂肪酸和麻味物质的损失最小；$-6℃$ 是花椒冷藏的临界温度。[①] 低温贮藏方法简单，安全环保，易实现大规模商业化应用。但单独采用时，保鲜效果有限，往往需复合使用其他保鲜技术。采用低温保鲜花椒时，需要保持冷库环境的洁净、稳定，定期对冷库设备进行检修和维护，并需选择合适的物料出库时间、出库方式以及冷链物流运输方式。目前，鲜花椒在这一方面的相关研究还不全面。

2. 1-MCP 处理

1-甲基环丙烯（1-methylcyclopropylene，1-MCP），是一种新型乙烯抑制剂，其通过与细胞中的乙烯受体发生不可逆结合，而阻断乙烯的催熟作用，延缓细胞衰老。有研究发现，常温下用 $1.0\mu L/L$ 1-MCP 处理鲜花椒，其呼吸强度和褐变率被显著抑制，贮藏期由 24 天延长至 48 天，且能较好地保护花椒中的叶绿素，维持良好的色泽与品质，但经 1-MCP 处理的花椒不宜贮存在低于 $-6℃$ 的环境中，否则会加速褐变。[②] 因此，在使用 1-MCP 处理原料时，需明确处理的温度、浓度、时间以及原料的包装方式等条件，以达到理想的保鲜效果。目前，1-MCP 保鲜材料的研制进一步简化了熏蒸处理操作，适合在物流中推广应用。

3. 气调贮藏

气调贮藏通过调节贮藏环境中的 O_2、CO_2 和 N_2 浓度，有效地减缓细胞呼吸强度和新陈代谢，将其与冷藏配合处理花椒，贮藏效果更明显。使用气调法保鲜花椒，要预先确定气体成分比例，若 CO_2 含量过高，则会使细胞进行无氧呼吸，生成大量乙醇和乙醛，产生异味，且其中的可溶性糖和水分也会被快速消耗，食用品质下降，反而会缩短花椒贮藏时间。[③] 因此，使用此

① 肖彩玲、王有科等：《低温胁迫下花椒新梢生理变化与抗寒性研究》，《安徽农业科学》2008 年第 10 期。

② 费昭雪、景娜娜等：《1-MCP 处理对'大红袍'鲜花椒冷藏生理与品质效应的影响》，《北方园艺》2019 年第 5 期。

③ Liu Y., Tikunov Y., Schouten R. E., Marcelis L. F. M., Visser R. G. F., Bovy A., "Anthocyanin Biosynthesis and Degradation Mechanisms in Solanaceous Vegetables: A Review," *Frontiers in Chemistry*, 2018, 6: 52-57.

贮藏方法需随时监控气调库情况，以保证环境中气体成分的平衡稳定。

4. 涂膜处理

涂膜贮藏是将待处理的样品浸入一定浓度的多糖（壳聚糖、淀粉和魔芋多糖等）、蛋白质、果蜡等涂膜液中一段时间后取出，待自然干燥后，该涂膜液会在样品表面形成薄膜。这种薄膜可以阻止 O_2 进入和 CO_2 散失，使细胞内部形成低 O_2 高 CO_2 的环境，以降低呼吸强度，同时可阻止微生物入侵，防止营养物质快速消耗，以此延长果蔬贮藏期。有研究发现，1.0% 的壳聚糖能有效地降低青花椒中多酚氧化酶的活性，预防果皮褐变，延长贮藏期。[1]此外，壳聚糖还对花椒上存在的致病性假单胞菌、镰刀菌和疫霉菌有抑制作用，能显著减少沙门氏菌对花椒的感染，增加苯丙氨酸解氨酶活性，促进抗氧化活性成分的合成，增强花椒的抗逆境胁迫和抗病能力。[2] 近年来，关于复合膜涂液的研究在逐渐增多，包括包埋纳米材料、微胶囊和纳米乳化剂的可食性涂膜等。

5. 辐照处理

辐照技术是一种新型物理保鲜技术。研究发现用 15KGy 剂量辐照花椒，可有效预防花椒贮藏期的发霉变质，同时起到灭酶杀菌的作用，且对其中的挥发性成分、香气成分和色泽的影响不显著。[3] 依据辐照保鲜冬枣、猕猴桃等的经验来看，用辐照保鲜花椒时需考虑辐照剂量、物料堆叠厚度及包装方式。若辐照剂量过小，达不到杀菌灭酶的效果；若辐照剂量过大，可能催熟花椒，促使其变色。

6. 化学方法处理

O_3、ClO_2 属于强氧化剂，具有较强的抑菌和杀菌能力，可以降低果蔬细胞的呼吸强度和新陈代谢，减少营养物质的消耗。用 40mg/kg ClO_2 处理花

---

[1] Du Y. H., Yang F. W., Yu H., Cheng Y. L., GuoY. H., Yao W. R., Xie Y. F., "Fabrication of Novel Self-healing Edible Coating for Fruits Preservation and Iits Performance Maintenance Mechanism," *Food Chemistry*, 2021, 351（9）：129284.

[2] 郭晓宏、郭一丹等：《花椒的营养价值和贮藏保鲜技术研究进展》，《中国果菜》2022 年第 8 期。

[3] 李燕杰、黄佳佳等：《电子束辐照对三种香辛料的杀菌效果及香气成分的影响》，《食品工业科技》2017 年第 16 期。

椒，可使花椒贮藏期延长至 42 天，褐变率降低为 42%，且呼吸强度被显著抑制。将花椒用 O_3 消毒 30 分钟后用 1.0%壳聚糖处理，其在 4℃的气调冷库中的贮藏期为一个月，而用 400mg/L 醋酸锌溶液、20mL 5g/L 的维生素 C 处理鲜青花椒后，将其真空包装，并在 100℃下杀菌 8 分钟，常温下的贮藏期为 2 个月。除此之外，山梨酸钾、苯甲酸钠、柠檬酸、氯化钠和植酸等也是花椒贮藏中常用的化学保鲜剂。

7. 包装

包装材料常结合气调保鲜技术，不同的包装材料结合真空条件，能在一定程度上抑制花椒因自身脂肪氧化所导致的酸败。在花椒贮藏保鲜过程中，应用较多的包装材料是铝箔，其具有良好的隔氧、隔水和遮光功能，能降低紫外线对麻味物质的降解，减缓挥发性物质的散失，更好地防止花椒的氧化变质。在更高贮藏温度下，真空铝箔包装也是存储花椒的良好方法。

8. 干制

干制技术是延长花椒贮藏期、保持其良好品质的重要手段。常见的花椒干燥方式有自然晾晒、微波干燥、热风干燥和真空干燥。传统的自然晾晒操作简单方便，对活性成分的破坏程度小，麻度得率可达 98%以上，挥发油得率达 93%以上，但干燥时间过长，且对环境条件的要求较高。[①] 热风干燥中，恒温间歇热风干燥和分阶段热风干燥的花椒品质较好，但干燥温度和机械能耗是需要进一步研究的重点。微波干燥的速度更快，但会使花椒产生局部焦糊；真空干燥对花椒色泽和开口度的影响较大，其干燥工艺参数是需要着重考虑的因素。不同技术具有不同的优缺点。因此，复合干燥技术将是未来研究的重点。

二 花椒产业发展现状

全球花椒属植物约有 250 种，广泛种植于亚洲、非洲、美洲及大西洋地

[①] 杨瑞丽：《不同处理和贮藏条件对花椒及其制品麻味物质稳定性影响的研究》，硕士学位论文，河北工程大学，2018。

区的热带和亚热带地区，其中我国就占有45种、14个变种，主要栽培花椒的地区有河北涉县，山东莱城，山西芮城，河南林州，陕西凤县和韩城，甘肃武都和秦安，重庆江津，四川汉源、茂县、汶川、冕宁和金阳，贵州水城和关岭等地。[①]

我国原产的花椒属植物有5种，分别为花椒（Zanthoxylum bungeanum Maxim.）、野花椒（Zanthoxylum simulans Hance）、川陕花椒（Zanthoxylum piasezkii）、竹叶花椒（Zanthoxylum armatum）和青花椒（Zanthoxylum schinifolium）。[②] 目前根据商品花椒果实颜色，人们将其分为红花椒和青花椒，其中红花椒主要有大红袍、二红袍、小红袍、凤椒、伏椒和梅花椒等，青花椒主要有竹叶椒、九叶青和藤椒等，两者在外观、风味以及组分方面有较大差别。红花椒麻味浓郁，颗粒饱满，果实色泽红亮，油囊密生且开口大，在我国西北地区广泛种植，较出名的有陕西宝鸡的凤县大红袍和甘肃陇南的武都大红袍。相比之下，青花椒麻味清香，气味清香，果实呈绿色，在我国西南地区多有种植，较出名的有重庆的九叶青。[③] 此外，按形状可大致分为狮子头、大红袍、油椒、小椒、米椒和豆椒等。在生产生活中，常见的花椒品种主要有四川金阳青椒、汉源贡椒、茂县花椒、重庆江津花椒，云南青椒，陕西韩城大红袍，甘肃伏椒、秋椒，山东大椒、小椒及河北大椒、小椒等。

花椒具有独特的麻香味，是我国传统的"八大调味品"之一。花椒作为调味品在三国时期就有记载，陆玑在《毛诗草木鸟兽虫鱼疏》中写道："今成皋诸山间有椒谓之竹叶椒，其状亦如蜀椒，少毒热，不中合药也。可著饮食中，又用蒸鸡豚最佳香。"花椒作为一种重要的调味料，已成为绝大多数餐饮市场、调味品加工企业、食品企业和家庭必备的佐料之一。我国是世界上花椒栽培面积与产量最大的国家，全国花椒栽培面积约2500万亩，年产

---

① 赵莉莉：《花椒属植物DNA条形码研究》，硕士学位论文，西北农林科技大学，2018。

② 李晓莉、黄登艳、刁英：《中国花椒产业发展现状》，《湖北林业科技》2022年第1期。

③ 李骄阳：《不同花椒种质资源麻香品质分析及麻味素合成关键基因筛选》，硕士学位论文，山东农业大学，2023。

干椒 40 多万吨，产值 300 多亿元。[①] 花椒作为我国传统出口商品，出口量大，主要销往日本、泰国、美国和欧洲等国家和地区，而进口规模相对较小，主要来源于印度、日本和越南等亚洲国家。

目前国内花椒产品中，干花椒占据主要市场。据统计，花椒在下游的消费形态中，干花椒占比约 60%，花椒油占比约 15%，保鲜花椒占比约 10%，花椒酱占比约 10%，花椒提取物占比约 5%。粗加工农副产品形态的干花椒和保鲜花椒占比仍高达 70%。在青花椒产品中，干花椒、保鲜花椒、花椒调味品和花椒精深加工品占比分别为 78%、12%、7% 和 3%；红花椒产品则以干花椒和花椒粉等常规产品为主，花椒油和调味品占比较小。现代研究证明，花椒还可为人体提供所需的蛋白质、矿物质、氨基酸和维生素等营养成分。随着对花椒应用的不断开发，通过精深加工，花椒产品的形式逐渐多样化。目前，市场上流通的花椒加工产品主要有花椒调味油、花椒精油、花椒种籽加工品、花椒油树脂、花椒芽酱及各类花椒味食品等，但从营养与健康角度来看，花椒精深加工产品尚显不足。相对于粗加工产品，以花椒调味油为代表的花椒深加工产品具备标准化程度高、溶解性好、有效成分利用率高等优点，有望持续替代花椒颗粒和原粉等粗加工产品。

花椒作为一种食药兼用植物，其果实、叶子和根都可食用。花椒富含多种生物活性成分，具备呈味特性，并且具有抗氧化、抑制血小板凝集、杀虫、抑菌以及抗炎镇痛等多种药用价值。[②] 李时珍在《本草纲目》中写道："花椒散寒除湿、解郁结、消宿食、通三焦、温脾胃、补右肾命门、杀蛔虫、止泄泻。"《图经衍义本草》中记载："秦椒味辛温，主风邪气，温中除寒痹、坚齿发、明目，久服轻身、好颜色、耐老、增年、通神。"花椒的历史和文化底蕴深厚，在传统饮食和中药领域用途广泛。

近年来，花椒由于其较好的食用价值、药用价值和生态价值，我国的花椒种植地区和面积迅速扩大，花椒相关产业也逐年发展壮大。花椒树喜光、

① 陈亚兵：《花椒不同品种物候规律比较及花粉特性研究》，硕士学位论文，西北农林科技大学，2022。
② 郭晓宏、郭一丹等：《花椒的营养价值和贮藏保鲜技术研究进展》，《中国果菜》2022 年第 8 期。

耐干旱，主根较浅且侧根发达，形成错综复杂的根系网络，固水能力强，在荒山改造和水土保持等方面起着重要作用。[①] 随着我国农村产业结构的调整和退耕还林工程的实施，在广大山区、半山区种植花椒已成为解决当地农村发展问题和可持续发展的关键因素之一。通过以花椒特色林业为抓手，在生态美化、百姓富裕和产业兴旺方面加速前进，可有效协调经济收入增加和生态环境改善之间的平衡。如何唤醒"沉睡"的资源并使其焕发活力，真正为乡村振兴增"香"添"味"，则是当前亟待解决的问题。

根据中国调味品工业协会预测，未来我国花椒加工产品的年需求量同比增长将会高于20%，新增10万吨以上。预计至2025年，我国花椒种植规模与产量趋于稳定，且优质花椒产品和精深加工产品将增加，家庭消费将持续增长，出口将保持稳定增长趋势。随着市场经济的发展，花椒作为推动农业经济发展、改善生态环境和增加农民收入的重要树种和我国优势特色农产品，发展花椒产业在农业产业结构调整优化、提高农业效益、增加农民收入以及推动乡村振兴等方面发挥着重要作用。

三 花椒产业存在的问题

我国是花椒消耗和生产大国，但存在种质资源混乱，优势品种不够多；基础设施薄弱，缺乏劳动力；重产量轻质量，品牌意识不够强；产业链不足，科技支撑不够等问题。

（一）种质资源混乱，优势品种不够多

我国花椒分布广泛，种植面积逐年扩大，但缺乏统一管理、规范化培育和分类评价标准，导致花椒品种繁杂，且各地花椒品种名称各异，存在同名不同种、同种不同名等问题。同时，在种质资源的收集、引进和研究方面深度仍不够，尤其对野生资源和特异性资源的挖掘和充分利用欠缺。由于花椒

---

① 陈明：《不同品种花椒物候期与气象因子的关联性分析》，硕士学位论文，西北农林科技大学，2022。

种质资源有限，很多品种的抗病性利用不够，花椒抗病育种研究难度加大，种源精准挖掘、鉴定、评价和检测技术相对滞后，优质种质资源共享利用率不高。此外，标准良种育苗基地较少，苗木繁育采用嫁接或组培方式较少，花椒优势品种相对单一且品质差距较大，品种退化严重，均在一定程度上制约着花椒产业的发展。

（二）基础设施薄弱，缺乏劳动力

近年来，在调整农业产业结构的浪潮中，全国各省市，尤其是土地较贫瘠的地区纷纷发展花椒产业。花椒种植规模虽大，但许多种植地以家庭农户种植为主，种植面积零星且分散，管理粗放。同时，生产作业道路、灌溉设施不健全，基础设施普遍薄弱，机械化水平较低，且缺少规模化、标准化的花椒水肥一体化示范园也是当前面临的主要问题。良种嫁接苗建园、科学土肥水管理和合理整形修剪及病虫害绿色防控等丰产栽培综合配套技术落实不到位，导致花椒生产上劣质和低效问题突出。同时，受高温热害、低温冷害、干旱和洪涝灾害等极端天气及病虫害的影响，花椒生产不稳定，椒农损失严重。由于椒树枝条有刺，果实人工采摘难度大、效率低，机械采摘又易伤及果穗基部花芽，影响来年产量，因而目前花椒采摘技术也制约着产业的发展。此外，农村从事花椒产业的专业型、技术型、创新型人才的青年劳动力缺乏，留守在家的多为老年人，受教育程度普遍不高，技术接受能力有限，致使新技术、新品种和新成果在生产中大面积推广应用不足。随着人口老龄化，管理和采摘人员出现短缺，特别是未来几年，用工荒将更加明显。

（三）重产量轻质量，品牌意识不够强

在花椒生产中，部分椒农重视花椒产量，轻视花椒质量，为提高花椒产量，盲目滥用农药，致使土壤环境被破坏，花椒果粒品质受到不同程度影响，花椒质量等级下降，易发病虫害，并造成了农药残留和重金属污染检测超标等现象。这些不规范操作导致市场饱和、同一品种花椒价格差异较大、产品销售困难，椒农实际收益降低。此外，花椒行业整体对品牌意识的重视

度仍不足，地理标志产品较少，花椒知名度仍然不高。很多地方仍然停留在传统经营模式上，缺乏创新思维和市场营销策略，而且部分椒农在花椒销售市场掺杂使假、冒用、盗用著名商标行为屡禁不绝，严重损毁了相关产区花椒品牌的口碑和市场，不利于花椒产业的持续健康发展。

（四）产业链不足，科技支撑不够

近年来，尽管花椒种植面积陡增，但花椒产业相关科技投入不足，良种选育和推广、水肥管理等科技培训、产业技术标准制定、精深加工技术研发等科技支撑不能满足产业发展需要。花椒产业研究多集中在品种、技术和简单机具上，在精深加工领域和高端加工设备研发上较为欠缺。花椒生产企业存在技术含量低、规模小、设备差、档次低和产品少情况，精深加工和辐射带动能力不强，产品单一、附加值不高。同时，龙头企业数量较少、实力较弱，科技创新能力不足，缺乏大规模、高档次、深加工的大企业，且缺乏各产业链的有效融合，种植、生产、加工、销售等环节未有效连接。此外，花椒产品以干花椒和花椒粉等初级产品最为常见。花椒主要以烘烤和晾晒等初加工为主，精深加工能力弱，新工艺、新技术和新设备等科技支撑和研发力度不够，深加工新产品开发受到制约，加工增值能力低，经济效益差。

四　花椒产业高质量发展的对策

（一）开展种质资源研究，培育优良花椒品种

根据地方实际情况，因地制宜开展花椒种质资源研究，建立合作共享机制。合理规划花椒生产基地布局，对全国花椒品种种质资源进行系统性调查和摸底，建立花椒种质资源库及标准化花椒试验示范基地。引进优质种质资源以扩大花椒种质资源储备，并根据具体情况规划适宜的花椒种植区域，开发和培育优质花椒新品种。同时，开展花椒绿色生产技术研究并制定全产业链技术标准，构建花椒产业发展战略体系。此外，利用基因工程育种和组培等方法培育抗病性和适应机械化产收的花椒品种。

（二）加强基础设施建设，加大政策扶持力度

强化花椒产业支撑体系，建立健全花椒产业管理服务体系，并制定出台花椒地方行业标准。在花椒主产区，加大基础设施投资力度，改善交通、通信和能源等方面条件，确保道路网络密集且畅通无阻，便于货物运输和人员流动；鼓励企业开展花椒加工技术和新设备研发，以提高花椒全产业链的机械化和智能化水平。同时，全面覆盖互联网，为花椒平台的信息传递和在线交易提供保障。鼓励技术创新与科技引进，提升生产效率。此外，扶持更多年轻人回归家乡从事创业或就业，并积极鼓励企业与科研机构等合作以促进产业发展；进一步加强对农民栽培技术的指导和培训，提高当地椒农技能水平，规范栽培、科学管理，形成规模经济产业。

（三）规范花椒市场管理，开拓产品销售新渠道

加强科技工作者与农户间的合作与沟通，提供科学种植技术指导，并建立完善的质量监控体系。同时，规范花椒产前、产中和产后生产过程，严把食品质量安全关，实施严格的常态质量安全监管，并对产区内花椒生产、加工和流通主体开展信用等级评定。此外，宣传扩大本地花椒影响，打造具有特色的区域品牌形象，并通过积极参与各类展览会或博览会等活动以扩大影响力。积极建立食品安全追溯体系，采用防伪或二维码等技术，实现花椒产品可追溯管理，依法打击假冒伪劣产品，强化品牌管理，维护品牌形象。建设发展实体市场，整合电商资源，建立花椒供求信息平台以拓宽销售渠道，并鼓励生产和销售企业积极开拓海外市场，引导和壮大龙头企业发展，提升竞争力，让花椒走向世界。

（四）推动产业链升级优化，拓展产品深度研发

强化科技引领，加快花椒精深加工，加大对花椒产品新工艺、新技术的研发力度，拓展花椒在食品、医药和日化用品等领域的产品，延长产业链条，提升附加值。同时，在加工环节引进先进理念，引入自动化生产线、智

能设备等新兴科技手段来提高生产效率和产品质量。此外，做强龙头企业，鼓励花椒龙头企业自主研发新、特花椒产品，以形成产业集群。

五　花椒产业发展的具体措施

（一）开展花椒良种选育和示范基地建设

针对花椒品种繁杂、种质资源混乱以及优势品种相对单一等问题，开展花椒良种选育研究，鼓励引进优良种质资源，并在花椒主产区集中建立示范基地和良种采穗圃。同时，在充分发挥良种繁育基地生产能力的基础上，结合各地区良种繁育的优势特色，开展良种熟化、良种材料可持续供应体系建设和育苗技术集成研究与产业化应用。此外，加大优良品种选育力度，并联合国内外专家深入开展遗传育种和良种选育研究，选育一批具有重大应用前景和自主知识产权的突破性优良品种。在花椒主产区大力推广增产增效技术，实施低产低效花椒林改造技术，并强化花椒丰产管理。依据花椒产业融合发展的理念，依托科研单位、龙头企业、农民专业合作社和种植大户等，实施标准化管理，并建立水肥一体化的高标准花椒示范种植基地。

（二）开展花椒轻简高效栽培关键技术集成与示范

针对花椒栽培管理环节繁杂、作业过程繁重的问题，开展专用花椒优良品种的集约轻简丰产栽培技术应用，集成花椒栽培优良传统技术、机械化集约作业新技术和人机协同省力化作业新方法，优化花椒栽培农艺作业过程，并试验示范，建立花椒轻简高效栽培技术规范。制定可持续低产花椒林改造政策，加强与科研院校专家的沟通协作，试验花椒丰产、免打农药、施肥、土壤改良等农业生产新技术。同时，采用"整形修剪、合理断根、环保除草、科学施肥、病虫防治、有效浇水"的丰产栽培技术，实施标准化栽培管理和采后处理。

（三）开展花椒绿色采收处理关键技术集成与示范

针对花椒采后处理技术滞后、产加销脱节等问题，建设花椒绿色采收处理关键技术规范，建立花椒成熟度判定的科学方法，制定技术标准。根据不同采摘方式（人工采摘、机械采摘）、采后堆放形式和干燥前贮藏条件等因素对花椒果皮油包破损、色泽劣变、麻味和椒香味等品质的影响，确立关键技术操作规范与标准，建立花椒采收处理关键技术示范区。同时，利用人工网络数学模型构建品质优化调控策略，研究花椒智能化干燥装备，精准调控干燥过程。基于智能空气烘干设备对花椒果实进行干燥，建立并开发花椒风味评价标准体系和智能化干燥装备，制定花椒贮藏防腐防虫技术规范。此外，基于光电探测和光谱技术将花椒果实进行智能分选，保证花椒外观色泽与风味品质的一致性，建立花椒分级分选工艺，实现花椒采后精准分选。

（四）开展花椒深加工和高值化利用集成与示范

目前花椒产品主要以干花椒和花椒粉等初级产品为主，花椒加工企业要具备深加工能力，需在技术和设备上进行大升级。在部分花椒产区，花椒加工企业较多且影响力小，政府部门需积极引导企业进行整合，组建形成具有影响力的大型企业。此外，基于花椒梯度加工原则，采用现代农产品加工技术、酶工程技术和现代高效分离技术、热催化反应技术、低温加工技术、超声波辅助提取等技术措施，进一步加大科研力度，以减少花椒香味损失，提高花椒加工产品风味和品质。通过花椒叶茶、花椒芽菜酱、速冻花椒芽菜、花椒油树脂和花椒香油等系列花椒深加工产品的开发，规范花椒标准化加工技术，并制定花椒系列深加工产品标准化加工技术规程。通过花椒深加工产品的开发，延长花椒产业链条，提升花椒附加值，增加农民收益。

以特色品牌建设为目标，大力推进花椒品牌建设，打造生态产品、绿色产品；引导企业强化商标品牌意识，充分利用现有渠道，统筹相关扶持资金，支持花椒品牌建设、品牌认证和宣传推广。加快推进花椒产业绿色食品、有机食品、农产品地理标志保护产品和农产品地理标志认定工作。充分利用博览会、展销会和推介会等方式宣传推广，扩大花椒品牌影响力，丰富花椒品牌体系。

（五）实施花椒全产业链智联物流一体化示范

针对花椒产业链标准化程度低，品种、地域、气候差异大等特性，利用花椒生产环境多因子监测技术、无线监控节点可定制与花椒生产环境相适应的能量感知无线自组网等关键技术，开发环境信息监控终端，实现花椒生产环境的有效监控。针对花椒种植区域农事操作具有差异性大、生产过程履历信息采集手段匮乏等问题，开发花椒种植小区域 RFID 编码标识、果树农事操作 RFID 标签自动写入和无线射频传输与误码率管理等技术，为追溯花椒生产过程农事操作历史记录提供依据。终端通过无线通信方式与管控平台远程交互，实现农事操作信息自动上传，如花椒品种、树体管理、施肥、病虫防控和土壤管理等农事操作信息的采集与上传，构建花椒品种和栽培数据库，为花椒产品溯源和产业链优化提供数据。针对传统仓储物流管理方式落后、效率低下、库存时间长，造成花椒品质下降和储运成本上升等问题，构建花椒仓储环境监控和便携式无线数据终端等多种软硬件设施，利用 MySQL 作为数据库服务器开发以物联网技术为基础的花椒仓储物流管理系统。同时，可基于以 RFID 和 QR 二维码为索引的海量异构数据组织管理技术，开发花椒生产过程质量安全监控、仓储过程质量安全监控和溯源过程质量安全追溯等系统，构建花椒全程品质管控平台，为政府监督、企业管理和用户溯源等提供服务，部署智联物流一体化生产技术管控平台，实现花椒生产环境、农事操作和仓储物流等环节的全程可追溯，提升花椒品质与储运效率。

（六）创新花椒全产业链一体化经营协作发展模式

针对花椒存在的产业链短、产业综合效益低的问题，结合产业链发展现状与市场需求。基于云计算、互联网、物联网和人工智能等现代信息技术，以"深耕利益链、配置资源链、提升服务链、设计创新链和创新价值链"为理念，构建从生产、仓储到物流、溯源全产业链产、加、销各环节有机衔接的花椒生产管理技术体系，形成原料基地、加工企业、合作社、农户和科研院所共同参与的全产业链经营协作发展模式。在花椒主产区，建立基于优良专用花椒品种选育、轻简高效栽培、绿色采收处理、初加工产品标准化和新产品研发、产加销智联物流一体化示范，发挥实体示范引领作用，辐射促进全国范围花椒产业发展，推动产业链延伸，提升花椒产业综合效益。

六　花椒产业龙头企业生产案例

（一）陕西雨润椒业科技开发有限公司

陕西雨润椒业科技开发有限公司成立于 2008 年 6 月，公司注册资本1500 万元，公司投资 2000 余万元在凤州现代科技产业园区建成一个现代化花椒及花椒芽菜研发和生产中心，占地 27.5 亩，具备年加工原椒 1000 吨、生产花椒芽菜 1000 吨的生产能力，是集凤县大红袍花椒和花椒芽菜及其他特色农副产品种植、加工和销售于一体的民营科技型股份制企业。

公司被认定为"凤县花椒产业化龙头企业"、"宝鸡市农业产业化龙头企业"和"陕西省农业产业化经营重点龙头企业"，企业"凤芽"牌商标被认定为陕西省著名商标。公司现有年产 2000 万瓶（220 克/瓶）的花椒芽菜辣酱生产线和年产 4000 万瓶（65 毫升/瓶）的花椒油生产线已顺利投产，且达到国内同类产品生产的先进水平。公司与西北农林科技大学等紧密协作，不断提高公司的科技研发水平，合作开发花椒附属产业。在原料基地建设方面，采用"公司+农户+基地"的模式，与 5 个乡镇 14 个村 3000 多户农户签订了花椒芽菜种植与收购协议，花椒芽菜种植面积 3078 亩，形成了高科技推动企业发展、企业带动农户致富的经营模式。

公司以花椒产业的"绿色食品"和"有机食品"为发展方向，通过示范和引导，实现了花椒及花椒芽菜的"生产、加工、销售"的标准化、一体化经营，有效推动了花椒产业的快速、持续发展。

（二）陕西为康生物科技股份有限公司

陕西为康生物科技股份有限公司成立于 2016 年 7 月，坐落于陕西省韩城市芝阳镇国家花椒产业园区，注册资本 1 亿元，占地面积 500 亩，是一家以花椒为主，集精深加工、产品研发、智能仓储、标准制定和整合营销于一体的香辛料深加工企业，国家林业重点龙头企业。

公司建成了国内先进的花椒精选、超临界萃取、液氮制粉等设备及国内首家全自动立体式 5000 吨智能化冷储库，以"公司 + 基地 + 合作社 + 农户"的产业模式与农户建立长期稳定的关系，通过自主研发或与高等院校、科研院所合作，不断引进新技术，提高生产工艺，使花椒经深加工呈现多种产品形态，产品附加值提升 5~10 倍。公司目前主营产品有花椒粒、花椒粉、花椒香精、花椒酱和调味粉料等，与一批国内知名食品企业建立了长期的良好合作关系，后期还将不断深挖市场需求，将产品向花椒籽综合利用、医药中间体等方面延伸，为客户提供更高的价值。

为康公司牵头制定了花椒流通规范、花椒酰胺与挥发油成分检测的 4 项国家行业标准，并于 2020 年 9 月 1 日发布实施，为行业良性发展提供了有力支持，成为行业领跑者。社会责任方面，为康公司发挥龙头企业的带头作用，将企业发展与乡村振兴有机结合，为地方经济增长和农民增收贡献了巨大力量。

（三）陕西宏达香料科技有限公司

陕西宏达香料科技有限公司成立于 2021 年 12 月，坐落于全国最大的"大红袍花椒"主产区——陕西韩城，注册资金 5000 万元，是集香辛料生产、销售、科研及技术服务于一体的科技型企业。其前身为韩城市宏达花椒香料有限公司，是国内最早从事花椒深加工的企业之一，公司拥有国内领先的萃取技术和先进的生产、检测设备。后因业务拓展调整需要，新设主体陕西宏达香料科技有限公司。

公司目前拥有超临界二氧化碳萃取、溶剂浸提两种工艺三条生产线，年加工各种香辛料原料达 2000 吨以上，主要产品有花椒、孜然、生姜和胡椒等各种天然香辛料油树脂、精油及五香油树脂，产品被广泛应用于食品生产加工企业。技术进步和自主创新是宏达公司发展的基础与动力。公司已获得多项专利技术成果，也被认定为陕西省高新技术企业、林业产业省级龙头企业。优质的产品和服务为众多国内外食品生产企业解决了农副产品原料不稳定的技术难题，并先后与海底捞、雀巢、太太乐和海乐等一批优质客户建立了密切的合作关系。

公司以"立足产地、技术领先、脚踏实地，做专业的天然香辛料提取物供应商"为经营理念，重视产品质量，坚持技术创新，全面提升品牌竞争实力，以优质产品、贴心服务，与国内外所有新老客户实现合作共赢。

（四）甘肃龙椒食品集团

甘肃龙椒食品集团位于甘肃天水市麦积区元龙镇，注册资金 6000 万元，是一家集花椒及其他各种香辛料收购、销售、加工、储存以及复合调味料生产、销售、技术研发等于一体的集团化公司。公司先后荣获"甘肃省省级产业化重点龙头企业"和"甘肃省质量信誉信得过单位"，并入选"甘味"品牌企业。

在全国花椒产业中，公司收购、加工及销售水平位居前列。拥有占地面积 2 万平方米的生产厂区 2 个，年产 4500 吨国内领先水平的集花椒风选、磁选、色选、形选、X 光机异物检测于一体的不落地流水型生产线 1 条，年产 4200 吨香辛料超低温数字化打粉和复合罐装生产线 1 条。企业技术力量雄厚，检测手段完善，并与高校、科研院所建立了合作关系。

公司实施"打造龙椒品牌，参与国际市场"的发展战略，做到用产品品质"敲门"、用诚信服务"说话"，以更优质的产品、更优惠的价格和最真诚的努力来服务社会和让利于广大消费者，推进龙椒公司全面、快速、持久地发展。公司为打造龙椒品牌，不断提高和进步，进行了广告投入和品牌宣传，打造纪录片《天水龙椒 椒香中国》，获得了良好的品牌效应。

（五）丽江坤源食品有限公司

丽江坤源食品有限公司位于云南省丽江市永胜县工业园区，成立于 2008 年，是丽江市境内唯一一家集优质花椒新品种、新技术的引进、培育、种植、收购、研发、加工及销售于一体的省级龙头企业，是云南省唯一一家生产保鲜花椒的企业。公司主要从事微波烘干鲜花椒、花椒油、花椒粉、花椒调料和保鲜花椒等系列产品生产，花椒精油系列产品、花椒足疗粉、花椒籽枕头等产品的研发和销售等。

公司采取"公司+协会+合作社+基地+农户"的运作模式发展订单农业。2021 年度被评为丽江市绿色食品品牌"五强企业"。公司提供种苗 17 万株，推广种植"九叶青"花椒新品种 26000 亩。通过发展花椒产业，近两年来带动帮扶了 574 户 2255 人原建档立卡贫困户脱贫。

公司现有年产 460 吨微波烘干花椒、400 吨花椒调味品、230 吨花椒油和 200 吨保鲜花椒生产线各一条。2020 年，公司花椒系列产品销售收入实现 8535.7 万元，利润 853.7 万元。公司与国内外多家院校建立了对外合作平台，利用"大产业+新主体+新平台"模式，促进乡村振兴一二三产业融合发展。

（六）重庆市江津区丰源花椒有限公司

重庆市江津区丰源花椒有限公司位于重庆市江津区"花椒之乡"先锋中小企业创业基地，是一家集种植、加工、销售和研发于一体的花椒全产业链公司。公司成立于 2006 年，拥有"炊夫""麻口香""超冠""逸轩""久恋其味""江洲府"六个自主品牌，拥有现代化厂房 2 个，6S 无菌生产车间 4 个，是一家集花椒及其衍生系列调味品的研发、生产、销售于一体的创新型农产品加工企业。公司拥有国内先进的全自动加工生产线及检测设备，还拥有占地面积 500 亩的智能标准化绿色出口花椒基地，目前在花椒的种植、加工、流通一体化的供应链建设方面具备一定优势。

公司现有的保鲜花椒、干青花椒、花椒油、藤椒油、花椒芳香油、花椒精油、花椒粉、花椒酱等系列产品，自出厂以来，畅销全国各个省、自治区、直辖市，在国内销量遥遥领先。公司在立足国内市场的基础上，积极拓展国际市场，产品远销美国、加拿大、日本、韩国、俄罗斯、新加坡、马来西亚、泰国、越南等国家和中国台湾、中国香港地区，是国内唯一一家连续十多年将保鲜花椒、干花椒等花椒系列产品销售出口的企业，并通过了美国

"FDA"认证。目前出口的产品有保鲜花椒、干青花椒和花椒油等。

公司通过ISO9000质量管理体系和ISO22000食品安全管理体系认证，并以此为基础切实将严格的质量管理落实到原料采购、产品设计、生产加工、产品销售、售后服务等各个环节。公司先后荣获"农业国际贸易高质量发展基地""良好农业规范认证""重庆市农业产业化市级龙头企业""江津花椒原产地地理标识""中国花椒油10大品牌"等荣誉称号。

日本保健功能食品管理体系研究

任　潇　朱大洲*

摘　要： 日本农业具有经营规模小、生产成本高、粮食自给率低等特
点。为了确保稳定的市场供应和适应日本消费者不断提升的
对安全、营养、健康产品的需求，近年来日本政府持续修
订、调整相关法律法规与标准体系，力求提升农产品/食品的
营养健康价值并探索新需求。日本将食品分为一般食品、保
健功能食品、特别用途食品三大类，其中保健功能食品又包
括特定保健用食品、营养功能食品、功能性标识食品三类。
作为保健食品行业的领先国家，日本在保健功能食品认证、
标签标示等管理方面具有先进经验和优势，值得我国借鉴
学习。

关键词： 保健食品　认证体系　标签标示　营养　日本

　　日本的营养、健康农产品、食品是分类管理的，管理、评价标准各不相
同。依据营养健康表示方式的不同，将食品分为三大类。一是一般食品，包
括市售的营养辅助食品、健康辅助食品、营养调整食品等，需标出营养成
分及含量，但不得有健康声称（亦为功能声称），如带有“JHFA”（Japan
Health Food & Nutrition Food Association，日本健康·营养食品协会）标识的
健康辅助食品。二是保健功能食品，包括特定保健用食品、营养功能食品、

* 任潇，农业农村部食物与营养发展研究所博士研究生，研究方向为农产品营养标准和品质
评价；朱大洲，博士，农业农村部食物与营养发展研究所研究员，研究方向为食物营养与
安全。

功能性标识食品三类，[①] 这三类产品可以在标签上表示功能声称。三是特别用途食品，包括特定保健用食品，病患用食品，孕、产、哺乳期女性用乳粉，婴幼儿用配方乳，吞咽困难者用食品等，这些产品可以标出其特殊用途，是面向特定人群的（见图1）。

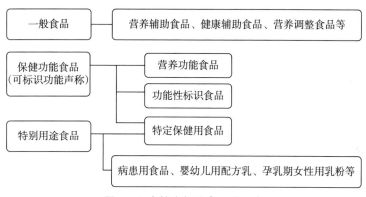

图1 日本健康相关食品的分类

营养辅助食品、健康辅助食品是以补充营养成分和/或非营养素类生物活性物质而达到保健目的的食品。为规范市场并方便消费者的判断与选择，日本于1985年就开始实行"健康食品"认定制，由日本健康·营养食品协会（JHFA）认定并管理。JHFA负责制定产品的相关标准，由医学、营养学专家组成的审查认定委员会对产品的卫生与营养标签内容进行审批，符合标准的获批为"认定的健康食品"，可在包装上标注JHFA标识，但不得有与健康相关的功能声称。[②] 该协会通过在更多的健康食品上标注认定健康食品（JHFA）标志，努力成为消费者恰当选择产品的指标。该认定制度从1986年开始运用，设定与品质相关的规格标准，根据这个标准进行产品的认定审查会，对合格的产品进行标识许可。另外，从2020年10月起，该协会不再像以前那样事先设定规格标准，而是接受以健康和功能性为目的销售的产品

① 田明、张孜仪、赵静波等：《日本保健功能食品的管理及对我国的启示》，《中国食品卫生杂志》2019年第3期。

② 田明、张孜仪、赵静波等：《日本保健功能食品的管理及对我国的启示》，《中国食品卫生杂志》2019年第3期；马于巽、段昊、刘宏宇等：《日本健康相关食品的分类与管理》，《食品工业科技》2019年第7期。

申请，由专家组成的认定审查会，对产品的品质、安全性、有效度进行确认，如果认为符合 JHFA 认定制度的标准，可以认定为 JHFA 食品。经营者应当在认定产品的容器包装或容器容易看到的地方标示所规定的 JHFA 标志。

特定保健用食品、营养功能食品、功能性标识食品这三类保健功能食品分别采取个别许可审批、规格标准审批及备案制管理方式。1991 年，日本将保健功能食品定名为"特定保健用食品"（FOSHU），并发布相关管理法规《特定保健用食品许可指南及处理要点》。FOSHU 是指含有特定成分、具有调节人体生理功能的食品，其有效性、安全性均有明确的科学依据，并经过严格的审查与评价，需获得消费者厅批准，可标注"消费者厅许可"的标识。2001 年，厚生省提出了"营养功能食品（FNFC）"，建立了"保健功能食品制度"。2009 年 9 月，FOSHU 产品的许可权由厚生省移交消费者厅。在"保健功能食品制度"的基础上，2015 年消费者厅又增设了"功能性标识食品（FFC）"，确立了"功能性标识食品体系"。①

一 日本保健功能食品分类

"健康食品"的范围从饮料、糖果、调味料和其他通常食用和饮用的食品，到类似于药片和胶囊的食品，但它们都被归类为"食品"。根据政府制定的功能和安全标准，具有健康声明的食品是指可以出售的具有"改善胃状况""抑制餐后血糖水平升高""钙是骨骼和牙齿形成所必需的营养素"等功能的食品。目前，有三种类型的食品具有健康声明：特定保健用食品、具有营养声明的食品和功能性标示食品。

（一）特定保健用食品

特定保健用食品是一种实际销售的食品（或产品中涉及的成分），已经过政府的功效和安全性审查，并经消费者事务厅专员许可被标记为适合特定

---

① 马于巽、段昊、刘宏宇等：《日本健康相关食品的分类与管理》，《食品工业科技》2019 年第 7 期。

健康用途。产品标有特定保健用食品标志，以及经批准的功能，如"调理胃部"和"适合高血压患者"。

除了通常的食物外，还有以下类型的食品用于特定的健康用途。

特定保健用食品（降低疾病风险标签）：其成分已通过医学和营养确定以降低特定疾病风险并已被公认为可降低疾病风险的食品。[①]

特定保健用食品（标准型）：已积累科学证据的食品，如被批准为特定保健用途食品的充分记录，并且其是否符合特定标准已由消费者厅秘书处审查的食品。

有条件指定健康用途的食品：未达到特定保健用食品检查所需的科学依据的功效水平，但在确认一定程度的功效并被标记为科学证据有限的条件下允许的食品。

（二）营养功能食品

营养功能食品是一种具有医学和营养功能的食物，例如"钙是骨骼和牙齿形成所必需的营养素"，涉及对人类生活活动至关重要的营养成分，如维生素和矿物质。目前，已经建立了 13 种维生素（维生素 A、维生素 B_1、维生素 B_2、维生素 B_6、维生素 B_{12}、维生素 C、维生素 D、维生素 E、维生素 K、叶酸、烟酸、泛酸、生物素）、6 种矿物质（锌、钙、铁、铜、镁、钾）和 n-3 脂肪酸的标准。

（三）功能性标示食品

功能性标示食品是一种根据科学证据标有功能性（对健康促进有用的功能）的食品，例如"本产品含有○○○，因此具有□□□功能"。与特定健康用途的食品不同，没有国家审查，但有必要在销售前至少 60 天通知消费者事务局局长安全性和功能。消费者可以在消费者厅网站上查看每种产品的通知详细信息。

---

① 刘洪宇、邓少伟、钮正睿等：《日本保健功能食品管理制度及特定保健用食品批准情况概要》，《中国药事》2012 年第 5 期。

二　日本保健功能食品认证

（一）特定保健用食品

日本特定保健用食品审批流程由消费者厅（相当于我国市场监督管理部门）负责执行。企业先向消费者厅提交设置许可申请书、审查申请书及附件；消费者厅向消费者委员会下设的新开发食品评价第一调查会和新开发食品调查部会进行调查，向食品安全委员会下设的新开发食品专门调查会进行咨询，该委员会负责评估产品安全性（部分无须食品健康影响评价的产品则不涉及该部门的评价），向厚生劳动省下的医药·生活卫生局进行意见征询，三者可同时进行，分别向消费者厅给出答复，上述审查结束后可由申请人将产品样品提交给医药·健康·营养研究所或认证的试验机构进行成分、功效和安全性检测。各部门完成评估后，将报告或答复发回消费者厅。最后，消费者厅从日本学术界遴选资深专家成立医学、营养、食品卫生和制药的专家委员会；根据产品声称的健康益处，将申请分配给相应专家委员会进行审查和评论，若通过则可授予特定保健用食品产品证书。[①]

特定保健用食品需要能够期待改善饮食生活，对健康的维持增进作出贡献，标示许可需符合以下几点：食品或相关成分在医学、营养学上具有明确的保健用途的科学根据，在医学和营养学上可以设定食品或相关成分的适当摄取量，食品或相关成分从附加资料等来看是安全的，关于所含成分必须明确其检测方法，食品或相关成分不应含有过量的钠、糖类或酒精饮料，没有明显破坏同种食品一般所含有的营养成分的组成，是日常生活中经常食用的食品。

（二）营养功能食品

营养功能食品是在一天中必需的营养成分（维生素、矿物质等）容易不

---

① 姚紫倩、冯先杰、徐升等：《中日两国保健食品管理和评价策略比较研究》，《食品与发酵工业》录用定稿，网络首发时间：2023 年 8 月 11 日。

足的情况下，可以利用来补充的食品。不需要接受国家的个别审查，只要含有一定标准量的已经得到科学根据确认的营养成分，就可以标明营养成分的功能。[1] 营养功能食品允许摄取量范围上下限标准如表1所示。

表1　营养功能食品允许摄取量范围上下限标准

营养成分	上限值—下限值	营养成分的功能
n-3脂肪酸	2.0~0.6g	n-3脂肪酸有助于维持皮肤健康
锌	15~2.64mg	锌是维持正常味觉所必需的营养素。锌是维持皮肤和黏膜健康的营养素。锌参与蛋白质、核酸的代谢，是有助于维持健康的营养素
钾	2800~840mg	钾是维持正常血压所必需的营养素
钙	600~204mg	钙是骨骼和牙齿形成所必需的营养素
铁	10~2.04mg	铁是制造红细胞所必需的营养素
铜	6.0~0.27mg	铜是有助于红细胞形成的营养素，有助于体内酶的正常工作和骨骼的形成
镁	300~96mg	镁是骨骼和牙齿形成所必需的营养素，有助于体内多种酶的正常工作和能量的产生，同时也是维持血液循环正常所必需的营养素
烟酸	60~3.9mg	烟酸是一种有助于维持皮肤和黏膜健康的营养素
泛酸	30~1.44mg	泛酸是一种有助于维持皮肤和黏膜健康的营养素
生物素	500~15μg	生物素是一种有助于维持皮肤和黏膜健康的营养素
维生素A	600~231μg	维生素A是帮助维持夜间视力和维持皮肤以及黏膜健康的营养素
维生素B_1	25~0.36mg	维生素B_1是一种有助于从碳水化合物中产生能量和维持皮肤以及黏膜健康的营养素
维生素B_2	12~0.42mg	维生素B_2是有助于维持皮肤和黏膜健康的营养素
维生素B_6	10~0.39mg	维生素B_6是一种有助于从蛋白质中产生能量和维持皮肤以及黏膜健康的营养素
维生素B_{12}	60~0.72μg	维生素B_{12}是有助于红细胞形成的营养素

---

[1] 刘洪宇、邓少伟、钮正睿等：《日本保健功能食品管理制度及特定保健用食品批准情况概要》，《中国药事》2012年第5期；姚紫倩、冯先杰、徐升等：《中日两国保健食品管理和评价策略比较研究》，《食品与发酵工业》录用定稿，网络首发时间：2023年8月11日；刘长喜：《我国保健食品的理论与实践研究》，博士学位论文，中国中医科学院，2006。

续表

营养成分	上限值—下限值	营养成分的功能
维生素 C	1000～30mg	维生素 C 有助于维持皮肤和黏膜的健康，同时具有抗氧化作用
维生素 D	5.0～1.65μg	维生素 D 是促进肠道对钙的吸收，帮助骨骼形成的营养素
维生素 E	150～1.89mg	维生素 E 具有抗氧化作用，可以保护体内的脂质不被氧化，是有助于维持细胞健康的营养素
维生素 K	150～45μg	维生素 K 是维持正常血液凝固功能的营养素
叶酸	200～72μg	叶酸是帮助红细胞形成和助于胎儿正常发育的营养素

（三）功能性标示食品

根据国家规定，经营者在销售前向消费者厅长申报食品安全性和功能性相关的科学依据等必要事项，就可以标明食品的功能性，包括生鲜食品在内。与特定保健用食品不同，国家不会对其安全性和功能性进行审查，因此，经营者必须承担起自己的责任，在科学依据的基础上做出适当的标识。

根据新制度，在表示功能性时，必须根据食品表示法的食品表示标准和《关于功能性表示食品申报等的指导方针》等，进行申报和容器包装上的表示。申报时必须在满足以下几项的基础上进行申报。①以下食品不能成为功能性标识食品：以患病者、未成年人、孕妇（包括计划怀孕者）、哺乳妇女为对象开发的食品，功能相关成分不明确的食品，功能性相关成分是厚生劳动省制定的饮食摄取标准中规定的营养素的食品，特殊用途食品（含特定保健用食品）、营养功能食品、含有酒精的饮料，脂肪、饱和脂肪酸、胆固醇、糖类（单糖或二糖，非糖醇类）会导致钠摄取过量的食品。②明确安全性的依据，必须对其安全性进行评价和说明，对功能性成分的相互作用进行评价，如果存在相互作用，必须说明销售的适当性。③完善生产、制造和质量管理体制。从生产、制造的卫生管理、品质管理的观点出发，必须建立能够确保安全性的体制，对此进行说明。④建立健康危害信息收集体制。为了防止健康危害的发生和扩大，必须建立收集信息并进行报告的体制，完善从消费者、医务人员等处得到健康损害报告的体制。⑤明确功能性的依据，根据实施使用最终产品的临床试验（与特定保健用食品同等水平），或关于最终产品，或功能性成分的研究评价（系统评价），说明想要表示的功能性的科学根据。⑥容器包装上必须有适当的标识。应根据食品标识标准、该标准相关通知及问答、《功能性标识食品申报等相关指南》进行标识。

三　日本保健功能食品标签标识

关于食品的标示规定了一般规则的法律有《食品卫生法》、《JAS 法》以及《健康增进法》这三法。由于目的不同，三法各自规定了标示的规则，制度复杂难懂。为了统合有关食品的表示的规定，成为概括性的一元性的食品表示制度，创设了《食品表示法》（平成 25 年法律第 70 号）。具体的表示规则在基于《食品表示法》的《食品表示基准》中规定从 2020 年 4 月 1 日起，新的食品标签制度全面实施，营养标签成为强制性要求。

2015 年 4 月 1 日《食品表示法》开始实施，装入容器包装的加工食品作为营养成分的表示，必须标明热量、蛋白质、脂肪、碳水化合物、钠（以食盐相当量表示）。为了明确食品所含营养成分的相关信息，并让消费者养成合理的饮食习惯，容器包装内的加工食品和添加剂都标有营养成分标识。另外，食品中所含的营养成分和热量是不够的，当其标识强调一定的营养成分和热量时，其含量必须达到一定的标准。另外，水和香辛料等营养的供给源贡献小的食品和小规模的经营者销售的食品等，营养成分的表示有时会被省略。

（一）营养成分表示

以热量（能量）、蛋白质、脂肪、碳水化合物、钠的顺序表示。但是，钠是用相当的食盐量来表示的。另外，对于被推荐表示的营养成分和任意表示的营养成分也有表示。

必须标明的营养成分：热量、蛋白质、脂肪、碳水化合物、钠（以相当量食盐标明）；推荐标注的营养成分：饱和脂肪酸、膳食纤维；任意标明的营养成分：矿物质（锌、钾、钙等）、维生素（维生素 A、维生素 B_1、维生素 C 等）。

（二）特定保健用食品

特定保健用食品是一种含有影响身体生理功能的健康功效成分（涉及成分）的食品，并且可以预期摄入具有特定的健康目的（健康使用标签）。

为了作为特定健康用途的食品销售，每种食品都必须经过国家审查，以确保其有效性和安全性，并获得许可，获得许可后可标示对应标志（《健康促进法》第 43 条第 1 项）。保健用途的表示如"调整肠道""抑制胆固醇的吸收""饭后稳定血液中中性脂肪的上升"等。

（三）营养功能食品

营养功能食品是一种用于补充特定营养成分并显示营养成分功能的食物。

目标食品是一般用途的加工食品和一般用途的新鲜食品，为了作为具有营养声称的食品销售，建议每日摄入量中包含的此类营养成分的量必须在规定的上限和下限范围内，并且不仅必须显示标准中规定的营养成分的功能，还必须显示警告标签（《食品标签标准》第 7 条和第 21 条）。

营养功能食品是一个自我认证系统，适用于具有营养功能声称的食品，不需要单独申请许可，只要含有一定标准量的已经得到科学根据确认的营养成分，就可以标明营养成分的功能。脂肪酸（n-3 系脂肪酸）、矿物质（锌、钾、钙、铁、铜、镁）、维生素（烟酸、泛酸、生物素、维生素 A、维生素 B_1、维生素 B_2、维生素 B_6、维生素 B_{12}、维生素 C、维生素 D、维生素 E、维生素 K、叶酸）可以标示营养成分的功能，且每种营养成分能表示的内容都是确定的。除特定保健用途食品外，有营养声称的食品、有功能声称的食品，不得标明食品的作用或功能（《食品标签标准》第 9 条）。

（四）功能性标示食品

功能性标示食品通过功能性相关成分有助于维持和促进健康的具体健康

目标（不包括与降低疾病风险相关的目标）。在经营者的责任范围内，基于科学依据标注了功能的食品，在销售前向消费者厅长官申报有关安全性及功能依据的信息等，可以在消费者厅的网站上确认申报信息。

此前，可以标明功能性的食品仅限于个别许可的特定保健用食品和符合国家规格标准的营养功能食品。为了增加标示功能的商品的选择项，让消费者能够得到对这些商品的正确信息并进行选择，2015 年 4 月，新的"标示功能的食品"制度开始实施。根据国家规定，经营者在销售前向消费者厅长申报有关食品安全性和功能性的科学依据等必要事项，包括生鲜食品在内的所有食品可以标明食品的功能性。

食品的功能可以被标记为具有特定的保健目的（有助于维持和增强健康），如"有助于调节肠胃健康""有助于脂肪吸收"。

（五）生鲜农产品

日本已于 2015 年开始实施功能性标示食品制度，允许生鲜食品进行功能性标示。截至 2023 年 5 月 15 日，功能性标识食品总备案数共 6865 件，其中加工食品 6669 件，生鲜食品 196 件，涉及橙橘、豆芽、大米、高体鰤（海鱼）、鸡胸肉、苹果、番茄、辣椒、甘蓝等 9 类农/水产品，涉及的功能成分主要是 β-隐黄质、大豆异黄酮、γ-氨基丁酸、DHA/EPA、原花青素、木犀草素、咪唑二肽等 7 类。这一制度促进了消费者对生鲜农产品中植物化学成分的关注，如奇异果中的抗氧化能力、酶、多酚和植物化学成分。根据日本消费者事务厅备案的生鲜农产品功能性标示，产品中的 β-隐黄素、大豆异黄酮、苹果原花青素等成分都具有特定的功能性声称，如有助于骨骼健康、支持骨骼成分维持、降低内脏脂肪等。

参考文献

1. 田明、张孜仪、赵静波等：《日本保健功能食品的管理及对我国的启示》，《中国食品卫生杂志》2019 年第 3 期。

2. 马于巽、段昊、刘宏宇等：《日本健康相关食品的分类与管理》，《食品工业科技》2019年第 7 期。

3. 刘洪宇、邓少伟、钮正睿等：《日本保健功能食品管理制度及特定保健用食品批准情况概要》，《中国药事》2012 年第 5 期。

4. 姚紫倩、冯先杰、徐升等：《中日两国保健食品管理和评价策略比较研究》，《食品与发酵工业》录用定稿，网络首发时间：2023 年 8 月 11 日。

5. 刘长喜：《我国保健食品的理论与实践研究》，博士学位论文，中国中医科学院，2006。

专题报告

Speci Reports

健康守卫者——虾青素

王桂森*

虾青素是一种类胡萝卜素，广泛分布在藻类、植物和动物等生物中。目前，天然虾青素主要来源于雨生红球藻。与常见的类胡萝卜素相比，因其特殊的化学结构而具很强的抗氧化活性，人们称其为"超级维生素 E"，属第四代的天然抗氧化剂。虾青素因其抗氧化、抗衰老、抗辐射、抗病毒、抗菌消炎、抗肿瘤、预防心脑血管疾病等功能，已在国际上被广泛应用于食品、保健食品、药品、高档化妆品、食用色素等领域。

自 2010 年原卫生部认定雨生红球藻为新资源食品以来，国内虾青素产业得到了快速发展，市场上涌现了大批的虾青素产品，虾青素的红色浪潮正席卷而至。

正如世界公认的美国微藻专家，被业界尊称为"虾青素之父"的杰瑞德·西苏斯基博士所说，对于世界上 90%的人来说，虾青素是"世界上最好的保持身体健康的秘密武器"；天然虾青素具有的许多益处在不远的未来，必定改变世界；再过几年虾青素一定会成为家喻户晓的名词。

---

* 王桂森，中国保健协会副理事长，青岛恒诺世佳品牌管理股份有限公司董事长。

一 虾青素的来源和制备

（一）虾青素是什么

虾青素的化学名称为3，3-二羟基-4，4-二酮基-β，β-胡萝卜素。

虾青素易与光、热、氧化物发生作用，结构改变后降解为虾红素，特别是紫外光对其影响最为明显，连续照射约4小时虾青素就会完全被破坏；在70℃以下、pH值4~7范围内较稳定；虾青素的结晶或溶液在可见光下呈紫红色。虾青素主要以游离态和酯化态形式存在。游离态虾青素极不稳定，易被氧化，酯化态虾青素易于与脂肪酸形成酯而稳定。雨生红球藻中虾青素主要以酯态形式存在，酯化后的虾青素疏水性增强。

虾青素具有特殊的分子结构，能吸引自由基未配对电子或向自由基提供电子，从而清除自由基起抗氧化作用。

（二）虾青素的来源

虾青素是一种必需的类胡萝卜素，是生物体的重要组成成分，但人和动物不能自身合成而只能依靠外源性补充。自然界的虾青素广泛存在于微生物（如酵母、微藻、细菌）、甲壳类动物（如虾、蟹等）、鱼类和一些鸟类的体内。研究发现很多种类的藻类如雪藻、衣藻、裸藻、伞藻等都含有虾青素，其中雨生红球藻对虾青素的积累量最高。

（三）虾青素的制备

目前国内外制备虾青素的方法有很多，但大体上可以分为两大类：天然提取法和化学合成法。

1. 利用藻类提取制备

藻类广泛存在于自然界中，包括雨生红球藻、小球藻、硅藻、衣藻、栅藻、雪藻等。藻类细胞在一定条件下能够大量合成虾青素，而藻类中用来研究提取虾青素最多的是雨生红球藻。雨生红球藻中所含虾青素量达到1.5%~

10.0%，被称作天然虾青素的"浓缩品"。雨生红球藻被公认为自然界中提取天然虾青素的最好生物来源，产品生理活性最高、使用最安全。因此，利用雨生红球藻制备虾青素是目前最具商业生产前景的方法。美国的虾青素企业多采用开放式培育法培育雨生红球藻，利用海水养殖，虾青素产量很大。日本企业多采用封闭式培育法淡水培育。我国云南楚雄建有目前国内最大的虾青素研发生产基地，开创了利用荒山资源产业化生产雨生红球藻的新型模式。

最近有报道称，中国科学院昆明植物研究所科研人员长期致力于一种海洋微藻的研究。此研究通过代谢工程突破了微藻中虾青素制备途径的关键瓶颈，大幅度提高了虾青素的产量，使虾青素的产出率增长超过了5倍，从而为虾青素海洋微藻的产业化奠定了理论与技术的基础。

2. 利用酵母菌提取制备

某些真菌可以合成虾青素，如红发夫酵母、深红酵母、粘红酵母等。其中红发夫酵母中虾青素积累量较高，被认为是除雨生红球藻外最为合适的虾青素来源，也是目前国内外利用最多生产虾青素的酵母菌种，其具备生长温度范围广、培养时间短、生产速度快、不需要光照等优点。但野生的红发夫酵母菌种的虾青素含量比较低，不适合工业上大规模生产。

3. 化学合成制备法

利用化学合成的方法制取的虾青素，其立体结构和天然虾青素不同，生物功能和化学性质也有一定的差异，因而是被禁用作食品原料及添加剂的。与天然虾青素相比，合成虾青素的着色能力和生物效价很低，生产成本也很低，目前主要被用于红色鱼类养殖的添加剂。

二 虾青素——杰出的第四代抗氧化剂

虾青素具有强大的抗氧化清除自由基能力，是抗氧化剂家族的第四代最新的抗氧化剂。抗氧化清除自由基与人类健康息息相关。当机体遭受有害物质刺激时，会产生大量自由基，体内无法正常代谢，氧化与抗氧化系统失去平衡，使得机体的生理功能发生紊乱，从而降低机体免疫力，引发肿瘤、癌症等各种疾病。可见，保持体内氧化与抗氧化平衡是延缓衰老或预防疾病的关键。目前研究发现抗氧化清除自由基的物质较多。

虾青素是最新的天然抗氧化剂，有独特的化学结构，是目前发现的一种最高效的纯天然抗氧化剂。在常见的类胡萝卜素中，虾青素的抗氧化活性最强，清除自由基的能力是维生素 E 的 1000 倍、β-胡萝卜素的 110 倍、茶多酚的 200 倍、花青素的 700 倍、辅酶 Q_{10} 的 800 倍、番茄红素的 800 倍。

袁磊等比较了不同结构类胡萝卜素清除自由基的能力，以虾青素、β-胡萝卜素、番茄红素和叶黄素为对象，分别测定清除 DPPH 自由基、羟基自由基和超氧阴离子自由基能力，结果表明，类胡萝卜素具有较强的清除自由基能力，且清除能力遵循剂量—效应关系，即浓度越大，清除率越高。对自由基清除能力大小关系为：虾青素>叶黄素>β-胡萝卜素>番茄红素，其中虾青素的活性最强。

刘晓星以虾青素为主要研究对象，并以叶黄素、番茄红素、β-胡萝卜素、维生素 C 和维生素 E 这 5 种天然抗氧化剂作对比，通过体外抗氧化实验评价了它们对两种植物油脂的抗氧化效果，同时也比较了它们对 DPPH 自由基和羟自由基的清除能力，为虾青素作为天然抗氧化剂的应用提供了理论依据。

戚向阳为了进一步了解不同类胡萝卜素的抗氧化能力，在相同试验条件下，比较了 β-胡萝卜素、叶黄素、番茄红素、虾青素、葡萄籽提取物、茶多酚及维生素 E 等几种常用天然抗氧化剂对羟自由基的清除效果，结果如表1 所示。

表 1　不同样品对羟自由基的清除效果

单位：%

样品	葡萄籽提取物	茶多酚	虾青素	叶黄素	番茄红素	β-胡萝卜素	维生素 E
清除率	56.5	47.7	100	33.1	17.8	39.3	10.0

注：样品浓度为 $100\mu g/ml$。

从表1可以看出，在浓度为 $100\mu g/ml$ 条件下，上述样品均有一定的清除羟基自由基的效果，其中以虾青素的效果最佳，达到 100%，其清除羟基自由基的能力远远高于茶多酚及葡萄籽提取物，表明虾青素是一种活性很强的抗氧化剂。

以上与虾青素对比的试验数据有差异，可能是试验条件或测定方法不同所致。

虾青素作为一种高效的纯天然抗氧化剂，最主要的功能是清除自由基，提高人体抗衰老能力，其高效抗氧化能力源自以下三大特性。

（一）极强的穿透力

天然虾青素具有完美的分子结构，既可溶于水，又可溶于油。这种水油兼溶的特性，使它能够穿透血脑屏障、血胰腺屏障、血睾丸屏障这三大人类主要屏障，并且是唯一能穿透血脑屏障的类胡萝卜素，因此是可能作用于脑细胞和眼球视网膜细胞的唯一一种类胡萝卜素。

（二）跨膜稳定性

生物体细胞膜是由磷脂双分子层构成的，天然虾青素能跨越细胞膜的磷脂双分子层，防止磷脂分子被氧化损害，很好地保障了细胞膜的稳定性，从而显著延长细胞的寿命。

（三）超强吸收性

由于虾青素分子量小，仅为 596.8Dal，即使加上两端的酯基也不到 1000Dal，极易被人体吸收，能够快速到达人体各器官。

虾青素抗氧化作用的机理如下：人体摄入天然虾青素→天然虾青素通达全身各处→天然虾青素保护全身所有细胞→中和有害自由基→减少或预防细胞伤害→病症得到缓解或预防。

以上就是虾青素进入人体清除自由基并对细胞起到保护作用的原理。虾青素不愧为目前世界上最强大、最有效的第四代最新的天然抗氧化剂之一。

三 虾青素的生物活性

（一）抗氧化

人类许多疾病和衰老过程都与自由基有关，虽然它们不是导致这些疾病的唯一因素，但自由基使人体对致病因素更为敏感，或抑制人体自身的防御与修复过程，使这些疾病更易发生和加剧。

目前，人们普遍认为氧化应激、炎症是疾病发生的病理机制。实验研究发现，虾青素因其独特的化学结构易与自由基发生反应，进而发挥抗氧化、抗炎症作用，因此，虾青素对疾病具有防治作用。

（二）抗炎

抗炎有很多种解释，常见的有两种。一种是由细菌感染引起的炎症反应，需要应用抗菌药物治疗，临床上称为抗感染治疗。常见药一般就是青霉素类药物。另一种是非特异性感染引起的炎症，如风湿、类风湿，需要应用抗炎药物治疗，这种抗炎药物一般是甾体类或非甾体类抗炎药物，常见的有考地松、对乙酰氨基酚、阿司匹林、吲哚美辛、尼美舒等。这些化学合成的抗生素具有明显的毒副作用，还会产生耐药性，而且对无菌性炎症效果不理想。

大量人体试验和动物试验已经证明天然虾青素是唯一具有抗炎作用的非常安全的类胡萝卜素。研究表明，4毫克/日虾青素所抑制的炎症因子（如前列腺素 E）与4毫克考地松相当，却没有考地松的副作用。

虾青素的抗炎作用源于其具有强大的抗氧化活性，可以通过调控机体自由基和抗氧化剂之间的平衡发挥间接抗炎作用。

幽门螺旋杆菌感染可引起胃黏膜的炎症，感染后机体一般难以将其清除而变成慢性感染，而且幽门螺旋杆菌感染可以增加胃溃疡、十二指肠溃疡甚至是胃癌的发病风险。有研究报道，富含虾青素的藻类饮食可以抑制小鼠的幽门螺旋杆菌感染，减轻胃部炎症程度。

虾青素经证实可以调节对幽门螺旋杆菌的免疫反应，对胃肠消化道系统有积极的作用。富含虾青素的微藻提取物可以减少细菌量和减轻胃部炎症。

1999 年，在澳大利亚的协作中心进行了一项对消化系统疾病的临床研究，试验表明，连续给无溃疡但有典型消化不良症状（胃灼烧和胃痛）的患者连续 22 天服用 40 毫克/日的虾青素，临床症状显著下降。此外，在试验后的第 72 天停止虾青素的服用，消化不良的症状仍然在降低。而且韩国大学研究团队也曾对虾青素预防胃部损伤的作用进行了两项试验，即分别用萘普生和乙醇饲喂大鼠，引发大鼠胃部溃疡损伤。同时按三种不同剂量给大鼠饲喂虾青素，结果对萘普生和乙醇引发的大鼠胃部溃疡损伤都起到了明显的抑制作用。研究人员还发现预先补充了虾青素的大鼠体内的自由基清除酶（过氧化物歧化酶、过氧化氢酶、谷胱甘肽过氧化物酶）的活性显著增强。

自 2003 年起，日本和韩国的科学家们就已经开始研究虾青素的抗炎机理。从韩国大学近期公布的研究结果来看，虾青素具有积极的多项抗炎性作用。

2009 年，日本京都大学做了一个非常有趣的试验：研究虾青素与啮齿类动物的肥大细胞的关系。肥大细胞是炎症的关键引发者。京都大学的研究结果表明，小白鼠体内的虾青素对肥大细胞有抑制作用。事实上，许多研究都表明，对于治疗关节炎、肌腱炎、运动后关节、肌肉酸痛等疼痛性疾病，虾青素具有与处方药及非处方药同样的功效。

2002 年，有人做了第一个调查研究，结果显示，88% 的正在遭受关节、肌肉酸痛的人经服用虾青素后，疼痛减轻，并有 80% 以上的人特意提到了虾青素对于改善骨关节炎、类风湿关节炎以及背部疼痛有疗效。6 年之后又做了第二个调查研究，得到了相同的结果。其中 84% 的关节、肌肉或肌腱疼痛的人表明天然虾青素对他们非常有帮助，83% 的疼痛明显减轻，60% 的灵活性提高。当被问及虾青素与其他抗炎药相比较效果有何差异时，85% 的人发现天然虾青素具有高于阿司匹林、对乙酰氨基酚、萘普生、布洛芬等非处方止痛药的治疗效果，74% 的人发现虾青素具有高于伟克适、西乐葆等处方止痛药的治疗效果。迄今为止，还没有发现虾青素的负面报道，而任何的处方止痛药或者非处方止痛药都会对身体造成十分严重的生命威胁。因此，虾青素有"天然绿色抗生素"之称，它具有和抗生素同样的功效，但没有任何抗生素的副作用，比较安全。

（三）提高免疫力

免疫系统对自由基引起的损伤高度敏感。虾青素能显著影响动物的免疫功能，提升脾细胞产生抗体的能力，刺激体内免疫球蛋白的产生。虾青素以其不同的方式支持人体的健康免疫功能，就像虾青素能通过各种途径攻击炎症一样，它也会通过各种途径提高免疫力。

机体的免疫系统能力与自由基如活性氧等密切相关。线粒体是细胞能量产生的中心，而活性氧是线粒体呼吸链复合物的副产品。氧化应激诱导的线粒体功能障碍与多种疾病相关的炎性反应密切相关，功能失调的线粒体触发氧化反应爆发、放大并传播炎症，炎症条件下氧化应激的增加导致线粒体功能障碍，进一步促进活性氧的产生和线粒体的渗漏。因此，清除包括活性氧的自由基、恢复线粒体的正常功能，是抗炎和提高机体免疫力的基础。

研究发现，虾青素能显著提高机体免疫功能，这包括增强机体细胞免疫能力和体液免疫能力。在增强机体细胞免疫能力方面，虾青素可增强 T 细胞特异性免疫反应，以消除机体内被感染的细胞。在增强机体体液免疫能力方面，虾青素可增强 B 细胞的活力，增强体液免疫能力，提高血清补体活性，刺激分泌免疫球蛋白的细胞数量增加，增强机体免疫反应和免疫调节作用，因此可作为免疫增强剂使用。

（四）保护眼睛

眼睛是长期暴露于紫外线等有害射线下的器官。自由基会使视网膜内的多不饱和脂肪酸氧化，进而损害视网膜细胞功能，最终导致各种眼部疾病，如眼底黄斑病、白内障、青光眼等。

研究表明，虾青素可以通过其抗氧化作用减少大鼠视网膜中视网膜蛋白氧化物的含量，抑制缺血诱导的视网膜死亡，在修复视网膜细胞损伤中具有关键作用。虾青素可在多种眼部疾病中发挥有益作用，可以改善眼球底部脉络膜血流，从而治疗和预防老年性黄斑病变。试验表明，虾青素可以有效穿透血眼屏障，直达眼球底部，对眼球起到更加直接的保护作用。虾青素的抗炎性也被应用于内毒素诱导的眼色素层炎的小鼠身上，且有剂量依赖性，100mg/kg 的虾青素抗炎作用与 10mg/kg 的泼尼松龙相当。

虾青素可以减轻或者预防眼疲劳，作用原理主要是其抗氧化、清除自由基功能。虾青素能够舒缓长期性遭受压力的眼部睫状体肌肉，改善眼球聚焦功能，提升眼球血液循环，维持眼部氧化平衡，从而在根本上改善眼部的健康水平。

科学家针对叶黄素、玉米黄质、角黄素和虾青素各自保护视网膜的能力进行了研究。但就清除自由基的效力和穿越血液—大脑—视网膜屏障的通透性而言，没有一种营养物质可以像虾青素一样发挥作用。试验证实，虾青素可能是促进眼睛健康和预防失明的终极类胡萝卜素。

（五）抗衰老

衰老是一种普遍存在的、渐进式的功能损伤，可以导致患多种疾病的风险提高。自由基攻击细胞，导致细胞受损伤，就会产生各种疾病和衰老。

抗衰老就是用科学方法，延缓机体衰老的过程。虾青素作为世界上最强的天然抗氧化剂之一，能有效清除细胞内的氧自由基，增强细胞再生能力，维持机体平衡和减少衰老细胞的堆积，由内而外保护细胞和 DNA 健康，促进毛发生长，对抗皮肤衰老，缓解运动疲劳，增强生命活力。

大量实验表明，虾青素具有潜在的治疗包括神经退行性疾病、癌症和免疫系统缺陷在内的多种衰老相关疾病，这些疾病都可能涉及严重的细胞氧化损伤。虾青素富含类胡萝卜素、多不饱和脂肪酸等多种生物活性成分，而这些成分独特的抗氧化活性、神经保护活性等，使得虾青素成为抗衰老药物和保健品研发的首选。

（六）抗辐射

辐射的病理损伤起因，是在体内、细胞内外产生大量自由基，损伤皮肤、眼睛、五脏六腑。太阳、手机、电脑、体检设备、放疗、潜艇、核工业等都是辐射源。

人们很早就知道，紫外线辐射是导致皮肤光老化和皮肤癌的重要因素。试验表明，紫外线到达人体皮肤后会产生活性氧和基质金属蛋白酶，破坏胶原蛋白和弹性蛋白，导致黑色素沉积和产生皮肤皱纹。据报道，虾青素可以阻止皮肤增厚和胶原蛋白减少，以对抗紫外线引起的皮肤损伤，减缓紫外老化引起的生理功能变化。据报道，膳食中加入虾青素可抗皱并修复紫外辐射的损伤，改善紫外光老化引起的面部皮肤屏障受损和缺乏弹性，且耐受性良好。虾青素可以重建皮肤天然的抗氧化的平衡，增强皮肤抵抗环境争夺皮肤营养的能力。虾青素作为天然防晒霜，防止真皮层抗氧化压力失调，修复胶原蛋白网络，阻止和减少紫外线导致的皱纹，增强皮肤弹性和保湿。虾青素具有天然抗炎性，可以有效减轻水肿和红斑。虾青素可以保护 DNA 不受损伤，保护皮肤的 DNA 核天然抗氧化网络。在人类试验中，通过局部涂抹和口服虾青素 4~6 周，显示虾青素能够显著减少紫外线所致的皮肤老化。研究同时发现，长期使用虾青素能够显著减少皱纹和色素的产生。医学也证实虾青素可以明显减少皮肤癌的发生。

很多著名的医学界人士都大力推崇虾青素，全球著名的皮肤科医生、医学博士尼古拉斯帕瑞斯是天然虾青素的忠实支持者，他明确指出虾青素是能够让人美丽健康、容光焕发的抗炎和抗氧化产品，他把虾青素超强的抗氧化能力归功于其保护细胞膜的独特作用。

柴欧兹博士发现，在使用虾青素之后，可以在正午阳光下待四个小时都不会晒伤，而之前在夏威夷的烈日下，没有用虾青素仅半小时就会被晒伤。他表示，"虾青素完全改变了我的生活，我随时可以尽情享受阳光，晒多久都没关系，对我来讲使用虾青素后对日光的耐受力的增长是非常惊人的"。

曾有一项动物实验为虾青素的口服防晒作用提供了进一步的证据资料：以特殊的无毛小鼠为实验对象，分别测试了虾青素、β-胡萝卜素以及维生素 A 对无毛小鼠的抗紫外线保护功能，从小出生就开始分别喂养上述三种不同的膳食配方的饲料，其中，对照组小鼠的饮食中不含有这三种物质。4 个月后分别对每个实验组的一半实验主体进行紫外线照射，直到皮肤损伤程度达到三级；照射后，发现只含有虾青素，或者同时含有虾青素和维生素 A 的实验组，表现出有效的预防皮肤见光老化的作用。

刊登在《皮肤病学期刊》上的一项研究，对虾青素进行了体外测试，评价了虾青素在保护人体免受紫外线辐射诱发的 DNA 变异方面的作用效果，研究中对人体三处不同的皮肤进行了测试，结果都显示虾青素成功地抵抗了紫外线，并防止 DNA 因此受到损伤。

辐射源很多，例如手机、电脑、家用电器，以及医疗设备、核材料等都会产生不同种类的射线，包括紫外线、激光、X-射线、β-射线、γ-射线、中子射线等，这些射线不仅伤害皮肤，还会穿透组织细胞，在体内直接电离，激发大量的原发自由基，产生体内氧化应激，引起自由基继发损伤，导致放射病。

（七）防治脑部与中枢神经系统疾病

中枢神经系统疾病如脑缺血、脑出血、外伤性脑损伤等急性脑损伤以及中枢神经慢性退行性病变，如阿尔兹海默病、帕金森病、亨廷顿病，是导致人类死亡和残疾的重要原因。目前，人们普遍认为氧化应激、炎症是上述疾病发生的主要病理机制。实验研究发现，虾青素可穿过血脑屏障，进而在中枢神经系统发挥抗氧化、抗炎症作用。因此，其可能对中枢神经系统急、慢性损伤具有潜在的防治作用。

1. 蛛网膜下腔出血（SAH）

SAH 是一类具有高致死率和致残率的严重脑血管疾病，目前尚缺乏有效的治疗方法。第二军医大学张翔圣等实验发现 SAH 后兔神经功能受损，脑组织中神经细胞凋亡数显著增加。而应用虾青素处理能够改善 SAH 后兔神经功能受损症状，减轻脑组织中神经细胞凋亡，并能够明显上调超氧歧化酶活性和内源性谷胱甘肽含量，进一步减轻氧化应激损伤。实验表明，氧化应激损伤参与 SAH 后早期脑损伤的病理改变，而虾青素对早期脑损伤的保护作用与其抑制氧化损伤、提高组织抗氧化能力有关。

2. 外伤性脑损伤

外伤性脑损伤（TBI）是神经系统疾病中一种常见的急性颅脑外伤性损伤，具有较高的死亡率和伤残率，TBI 后常出现血脑屏障破坏、脑水肿等二次损伤，严重影响患者神经功能，且预后不良。虾青素可以提高神经系统疾病敏感性评分系统中的感觉运动表现分，有利于目标识别等认知功能的恢复。最新研究发现，虾青素可以通过下调神经系统来改善脑水肿的程度。

3. 脊髓损伤

哺乳动物中枢神经系统不可再生以及纤维瘢痕形成和轴突生长抑制因子的表达导致了脊髓损伤后再生困难。其病理过程为机械性细胞组织损伤以及继发性细胞凋亡、二次坏死、线粒体功能障碍、脱髓鞘病变以及胶质瘢痕的形成。脊髓损伤主要是神经元和胶质细胞的凋亡和坏死病变，在关于虾青素改善脊髓损伤后神经功能的研究中发现，在大鼠脊髓损伤 30 分钟后的早期，用虾青素处理可以抑制神经元和胶质细胞的凋亡，降低脱髓鞘损伤以及神经元损伤程度，促进脊髓损伤后神经功能的恢复。

4. 阿尔兹海默病

阿尔兹海默病（AD）是一种主要表现为进行性认知功能障碍的中枢神经系统退行性疾病，其中不溶性淀粉样蛋白的过度聚集被认为是 AD 发生发展的关键环节。随着年龄的增长，红细胞内不溶性淀粉样蛋白的水平也在增加，但给予虾青素这一抗氧化剂后，血浆中红细胞内不溶性淀粉样蛋白水平降低，提示虾青素对成人患 AD 有潜在的预防作用。

大理大学医学院关雪等研究提示，虾青素对 AD 等神经变性疾病中小胶质细胞激活的氧化应激反应有抗氧化作用，有可能成为临床上有价值的候选药物。

5. 帕金森病

帕金森病是一种常见的慢性神经退行性疾病，其主要的病理变化为广泛的黑质致密部神经元缺失以及运动功能障碍性疾病，在 PD 的细胞实验中，虾青素可降低细胞内活性氧（ROS）的产生，发挥细胞保护作用。

研究人员用虾青素预处理细胞后，虾青素能显著地减少细胞活性氧的产生，显著减少线粒体紊乱的发生，能大大提高细胞的存活率。当检测虾青素在细胞中的分布，发现虾青素在线粒体中的浓度最高，而线粒体的呼吸链是活性氧产生的主要场所，这也间接揭示了虾青素保护线粒体功能正常，抗氧化提高细胞存活的作用机理。由于虾青素抗氧化性较强、安全性高，还能透过血脑屏障的物质，有望成为预防和延缓帕金森病进程的首选功能食品。

（八）抗疲劳

70%的亚健康人群都有疲劳症状。抗疲劳作用包括延缓疲劳产生和加速疲劳消除。虾青素由于其特殊的分子结构，在清除自由基、降低过氧化物水平、强化机体抗氧化系统等方面有显著功效。虾青素可以跨越血脑屏障，保护大脑免受急性损伤和慢性神经退行性变。虾青素的神经保护特性源于其抗氧化、抗凋亡和抗炎作用。在剧烈运动引起的氧化应激情况下，虾青素具有对抗自由基产生并加速自由基清除的作用，显示出卓越的抗氧化功效。通过抗氧化与抗疲劳效果的相关性分析发现，抗氧化能力的提高可以增强抗疲劳能力，两者相辅相成。膳食中补充虾青素可改善脂质代谢、碳水化合物代谢和氨基酸代谢，对清除自由基和减轻肌肉损伤有显著作用。

（九）抗肿瘤

虾青素具有很强的抗氧化性，可以有效地清除体内的自由基，抑制肿瘤的生长，因此可以有预防癌症，甚至可以调节部分基因的活性，抑制恶性肿瘤的转移。

一项动物实验中，把小鼠的肿瘤细胞分别放到一种含虾青素的溶液中和一种不含虾青素的溶液中，两天后发现放进虾青素溶液中的肿瘤细胞，不但细胞数量减少，而且脱氧核糖核酸（DNA）合成率也较低。在另外一项小鼠肿瘤细胞的研究实验中发现，不同剂量虾青素不同程度地降低了肿瘤细胞的繁殖，最高达40%。

经人体体外实验证明，虾青素可以抑制人体癌细胞的繁殖，把人体结肠癌细胞分别放到含有虾青素的培养介质中和不含虾青素的培养介质中，四天后发现其生存能力显著减弱，对人体前列腺癌细胞也进行了和番茄红素的研究实验，结果发现两者都对癌细胞有明显的抑制生长的作用。

虾青素既能预防癌症，又能缩小肿瘤，其主要有三个机制原理：有效的生物抗氧化作用、免疫系统功能的强化作用以及基因表达的调节作用。

虾青素的抗癌功效还有以下各方面的原理在起作用：对转糖苷酶的调节作用，对细菌内诱导突变物质代谢活化性的抑制作用，在乳腺肿瘤细胞内的致凋亡作用，对5CT-还原酶的抑制作用，对DNA聚合酶的选择性抑制作用，对一氧化氮合酶的直接抑制作用。

（十）提高运动能力

剧烈运动后机体对氧的消耗量急剧上升，体内自由基随之成比例增加。随着氧气的大量消耗，激发了一系列的自由基反应。虾青素可高效清除运动产生的自由基。

虾青素还能够抑制氧化损伤，降低运动产生的乳酸堆积，迅速恢复运动疲劳，减轻剧烈运动后产生的迟发性肌肉酸痛，对运动性疲劳具有缓解作用。吴丽君等探讨虾青素抑制运动性氧化损伤的作用，总结出适量虾青素补充可减少运动机体氧化应激损伤，提高运动能力。

一项对247位虾青素使用者进行的问卷调查显示，对于那些患骨关节炎或类风湿性关节炎引起的后背疼痛等症状在使用了虾青素后，有80%的患者都得到了明显改善。

（十一）保肝护肝

世界卫生组织（WHO）统计数据表明，全世界每年因肝病死亡病例达100多万人。我国是"肝病大国"，乙肝、丙肝、酒精性及非酒精性脂肪肝、药物性肝病及自身免疫性肝病等各类肝病人群数量庞大。2020年包括慢性肝炎、脂肪肝和肝硬化在内，中国慢性肝病患者人数可能超过4.47亿。2018年《柳叶刀》发布的报告显示，中国乙肝传染率高达5.1%～10%，约有8000万的病毒携带者，其中2000万为确诊病人。中国的脂肪肝人数更是超过2亿。

研究表明，虾青素对肝纤维化、肝脏肿瘤、肝脏缺血再灌注损伤、非酒精性脂肪肝等相关疾病具有预防和治疗作用，其机制与其较强的抗氧化作用有关。虾青素容易穿过肝细胞膜和细胞器膜，由内而外保护肝细胞。虾青素对于肝脏具有抗氧化、抗炎、清除自由基、增强肝细胞再生能力及活力、影响肝脏相关酶的活性、减轻酒精肝和脂肪肝等作用。

近年来，研究发现虾青素可以改善高脂饮食诱导的肝功能障碍以及血脂升高，并能抑制炎症因子的释放，有效改善防治肝脏内质网应激、炎症和脂肪沉积，从而对改善非酒精性脂肪性肝病有积极作用。虾青素还可以降低血清谷草转氨酶、谷丙转氨酶活性，降低肝脏组织中丙二醛含量，升高血清与肝组织中超氧化物歧化酶、谷胱甘肽过氧化物酶活性，并降低肝细胞脂肪堆积，有效缓解乙醇对肝脏组织的损伤。

（十二）治疗糖尿病及其并发症

糖尿病是一种以高血糖为特征的代谢性疾病。研究表明，抗氧化治疗可以使早期糖尿病患者血糖稳定。虾青素是一种超强抗氧化剂，目前已有的临床证据显示它能够延缓糖尿病神经病变的进展速度，是糖尿病神经病变的主要治疗手段之一。

研究还发现，虾青素通过降低肾的氧化应激来控制糖尿病肾病的进展和预防肾脏细胞的损伤。

对于Ⅱ型糖尿病出现的糖、脂、蛋白质等多种物质代谢紊乱，其原因与各种氧化应激、炎症、细胞凋亡等多器官受损有密切的关系。很多糖尿病患者出现不同程度的肾脏损伤，而虾青素作为一种可以有效阻止由糖尿病引起机体肾损伤的物质，通过直接保护肾小球基底膜，阻止因高血糖产生的自由基对基底膜的破坏，同时还可以对抗肾小管上皮细胞中的自由基，从而保证葡萄糖及磷元素在肾小管细胞中的正常运行，确保肾脏血流不受影响，减少蛋白尿的产生。

（十三）防治心血管疾病

1. 高血压

日本研究人员用患高血压的大鼠做实验发现，虾青素补充14天，结果高血压大鼠的血压降低了，而血压正常的大鼠则没有出现血压降低的现象。试验还显示，易患中风的大鼠在喂入虾青素5周后，中风延迟，血压也降低了。研究得出的结论是，虾青素在防止高血压、中风以及改善血管性痴呆的记忆力方面能发挥有益的作用。

虾青素在体内具有显著升高高密度脂蛋白和降低低密度脂蛋白的功效，能减轻载脂蛋白的氧化，预防动脉硬化、冠心病和缺血性脑损伤。天然虾青素长期使用时能持续有效扩张微血管，但跟一般通过扩张血管（舒缓血管平滑肌）来降低血压的机理不一样，一般的降压药物是快速的、短期的。虾青素扩张血管是缓慢的、长期的和可持续的。因此，服用虾青素2~4个月后，一般可以减少降血压的药物用量或频次。但虾青素不会持久降低正常的血压，它不是单纯地舒张血管，而是通过治疗动脉粥样硬化来降低血压的，因此没有导致低血压的危险。

2. 高血脂

高血脂是指人的血脂水平不在正常的检测参考值内，即血脂水平过高。高血脂是由饮食和代谢两方面共同造成的。虾青素超强的抗氧化能力和抗炎特性，能够穿透所有人体屏障，减少血小板的形成，提高血管张力；保护血小板的稳定性，降低血压；减少巨噬细胞导致的炎症反应，降低血管破裂风险，提高血液流量。

虾青素控制血脂能力的第一次临床试验是在日本做的，分别进行了试管实验和人体志愿者试验。实验发现，虾青素降低低密度脂蛋白的效果很好。试管实验测试显示，延长低密度脂蛋白的氧化滞后时间取决于虾青素的剂量。在人体上重复进行测试，最低剂量为每日1.8毫克，最高剂量为每日21.6毫克，持续服用14天。该试验发现所有四个剂量都对低密度脂蛋白氧化滞后时间有积极的影响。测试结果表明，服用虾青素能抑制低密度脂蛋白氧化，尽可能预防由此造成的动脉粥样硬化。

另一个人体临床试验是在东欧进行的，受试的男子患有高胆固醇，这是虾青素对血脂有益处的第二个人体实验。受试者每天补充 4 毫克天然虾青素，连续 30 天。在实验结束时，服用虾青素的受试者显示总胆固醇以及低密度脂蛋白平均降低了 17%，而且甘油三酯平均降低了 24%。

河南省疾控中心陈东方等人用虾青素胶囊对高血压症人群进行降血脂功能研究，将 110 例高脂血症者按血脂水平随机分为受试组和对照组，受试组连续服用虾青素胶囊 45 天，对照组服用相同外观的安慰剂，服用前后测定血清中总胆固醇、甘油三酯和高密度脂蛋白胆固醇的水平和安全指标。实验结果显示，试食后受试组总胆固醇水平明显下降 13.04%，甘油三酯水平下降 16.75%，高密度脂蛋白胆固醇水平无明显变化，各项安全指标试验前后均无明显改变。实验证明，虾青素胶囊对高脂血人群具有辅助降血脂的作用。

（十四）提高生育质量

虾青素可以清除影响生殖系统的自由基，提高精子质量，增强卵巢反应性，稳定卵细胞线粒体。生物学试验表明虾青素可以进入人体生殖系统，保护生殖细胞的染色体和线粒体 DNA，保护生殖细胞膜的电势稳定，提高生育质量。

临床研究显示，服用虾青素 2 个月，可以提高卵巢获卵数 25% 以上，并且降低卵巢 FSH 指标 30% 左右，对卵巢功能有明显的改善作用。对于富含脂类的男性精子来说，自由基是其一大天敌，被自由基氧化后的精子，发育畸形，游动能力下降，穿透卵细胞表面的顶体反应减弱，从而造成男性的不育。虾青素通过强大的抗氧化作用，保护男性精子的获能作用，稳定精子形态，提高精子游动能力，提高精子 DNA 质量。临床应用显示，精子活力低下的男性服用虾青素 3 个月后，精液的氧化还原平衡得到明显改善，精子活性提升，受孕概率提高 5 倍以上。

四 百变虾青素

虾青素是目前经济价值和应用价值较高的类胡萝卜素，因近年来所发现的其多方面生理功能而引起了科学界和消费者的极大关注。虾青素的分子结构易受到氧气、光照、高温等外界环境的影响，使得虾青素性质不稳定，从而影响其生物活性。

天然虾青素主要来源于雨生红球藻，雨生红球藻孢子中虾青素含量最高达到细胞干重的7%。虾青素分子自被提取出之后就失去了细胞的保护，受环境因素影响，很容易发生氧化降解从而失去生物活性，如藻油中类胡萝卜素在不加保护的条件下储存30天就几乎全部降解。此外，虾青素在体内分散性差、不易吸收、生物利用率较低，加之其特殊的藻腥味，造成应用中的局限性。

因此，为满足虾青素在食品、化妆品和医药等行业的市场需求，要提高其稳定性，改善其分散性，增强其生物利用度，掩盖其不良味道，必须借鉴药剂学的方法，选择合适的制剂技术，将虾青素原料制备成适当的剂型，以便于服用、携带、生产、运输和储藏。目前，国内外市场虾青素产品的主要剂型有脂溶性制剂、包含物、微胶包埋和纳米制剂。

（一）脂溶性制剂

脂溶性制剂是虾青素传统制剂，也是目前使用最广泛的剂型。通常是将虾青素油溶解于食用油脂中，密封于明胶等软质囊材中制成胶囊剂。常用的食用油是米糠油、花生油、芝麻油、椰子油以及棕榈油等，虾青素的含量通常有1%、5%、10%、20%~30%等各种规格。

研究表明，在室温下4个月的储存期内，虾青素以酯的形式存在于食用油脂中，具有很好的稳定性，质量和颜色均损失较少。虾青素酯在米糠油、芝麻油以及棕榈油中在70℃的高温条件下加热8小时后保留率为84%~90%。在棕榈油中的虾青素酯在90℃的高温条件下加热8小时后保留率达

90%，而且不改变其酯形式；而在水中的虾青素酯在同等条件下加热后保留率仅为 10%。可见，利用食用油等脂溶性溶剂制备的脂溶性制剂可防止温度对虾青素结构的破坏，提高虾青素的稳定性。

为提高虾青素的稳定性，延长产品保质期，通常需要在产品中加入保护剂，如添加抗氧化剂。维生素 E 是一种脂溶性维生素类抗氧化剂，可显著抑制虾青素的降解。维生素 C 也能抑制虾青素的降解，但是效果没有维生素 E 强。

（二）包合物

国内外学者开展了许多提高虾青素的水溶性和稳定性的研究，其中主要采用添加稳定剂形成包合物。采用 β-环糊精制得的虾青素包合物，不仅提高了其稳定性，同时实现了由液体虾青素到固体粉末的转化，并且具有较强的助溶作用。

经 β-环糊精包封后的虾青素抗光、氧、热的稳定性提高了，并且促进了其水溶性。以乙基纤维素等制备的虾青素包合物，其热处理稳定性也得到了改善。

（三）微胶包埋和纳米制剂

微囊技术是利用天然的或者合成的高分子材料将分散的固体、液体或气体材料包裹在一个微小密闭的胶囊之中，其中包裹的过程称为微囊化，形成的微小粒子称为微囊。微囊化的虾青素，可提高其水溶性和稳定性。

为提高虾青素的水溶性和稳定性，也可添加稳定剂形成包合物。采用 β-环糊精等制成的虾青素包合物，不仅提高了其对热、光和氧的稳定性，同时实现了由液体虾青素到固体粉末的转化，并且具有较强的助溶作用。

采用纳米制剂来输送虾青素是一项新技术，多用于化妆品和保健食品。

研究表明，以卵磷脂、壳聚糖包埋虾青素，制得虾青素纳米乳，稳定性和体外释放试验表明其稳定性、控释效果、总还原能力和抗氧化性均得到了提高。

以脱氧核糖核酸和壳聚糖为壁材制得虾青素纳米颗粒，结果发现包埋后提高了虾青素的细胞摄取率和抗氧化能力。

以硬脂酸和豆油为包埋虾青素的固体脂质纳米粒，可提高虾青素的光、热以及酸稳定性。

以大豆磷脂酰胆碱为膜材构建了虾青素纳米脂质体，显著提高了虾青素的水分散性、储藏稳定性及抗氧化活性，并且起到缓释的作用。

利用双乳液法制备了虾青素海藻酸钙微球，海藻酸钙微球包载提高了虾青素在光、氧、加热以及酸性条件下的稳定性和水分散性，并减小了虾青素的释放速率。

五　虾青素应用

（一）虾青素应用的安全性

人类日常食用的天然虾蟹、鱼类等水生动物中皆含有丰富的天然虾青素，没有出现任何不良反应和中毒症状，故天然虾青素对人类和动物是安全的，试验也证明了这一点。美国某公司经过系统的人体安全性试验，对 2 组健康成年人每天分别以 19.25 毫克和 3.85 毫克剂量服用雨生红球藻粉补充虾青素，试验后经过详细监测以及全面分析，口服富含天然虾青素的雨生红球藻粉对人体无致病效应或毒副作用。虾青素片或胶囊服用剂量一般为每天 4~8 毫克。此外，由于针对婴幼儿和孕妇临床方面的数据不够，这些人群应谨慎服用。

对于化学合成虾青素，由于合成过程可能被其他有害物质污染，产品中还含有大量的顺式异构体，其生物利用安全性降低，化学合成的虾青素在食品、饲料、医药品及化妆品上的应用受到很大的限制。

（二）虾青素应用专利

（1）EP1283038，虾青素用于调节时差。

（2）WO03013556，虾青素作为治疗眼睛疾病、保持眼睛功能的药物成分。

（3）WO03003848，虾青素双酯提高养殖鱼类的生长。

（4）WO02094253，虾青素用于缓解眼睛自控能力偏差。

（5）KR2000045197，含有壳聚寡糖和虾青素的健康营养品。

（6）WO02058683，虾青素抗高血压的类胡萝卜素因子。

（7）NZ299641，使用虾青素作为缓解压力的药物。

（8）US6277417，通过虾青素抑制 5-α 还原酶的方法。

（9）US2003/778304，抑制炎症因子和趋化因子的表达的方法。

（10）JP10276721，含有虾青素的食物或饮料。

（11）EP0786990，使用虾青素减缓中枢神经系统和眼睛的损伤。

（12）US6245818，虾青素作为增进肌肉耐受力或治疗肌肉损伤等疾病的药物。

（13）US6054491，虾青素增进哺乳动物生长和生产产量的添加剂。

（14）US5744502，虾青素增进禽类饲养和繁殖产量的添加剂。

（15）US6433025，虾青素用于减缓或防止紫外线晒伤。

（16）US6344214，虾青素减轻发热产生肿泡和溃疡疼痛的症状。

（17）US6258855，虾青素减轻和改善腕管综合症。

（18）EP1217996，使用虾青素治疗自体免疫性疾病、慢性滤过性病毒细胞内细菌感染。

（19）US6475547，在富含免疫球蛋白的牛奶中使用虾青素。

（20）WO0023064，虾青素治疗消化不良。

（21）US6410602，改善精子质量，提高生育能力。

（22）US6335015，乳腺炎的预防性药物。

（23）US6262316，预防或治疗幽门螺旋杆菌感染的口服药物。

燕麦全植株产业发展报告

王一江[*]

摘　要：　燕麦的蛋白质和脂肪含量居禾谷类作物首位，并含有丰富的钙、磷、铁、锌等多种微量元素和维生素 B2 等，尤其是含有大量的可溶性膳食纤维（主要成分是 β - 葡聚糖），在降低胆固醇、控制血糖、改善便秘和预防骨质疏松等方面有肯定的疗效，作为药食同源的保健食品获得了广大消费者的认可。燕麦以其营养的多维化、丰富性和药食同源的双重用途越来越受现代人的青睐，国内外燕麦产业发展方兴未艾。在乌兰察布，燕麦种植和燕麦产品的竞争力优势非常明显，已经形成了政府指导下的、以高新技术企业为龙头的产学研用深度融合的引、育、繁、推、加、销、贮的产业链格局。燕麦米稀及其系列高 β - 葡聚糖药食同源产品与燕麦全植株产业链（根茎叶果花）技术成为燕麦产业的双璧，可以极大地推动区域经济发展。

关键词：　燕麦米稀　β - 葡聚糖　药食同源　燕麦全植株专利　健康产业

燕麦（*Avena* L.）可以适应高寒、干旱、贫瘠，主产区集中在北纬40°以北地区，我国主产品种是裸燕麦（*Avena nuda* L.）。在我国华北北部、东北、西北等地有超过200个县市有燕麦种植，内蒙古、河北、山西等省区产量较高，内蒙古的乌兰察布市更是将"燕麦之都"作为城市名片。燕麦不仅是生态脆弱地区的特色粮食作物，更因为其产地为半高寒地区、人烟稀少，

---

* 王一江，内蒙古药食同源科技研发院院长、乌兰察布市乡村产业振兴协会执行会长。

在农业生产过程中较少环境污染，获得了特殊的绿色生态条件。

燕麦含有的粗蛋白和脂肪含量居禾谷类作物首位，并含有丰富的钙、磷、铁、锌等多种微量元素和维生素 B_2 等，含有大量的可溶性膳食纤维（主要成分是β-葡聚糖），在降低胆固醇、控制血糖、改善便秘和预防骨质疏松等方面有肯定的疗效，作为药食同源的保健食品获得了广大消费者的认可。

近年来，燕麦生产、加工的蓬勃发展带动了燕麦科研进步和产业升级，燕麦的全植株产业链也迎来了其快速发展期，燕麦这种古老的栽培作物迎来了新生。本报告以乌兰察布市和燕麦龙头企业内蒙古香莜牛牛食品有限公司为例，浅析燕麦产业领域现状和燕麦全植株产业链对区域经济的带动作用。

一　燕麦与健康

（一）燕麦的营养与保健功能

燕麦的蛋白质含量在 11.35%～19.9%，多数在 16% 左右，燕麦蛋白质中所含的氨基酸组成全面，含人体必需的 8 种氨基酸，且非常接近世界卫生组织推荐配比。燕麦中的赖氨酸可以弥补传统主食米饭和面食中的赖氨酸不足。燕麦球蛋白正在科研开发探索阶段，有望成为燕麦研究的新热点。

燕麦的脂肪含量为 3.44%～9.65%，平均值为 6.3%，是小麦的 4 倍，是谷物中脂肪含量最高的品种之一。燕麦脂肪中的不饱和脂肪酸含量较高，亚油酸占整个脂肪酸的 38%～52%。

燕麦中可溶性膳食纤维含量高是其作为保健食品的重点。水溶性膳食纤维还具有平缓饭后血糖上升的作用。β-葡聚糖作为燕麦的主要可溶性膳食纤维，其在小肠内形成胶状体吸收胆固醇、胆汁，减少胆固醇在小肠内被吸收的机会。β-葡聚糖促进胃肠蠕动，可改善便秘。

（二）燕麦的食疗保健功效日益受到关注

燕麦因其极高的营养价值和神奇的保健功效，受到全世界营养与医疗专家的广泛关注。

1981~1985 年，中国农业科学院与北京市心脑血管研究中心、北京市海淀医院等 18 家医疗单位，进行 5 轮动物实验和 3 轮 997 例临床观察，研究证实食用燕麦能预防和治疗由高血脂引发的心脑血管疾病。

2011 年 7~10 月，北京大学医学部专家组在内蒙古包头市开展了一场燕麦米调理干预 II 型糖尿病患者的科研，来自全国 15 个省市的 404 名糖尿病患者参与，有 96.5% 的糖友身体各项指标得以改善。

著名心内科、老年病专家洪昭光教授在其著《40 岁登上健康快车》中讲到几种"红、黄、绿、白、黑"健康食物，其中"白"就写的燕麦产品。

中国著名营养专家，全国临床营养医学专业委员会副主任委员，空军航空营养专业委员会主任委员刘东莉介绍："燕麦米富含碳水化合物、膳食纤维、微量元素等，因为燕麦米中含有的蛋白肽能加速细胞的更新。燕麦保护心血管、健康胃肠、壮骨、减肥、抗衰老。"

原解放军 301 医院著名消化科专家，中国抗衰老促进会专家委员会执行主任，中国医学科学院、中国协和医科大学张百军教授介绍："燕麦中含的膳食纤维是食物中最高的，膳食纤维吸水膨胀 30 倍，吃膳食纤维能促进排泄，燕麦破壁能让燕麦营养成分出来，常吃燕麦对防治心脑血管病、癌症、糖尿病有很大好处。"

中国食品工业协会杂粮产业工业委员会副会长，国家燕麦荞麦产业技术体系质量安全与营养品质评价岗位科学家，国家粮油标准技术委员会委员，中国农业大学食品科学与营养工程学院李再贵教授介绍："燕麦米降脂、控制餐后血糖效果很好，实验证明在大米中加 30% 燕麦米，餐后血糖下降 40%。"

在美国《时代》周刊评出的十大健康食品中，燕麦名列第五，是唯一上榜的谷物。燕麦在 1997 年被美国食品药品监督管理局（FDA）认证为唯一具有保健功效的粮食产品。在美国、日本、韩国、加拿大、法国等国家称燕麦为"家庭医生""植物黄金""天然美容师"。

在 1996 年 8 月召开的第五届国际燕麦会议上，世界燕麦专家康斯坦斯指出，燕麦能减轻高血压症，调节血糖和胰岛素，控制体重，促进肠胃健康。

（三）健康使者——奇妙的 β-葡聚糖。

燕麦具有调节血糖、降低血脂、润肠通便、美容护肤、减肥、改善睡眠、预防结肠癌等诸多功效，其特殊保健功效决定了燕麦产品需定位于功能性食品，燕麦产业也必将是中国大健康产业不可或缺的重要角色。

1. 抗肿瘤作用

β-葡聚糖可以增强巨噬细胞的能力达数倍以上，通常具有很强的对细胞的抑制率，在保护和增强免疫细胞作战能力的同时，能够进一步锁定休眠期，对亚临床病灶的"残存肿瘤细胞"进行靶向杀毒。

2. 清肠作用与饱腹感基础上的减肥功效

β-葡聚糖可以促进肠道蠕动，吸收肠内不好的物质，改善消化不良、便秘等问题；β-葡聚糖是一种有黏度的"糖"，膳食纤维成分去发挥作用，它会在肠胃中吸水膨胀，带给人饱腹感，适合减肥人群。

3. 调节血糖、改善血脂

β-葡聚糖可以改善末梢神经组织对胰岛素的感受，降低对胰岛素的要求，促进葡萄糖恢复正常，对糖尿病有明显的抑制和预防作用；发挥保健作用的主要功效物质——β-葡聚糖广泛存在于燕麦中，具有改善血脂的作用及预防高脂血症的作用。

4. 消除皱纹、抗辐射、降低胆固醇

β-葡聚糖能够提升胶原蛋白及弹力素蛋白的合成能力，让皱纹得到缓解修复；β-葡聚糖的抗辐射作用是促进造血机能的结果；β-葡聚糖有吸收胆汁酸和促进胆汁酸排出体外的作用，促进胆固醇向胆汁酸转化，维持胆固醇正常代谢，有效抑制血清中胆固醇的升高。

5. 防感染、增强免疫力、提高抗病力

β-葡聚糖是六价键结构，它的促有丝分裂活性可从多重角度协助免疫细胞发挥作用，有效增强人体免疫系统，提高人体免疫力，使自身免疫系统达到最佳平衡状态；β-葡聚糖能提高白细胞素、细胞分裂素和特殊抗体的含量，全面刺激机体的免疫系统，使机体有更多的准备去抵抗微生物引起的疾病，并可抵抗病毒、真菌、细菌等引起的感染。

二 燕麦健康产业市场前景

（一）国内外燕麦产业发展方兴未艾

随着人们生活水平的不断提高，我国城乡居民的饮食结构也由原来的单一型向多元型方向发展，而燕麦以其营养的多维化、丰富性和药食同源的双重用途越来越受现代人的青睐。

燕麦具有良好的保健功能，可满足当前人们希望保持生理健康和营养膳食平衡的需求，同时也使燕麦产品的附加值大幅度提高。燕麦产品科技含量高、卖点突出，消费人群扩大，人均食用量显著增加。

近年来，由于燕麦产品市场前景广阔，国内外燕麦产业发展方兴未艾。燕麦产品的目标市场消费人群正在从非健康和亚健康人群向广大消费者扩展。燕麦销售的渠道有超市、粮油市场、便民店、餐饮和集团消费等。多年来，燕麦开发积累了丰富的经验，形成了较为完善的市场网络。

燕麦是一种营养型、保健型、药用型的绿色食品，燕麦产业在世界上得到蓬勃发展，中国生产的裸燕麦以其独特的保健成分和很高的营养价值，可开发产品种类多，实现产业化增值空间很大。由于国外在燕麦食品、药品、化妆品生产开发较早，消耗较大，加快国内燕麦生产与研发，面向国际市场也大有可为。

总之，燕麦项目开发的主要目标就是，利用燕麦为主要原料，通过科学配方以及先进的加工工艺和生产技术，研制开发出适合现代中国人营养需求的燕麦系列产品，以满足不同消费人群的需求。诚然，对于中国4亿亚健康人群来说，燕麦是天赐"粮药"；对全世界来说，燕麦产业是人类呼唤的大健康产业。

（二）政府指导下的、以高新技术企业为龙头的"产学研用"深度融合产业

内蒙古的阴山以北是我国燕麦的主产区之一，有数千年的燕麦栽培历史。乌兰察布作为世界燕麦黄金产区，致力于打造乌兰察布"燕麦之都"城市品牌，利用燕麦产品全产业链，结合乌兰察布丰厚的历史文化内涵，指导燕麦产业产学研用深度融合，为燕麦产业走向全国、走向世界创造了新机遇。

内蒙古香莜牛牛食品有限公司成立于 2016 年，是一家集燕麦种植及燕麦食品和燕麦饮品推广、研发、生产、销售于一体的高科技企业，是燕麦深加工"专精特新"企业、燕麦科技转型样板企业、燕麦科技成果转化企业、燕麦"产学研用"深度融合企业、内蒙古特色产业科技龙头企业。该公司也是燕麦全植株（根、茎、叶、花、果）综合利用全国第一家企业，致力于发展壮大燕麦特色产业，全面推进燕麦产业高质量发展。

该公司利用国内外先进生产工艺，以及自己研发制造的特种系列设备，加工生产燕麦类专利产品——富含高 β-葡聚糖的燕麦米稀，跻身"原味乌兰察布"区域品牌产品系列，并延伸出北方燕麦糊、燕麦胚芽米、燕麦膳食纤维粉、燕麦乳、燕麦肽、燕麦高纤维素、高 β-葡聚糖冷链产品等，同时研发出国内燕麦界全植株专利技术产品燕麦枳茶、燕麦秸秆产品、燕麦嫩叶产品、燕麦根产品等。

（三）现代药食同源专利产品——燕麦米稀

通过运用现代工艺，把燕麦做成可直接饮用的产品，不仅能够充分保留燕麦中对人体健康有益的营养成分，而且口感更好、饮用更方便、吸收更容易，有利于解决现代快节奏生活中城市居民的膳食营养平衡问题。燕麦米稀，代表未来饮料发展趋势，成为未来食品市场的主角，能够有效促进地区的经济发展。

1. 燕麦米稀的核心技术及专利

利用自主研发的专利设备和最新工艺，通过物理手段将燕麦完全去壳留皮，保证了燕麦的营养成分不被破坏，膳食纤维没有流失。燕麦米稀有三大特点。一是蛋白质含量达到了 18.2%（而通常的燕麦片、燕麦米、燕麦胚芽米等产品的蛋白质含量仅为 10.2%~15.8%），燕麦米稀蛋白质含量高出玉米75%，高出小麦粉 66%，高出小米 60%，因此燕麦米稀吃起来绵、柔、香。二是通过公司研发生产的科技设备和特殊工艺，将燕麦中人体吸收不了的绝大部分长链条 α-葡聚糖，转变成人体易吸收的短链条 β-葡聚糖，β-葡聚糖含量达到 13.54%（其他燕麦产品如燕麦胚芽米、燕麦片、燕麦米的 β-葡聚糖含量通常为 3.65%~5.00%），β-葡聚糖能够控制血糖、降低血脂、降低胆固醇，确保燕麦米稀的食疗功效。三是燕麦米稀香味浓郁，而且没有任何添加剂，通过了有机食品认证。

2. 燕麦米稀是新兴的药食同源食品

燕麦产品开发主要针对亚健康人群、"三高"人群以及需要调理滋补的慢病人群。通过食物强身健体、治疗疾病，集中反映了中医学的"药食同源"之说，食物和药物一样具有四气五味，人的体质不同，所选择的食物也应该有一定的差异，寓医于食。通过食疗调整，改造人体内环境，与中医"治未病"理念非常吻合。燕麦米稀就是一款新兴的药食同源食品。内蒙古香莜牛牛食品有限公司的发展目标是，做顾客需要的产品，重点研究方向是做药食同源——燕麦科技成果转化产品，助推中国大健康产业发展。

三　燕麦种植产业发展现状

燕麦虽然分布于世界五大洲 40 多个国家，但是主要产区是欧美亚北纬40°以北高寒高纬度地区。历史上的燕麦五大主产区为俄罗斯、加拿大、美国、德国和中国。世界其他国家以皮燕麦为主，占其产量的 90%。中国产燕麦 95% 是裸燕麦，也叫莜麦。

中国燕麦种植面积在 718 万亩左右，每年产量平均约为 60 万吨。内蒙古燕麦种植面积为 200 万亩，占我国燕麦种植面积的近 30%。

（一）燕麦种植历史源远流长

早在 2500 多年前的战国时期，中国已有种植裸燕麦的历史记载，内蒙古中部的阴山一带是燕麦的起源地。乌兰察布作为燕麦的发源地之一，流传着这样久远的民谣："乌兰察布有三宝，莜面、山药、羊皮袄。"

（二）乌兰察布燕麦种植概况

乌兰察布市是全国燕麦种植面积最大、总产量最高的地级市之一。燕麦属于当地特色产品，科研基础扎实，产业发展前景广阔。燕麦在乌兰察布市 11 个旗县市区均有种植，乌兰察布市燕麦种植面积稳定在 100 万亩左右，正常年景年产量约为 8 万吨，占内蒙古总产量的 60% 左右。乌兰察布市燕麦种植有着深厚的历史文化底蕴，被中国食品工业协会授予"中国燕麦之都"称号。

乌兰察布位于内蒙古自治区中部，总面积 5.45 万平方公里，辖 11 个旗、县、市、区，2022 年末全市常住人口 163.11 万人。习惯上将大青山以南部分称为前山地区，以北部分称为后山地区。前山地区包括集宁区、丰镇市、察右前旗、卓资县、凉城县、兴和县，前山地区丘陵起伏，沟壑纵横，间有高山。后山地区包括察右中旗、察右后旗、四子王旗、商都县、化德县，后山地区为丘陵地带，地势南高北低，多为比较平坦的天然大草原。乌兰察布区位优越、交通发达，是最适宜燕麦产业发展的地区。

乌兰察布市燕麦种植区域主要分布在察右中旗、化德县、商都县、兴和县、卓资县和察右前旗等地，约占全市燕麦总播种面积的 70%。种植品种以坝莜 1 号、坝莜 8 号、白燕 2 号、草莜 1 号、花早 2 号等系列为主。

（三）燕麦种植环境得天独厚

阴山一带的燕麦全国知名，燕麦品质和营养价值居全国之首，素有"阴山燕麦甲天下"之美誉。乌兰察布位于北纬 42°、东经 113° 的地理位置，被公认为燕麦黄金生长纬度带，创造了燕麦得天独厚的生长环境。海拔适中的高原地区，是非常适宜燕麦生长的最佳自然环境；独特的地理气候，是决定燕麦高品质的天然因素。乌兰察布具有高海拔、昼夜温差大、日照时间长的气候特点，造就了乌兰察布燕麦独一无二的品质。乌兰察布被誉为"全球燕麦黄金产区"，成为我国燕麦原粮最好产地，也是有机燕麦种植的首选地。

四 以乌兰察布市为例浅析燕麦产业领域优势

乌兰察布市"十四五"总体规划中，燕麦被列入全市六大主导产业之一，作为乡村振兴和加快农业农村现代化的特色发展产业。乌兰察布市是中国最大的裸燕麦加工中心，包括育种、种植、销售、研发、仓储、物流、土壤盐碱地改良等项目，如今已形成引、育、繁、推、加、销、贮的产业链格局。

（一）企业加工能力

目前，全国燕麦市场规模从 2013 年的 45.66 亿元增加到 2022 年的 100 亿元以上，年复合增长率接近 10%，全国燕麦加工能力 70 万吨以上，中国燕麦食品行业处于快速增长期。

乌兰察布市共有燕麦加工中小企业 200 余家，主要加工燕麦米、燕麦片、燕麦粥、燕麦面等产品。乌兰察布市燕麦产品加工能力约 12.7 万吨，占全国的 18%，2022 年销售收入 3.7 亿元。然而，乌兰察布市乃至内蒙古自治区现有集产品研发、加工、销售于一体的大型燕麦企业不多。

（二）科研平台建设情况

乌兰察布市农牧业科学研究院依托国家燕麦荞麦产业技术平台已建立 3 个工作站（国家燕麦荞麦产业技术体系乌兰察布综合试验站、燕麦院士专家工作站、科技特派员工作站）、3 个协同中心（燕麦产业发展协同创新中心、燕麦荞麦食品临床研究中心、燕麦食品加工研究中心）、4 个科研基地（内蒙古农业大学农科教合作基地、农科所基地、院士站基地、海南育种基地）、

6 个旗县推广基地、18 个试验示范区。

依托优质高效增粮项目建设示范区 2 处，示范面积 2000 亩，筛选国内外高抗旱燕麦品种 12 个。2022 年，乌兰察布市自主选育的粮饲兼用型品种"乌莜 1 号"通过内蒙古自治区草品种委员会认定；2023 年，乌兰察布市将继续推进"乌莜 2 号"等自主品种通过认定。

（三）品牌打造情况

近几年，通过媒体报道和对外推介，乌兰察布市"燕麦黄金产区"的品牌影响力不断扩大，加之当地地貌多样、自然隔离条件好，土壤和空气较少被污染，燕麦品质得到业内一致认可。2021 年，在区域公用品牌"原味乌兰察布"的推动下，确定广告语"乌兰察布市燕麦——阴山下的黄金谷物"。

（四）内蒙古自治区对燕麦产业的扶持政策

内蒙古自治区农牧厅、内蒙古自治区财政厅联合印发《关于 2023 年部分自治区农牧业产业化资金支持特色产业发展的通知》，对燕麦产业发展进行政策扶持。

（五）燕麦产业向"专精特新"高端化绿色化发展面临的挑战与机遇

燕麦产业是乌兰察布市"麦菜薯"种植业主导产业之一，但发展仍存在两大突出问题。

一是燕麦产品研发、燕麦颗粒关联产品精深加工能力不足，燕麦的附加值有待提高，品牌效益不高。整体上处于初加工阶段，高纤维麸皮、燕麦 β-葡聚糖、燕麦油、燕麦乳、燕麦肽等中高端产品的开发滞后，导致燕麦种植产值不高。

二是产品研发针对性不强，只聚焦燕麦颗粒而非全植株。燕麦产品在国内还停留在"全脂奶粉""白条羊"阶段，适合于"三高"、身体超重和亚健康等群体需求的"配方奶粉"产品研发不足，富含成分提取分解、精细加工不到位。燕麦全植株浑身是宝，燕麦的根、茎、叶、花、果都可以人的需求为导向，开发成健康产品、药品和食品添加剂，但是以燕麦全植株为原材料的产品开发尚处于空白。

五 以内蒙古香莜牛牛食品有限公司为例 浅析燕麦行业市场发展

内蒙古香莜牛牛食品有限公司作为燕麦深加工"专精特新"企业，涵盖育种、种植、研发、加工、仓储、物流等全产业链项目。有机施肥、人工除草、物理除虫等种植方式，从种植、采收再到加工，保障了高品质燕麦的天然特质。通过引进国外先进生产设备，以及自主研发的特种设备，加工生产燕麦类"拳头"产品。公司通过科技创新延伸燕麦全植株产业链，燕麦根、茎、叶、花、果5项农业科技创新成果已转化为专利技术，创建国内燕麦界全植株专利技术产品。该公司专利产品先后获得农业农村部农产品地理标志、内蒙古农牧业品牌目录区域公用品牌、乌兰察布市绿色产业发展中心推荐——"原味乌兰察布"系列产品、乌兰察布市乡村产业振兴协会推荐产品。公司生产基地建成投产后，将极大地提升乌兰察布"燕麦之都"的品牌效应，有力助推乡村振兴，促进地方经济高质量发展。

（一）燕麦米稀及其系列高 β-葡聚糖药食同源产品

内蒙古香莜牛牛食品有限公司经过8年的艰苦创业，创造性地研发出燕麦米稀等系列营养食品。燕麦米稀属于"药食同源"的原生态食品，以富含高 β-葡聚糖为特色，是该公司利用自主研发生产的特制设备以及特殊工艺，开发生产出的一款燕麦冲调产品，符合中国农业科学院标准，是该公司主打产品。

从燕麦米稀产品延伸出北方燕麦糊，北方燕麦糊同样是一款药食同源产品，富含高 β-葡聚糖，具有润肠、通便、降燥、抗抑郁、调节血糖血脂的功效。

公司产品还包括燕麦油、燕麦乳、燕麦肽等燕麦米稀升级产品，富含高

β-葡聚糖的莜面系列冷链产品，富含高 β-葡聚糖的燕麦胚芽米、燕麦膳食纤维粉、燕麦高纤维素等。

（二）燕麦全植株产业链（根、茎、叶、果、花）技术独树一帜

根：燕麦根产品，富含多种矿物质、微量元素和益生菌等，现已研发出泡脚药包等养生产品，促进血液循环，能够消除脚气病，保养老寒腿。

茎：燕麦秸秆可以制成药品和食品添加剂。

叶：燕麦嫩叶可制作生产各种保健饮品。

果：富含高 β-葡聚糖的燕麦米稀、北方燕麦糊等。

花：燕麦栊茶产品，莜麦栊子（铃铛）含有皂苷和多糖，以及维生素 B、维生素 E、维生素 H、维生素 C 等营养成分，制成的健康茶润肠通便、清渣排毒、暖胃，能够有效降低胆固醇，预防心脑血管疾病，是中老年人的保健佳品。

综上所述，通过燕麦精深加工，提高燕麦产业附加值，全国燕麦主要产区内蒙古乌兰察布地区、呼（呼和浩特市）包（包头市）地区、山西省同（大同市）朔（朔州市）地区、河北省张家口地区等，均可打造千亿级燕麦全植株产业链。

总体上，通过燕麦全植株产业链科技研发，燕麦全植株产业链项目达产后，将使广大种植户和商家分享到更多的利润，能够极大地促进农业增效、带动农民增收，有力地推进当地乡村振兴，为人类健康作出更大的贡献。

图书在版编目（CIP）数据

中国食疗产业发展报告. 2024 / 林瑞超主编. -- 北京：社会科学文献出版社，2024.6
ISBN 978-7-5228-3733-8

Ⅰ.①中… Ⅱ.①林… Ⅲ.①保健食品-产业发展-研究报告-中国-2024 Ⅳ.①F426.82

中国国家版本馆 CIP 数据核字（2024）第 107022 号

中国食疗产业发展报告（2024）

主　　编／林瑞超

出 版 人／冀祥德
组稿编辑／任文武
责任编辑／刘如东
责任印制／王京美

出　　版／社会科学文献出版社·生态文明分社（010）59367143
　　　　　地址：北京市北三环中路甲 29 号院华龙大厦　邮编：100029
　　　　　网址：www.ssap.com.cn
发　　行／社会科学文献出版社（010）59367028
印　　装／三河市东方印刷有限公司

规　　格／开本：787mm×1092mm　1/16
　　　　　印张：19.25　字数：295 千字
版　　次／2024 年 6 月第 1 版　2024 年 6 月第 1 次印刷
书　　号／ISBN 978-7-5228-3733-8
定　　价／98.00 元

读者服务电话：4008918866